普通高等院校统计学类系列教材

统计分析软件

使用R与Python

王　洪　编

机械工业出版社

本书选用统计学和数据科学中常见的 R 语言和Python语言"双语"编写，主要内容包括：引言、R 语言编程基础、R 语言数据处理、R 语言可视化、R 语言随机抽样和随机数、R 语言基本统计推断、R 语言回归分析、R 语言大数据分析、Python 语言基础、Python 数据处理等内容。此外，本书在每章正文后设置主要函数列表、练习题和实验题，以帮助学生复习巩固和自主练习。同时，还为教师配备了课程教学大纲（含课程思政内容）、课件、习题解答、模拟试题及配套答案等丰富的教学资源。

本书结构严谨，逻辑清晰，叙述清楚，说明到位，行文流畅，习题配备合理，可读性强，可作为高等学校统计学、大数据科学与技术等专业的教材或相关专业的教学参考书，也可供统计分析软件初学者或从业者参考。

图书在版编目（CIP）数据

统计分析软件：使用 R 与 Python / 王洪编. —北京：机械工业出版社，2024.7

普通高等院校统计学类系列教材

ISBN 978-7-111-75706-1

Ⅰ.①统… Ⅱ.①王… Ⅲ.①统计分析-应用软件-高等学校-教材 Ⅳ.①C819

中国国家版本馆 CIP 数据核字（2024）第 086185 号

机械工业出版社（北京市百万庄大街22号　邮政编码 100037）
策划编辑：汤　嘉　　　　　　　　　责任编辑：汤　嘉　王　芳
责任校对：杜丹丹　王小童　景　飞　封面设计：王　旭
责任印制：李　昂
河北宝昌佳彩印刷有限公司印刷
2024 年 8 月第 1 版第 1 次印刷
184mm×260mm·19.75 印张·428 千字
标准书号：ISBN 978-7-111-75706-1
定价：69.00 元

电话服务　　　　　　　　　网络服务
客服电话：010-88361066　　机　工　官　网：www.cmpbook.com
　　　　　010-88379833　　机　工　官　博：weibo.com/cmp1952
　　　　　010-68326294　　金　书　网：www.golden-book.com
封底无防伪标均为盗版　　　机工教育服务网：www.cmpedu.com

作者简介

王洪，男，统计学博士，副教授，博士生导师。美国加利福尼亚大学洛杉矶分校（UCLA）生物统计专业博士后，国家认证系统分析师，主要从事机器学习和生物统计等方面的研究工作。以第一作者或通讯作者的身份发表 SCI 论文 30 余篇，获软件著作权 1 项。主持和参加多项国家社科基金、国家自科基金项目，主持多项全国统计科研项目重点项目、教育部人文社科基金等省部级项目，主持多项企业合作横向课题。

前　言

我们生活在一个大数据时代，这也是统计学工作者能够一展抱负的时代。然而，工欲善其事，必先利其器，统计学从业者的"器"是什么呢？我们认为，"器"就是一门合适的编程语言。对于统计专业的学生来说，掌握 R 语言是必需的。同时，我们也发现，随着数据科学尤其是深度学习的兴起，Python 语言在计算机科学、人工智能等领域应用广泛。要和其他从事统计数据分析工作的同行交流、合作，统计专业的学生还必须了解 Python，会用 Python。

R 和 Python 都很重要，那么到底学哪个呢？我们认为"小孩子才做选择题，大人全都要"。因此，在本书的编写过程中，我们试图"毕其功于一役"，把 R 和 Python 两种语言都囊括其中。但是，需要指出的是，对于统计专业的本科生来说，两门语言的重要程度是不一样的：对 R 语言，要熟练掌握并运用；对 Python 语言，通晓基本概念，会用即可。因此，在本书中，我们重点介绍了 R 语言，包括 R 语言基本概念、R 语言数据处理、R 语言可视化、R 语言统计推断和 R 语言大数据分析等。对于 Python 语言，我们则介绍了 Python 的基本概念、Python 数据处理等入门内容。

本书由王洪编写。王思政、周含璞和邹易等人参加了部分章节的资料整理工作。

在本书编写过程中，作者参阅了大量的统计分析软件、教材和相关资料，在此我们特向有关作者表示深深的谢意。本书的编写还得到了中南大学本科生院、数学与统计学院许多同仁的大力支持，谨向他们表示衷心感谢。

本书的出版是编者阶段性教学实践的总结。由于编者个人的局限性，本书可能会有一些不足之处，恳请读者批评指正。

王　洪

2023 年 8 月

目 录

前言
第 1 章 引言 ··· 1
 1.1 统计分析的未来 ·· 1
 1.2 常见统计分析软件比较 ·· 2
 1.3 R 语言软件的下载、安装及基本操作 ······································ 3
  1.3.1 下载和安装 R 语言软件 ·· 3
  1.3.2 R 语言软件基本操作与控制 ······································ 4
  1.3.3 常用的 R 程序包 ·· 7
  1.3.4 RStudio ·· 10
  1.3.5 Markdown ·· 12
 1.4 Python 语言软件的下载、安装及运行 ···································· 14
  1.4.1 下载与安装 Python 语言软件 ···································· 14
  1.4.2 Anaconda ·· 15
  1.4.3 运行 Python ·· 15
 1.5 本章小结 ·· 16
 1.6 练习题 ·· 17
 1.7 实验题 ·· 17
第 2 章 R 语言编程基础 ··· 18
 2.1 R 语言版的 "Hello World!" ·· 18
 2.2 R 语言脚本运行 ··· 18
 2.3 R 语言常量和变量 ··· 19
 2.4 R 语言对象基本操作 ··· 20
  2.4.1 R 语言对象属性 ·· 20
  2.4.2 列出对象与删除对象 ·· 22
 2.5 R 语言数据类型 ··· 23
  2.5.1 向量 ·· 23
  2.5.2 数组 ·· 32
  2.5.3 矩阵 ·· 33
  2.5.4 数据框 ·· 35
  2.5.5 列表 ·· 36
 2.6 R 语言流程控制 ··· 38

		2.6.1 分支条件语句	39

- 2.6.1 分支条件语句 39
- 2.6.2 循环语句 41
- 2.7 R 语言自定义函数 45
- 2.8 本章小结 48
- 2.9 练习题 49
- 2.10 实验题 50

第 3 章 R 语言数据处理 51

- 3.1 数据的输入与输出 51
  - 3.1.1 终端输出 51
  - 3.1.2 读取数据 53
  - 3.1.3 保存数据 57
- 3.2 数据选择 59
  - 3.2.1 常见数据操作函数 59
  - 3.2.2 取子集 63
  - 3.2.3 常见数据选择函数 68
- 3.3 数据整理 71
  - 3.3.1 修改变量名称 71
  - 3.3.2 增加新变量 72
  - 3.3.3 彻底删除新变量 72
  - 3.3.4 类型转换函数 73
  - 3.3.5 排序 74
  - 3.3.6 数据合并 76
  - 3.3.7 缺失数据处理 80
- 3.4 本章小结 81
- 3.5 练习题 82
- 3.6 实验题 82

第 4 章 R 语言可视化 84

- 4.1 R 语言基础绘图 84
  - 4.1.1 高级绘图函数 84
  - 4.1.2 低级绘图函数 96
  - 4.1.3 交互式绘图函数 98
  - 4.1.4 使用图形参数 99
  - 4.1.5 图形保存 101
- 4.2 ggplot2 绘图包 102
  - 4.2.1 ggplot 语法 103
  - 4.2.2 ggplot 绘图函数 103
- 4.3 增强型绘图 plotly 包 112

	4.3.1 将 ggplot2 对象转换为 plotly 对象	112
	4.3.2 直接创建 plotly 对象	112
4.4	交互式动态网页 Shiny 包	115
	4.4.1 Shiny 简介	115
	4.4.2 Shiny 应用程序的结构	115
	4.4.3 编写简单的 Shiny 应用	117
	4.4.4 运行 Shiny 应用程序	121
4.5	本章小结	122
4.6	练习题	123
4.7	实验题	123

第 5 章 R 语言随机抽样和随机数 · 124

5.1	随机变量分布	124
5.2	随机抽样	125
5.3	生成已知分布的随机数	129
	5.3.1 R 语言函数生成随机数	129
	5.3.2 逆变换法生成随机数	131
	5.3.3 舍选法	133
5.4	随机数的应用	134
	5.4.1 估计参数	134
	5.4.2 验证大数定律	135
	5.4.3 验证中心极限定理	136
5.5	本章小结	138
5.6	练习题	138
5.7	实验题	138

第 6 章 R 语言基本统计推断 · 140

6.1	R 语言汇总统计量函数	140
6.2	R 语言参数估计方法	144
	6.2.1 点估计	144
	6.2.2 区间估计	146
6.3	假设检验	148
	6.3.1 t 检验	149
	6.3.2 二项分布的总体检验	156
	6.3.3 泊松分布的总体检验	157
	6.3.4 样本比例的总体检验	158
	6.3.5 方差分析	160
6.4	非参数统计推断	162
	6.4.1 K-S 检验	162

	6.4.2	Wilcoxon 符号秩检验	163
	6.4.3	Wilcoxon 秩和检验	165
	6.4.4	Pearson 卡方检验	166
	6.4.5	Fisher 精确检验	170
6.5	本章小结		171
6.6	练习题		171
6.7	实验题		172

第 7 章 R 语言回归分析 · 173

- 7.1 一元回归模型 · 173
  - 7.1.1 R 语言回归函数 · 173
  - 7.1.2 一元回归分析示例 · 175
- 7.2 多元回归模型 · 178
  - 7.2.1 多元回归分析示例 · 178
  - 7.2.2 处理类别变量 · 180
  - 7.2.3 回归系数的置信区间 · 182
  - 7.2.4 标准化的回归系数 · 182
- 7.3 回归模型的拟合优度 · 183
  - 7.3.1 R^2 · 183
  - 7.3.2 调整后的 R^2 · 184
- 7.4 回归模型诊断 · 184
  - 7.4.1 残差的分类 · 184
  - 7.4.2 线性假设诊断 · 186
  - 7.4.3 残差分析和异常点检测 · 186
  - 7.4.4 多重共线性检测 · 189
- 7.5 模型选择 · 196
  - 7.5.1 最佳子集回归 · 196
  - 7.5.2 逐步回归 · 197
- 7.6 模型的预测 · 203
  - 7.6.1 回归模型的预测 · 203
  - 7.6.2 标准化数据的预测 · 204
- 7.7 本章小结 · 205
- 7.8 练习题 · 206
- 7.9 实验题 · 206

第 8 章 R 语言大数据分析 · 207

- 8.1 R 语言效率编程 · 207
  - 8.1.1 检查代码运行时间 · 207
  - 8.1.2 优化 R 循环 · 208

    8.1.3 向量化运算 · 209
    8.1.4 优先使用 base 包命令 · 210
    8.1.5 使用 C++ 编程 · 211
    8.1.6 使用 apply 族函数 · 211
  8.2 内存管理 · 214
    8.2.1 内存使用 · 214
    8.2.2 内存清理 · 215
  8.3 R 并行处理包 · 216
    8.3.1 parallel 软件包 · 216
    8.3.2 foreach 软件包 · 218
  8.4 R 高效读取大数据 · 219
    8.4.1 提升读取效率的函数 · 219
    8.4.2 在内存外存储数据 · 221
  8.5 本章小结 · 222
  8.6 练习题 · 222
  8.7 实验题 · 223

第 9 章 **Python 语言基础** · 224
  9.1 在 R 中调用 Python · 224
  9.2 Python 入门 · 225
    9.2.1 Python 版 "Hello World!" · 225
    9.2.2 关键字和标识符 · 226
    9.2.3 变量和常量 · 226
    9.2.4 Python 语句、缩进和注释 · 228
    9.2.5 Python 数据类型 · 229
    9.2.6 数据类型转换 · 232
    9.2.7 运算符和操作对象 · 233
  9.3 Python 数据结构 · 236
    9.3.1 序列 · 236
    9.3.2 列表 · 241
    9.3.3 元组 · 246
    9.3.4 字符串 · 247
    9.3.5 字典 · 252
  9.4 Python 流程控制 · 256
    9.4.1 条件语句 · 256
    9.4.2 循环语句 · 258
  9.5 函数 · 262
    9.5.1 调用函数 · 262

9.5.2 定义函数 ··· 262
9.5.3 函数参数 ··· 263
9.5.4 匿名函数 ··· 265
9.5.5 pass 语句 ··· 266
9.5.6 Python 模块 ··· 267
9.6 本章小结 ··· 269
9.7 练习题 ··· 269
9.8 实验题 ··· 270

第 10 章 Python 数据处理 ··· 271

10.1 数据文件的读写操作 ··· 271
   10.1.1 数据的读取 ··· 271
   10.1.2 数据的写入 ··· 272
   10.1.3 文本文件的操作 ··· 272
   10.1.4 CSV 文件的操作 ··· 273
10.2 NumPy 科学计算库 ··· 275
   10.2.1 NumPy 的安装 ··· 275
   10.2.2 NumPy 中的数组创建 ··· 275
   10.2.3 数组操作 ··· 278
   10.2.4 数组索引 ··· 284
   10.2.5 多维数组 ··· 285
   10.2.6 ufunc 函数 ··· 286
   10.2.7 NumPy 随机数 ··· 287
10.3 Pandas 数据处理库 ··· 288
   10.3.1 Pandas 数据结构 ··· 289
   10.3.2 Pandas 数据索引 ··· 292
   10.3.3 利用 Pandas 查询数据 ··· 292
10.4 Matplotlib 绘图库 ··· 295
   10.4.1 安装和导入 Matplotlib ··· 295
   10.4.2 plot 绘图 ··· 296
   10.4.3 常见统计图形 ··· 300
10.5 本章小结 ··· 302
10.6 练习题 ··· 303
10.7 实验题 ··· 303

参考文献 ··· 305

第 1 章 引　　言

信息是 21 世纪的石油，分析是内燃机。

——*Peter Sondergaard* （*Gartner* 研究院高级副总裁）

我国很早就有了统计分析的思想和应用。

据《汉书·食货志》载，战国初期魏文侯的宰相李悝，在对农民种地进行统计分析的基础上，把种地的收成，按年景分为孰年、饥年，每种又细分为上中下、小中大三种，并推行"平籴"政策，由官府根据年景的类别，决定收购或出售粮食，对农产品进行价格保护。

明代的著名将领卢象升在总督宣化、大同、宁武三镇军务的时候，曾经用平均数计算产量。《卢忠肃集·卷六·屯政疏》记载，他不但分别计算了上中下三种地的平均产量，还计算了总的平均产量，也就是总平均数。

在近代的西方，海王星、冥王星均是在对行星轨道数据进行统计分析后才发现的。

统计学的许多重要理论基础，如大数定律、贝叶斯定理、正态分布、t 分布，都是建立在大量数据分析的基础之上的。

过去 20 年以来，高性能计算和信息技术得到了快速发展，特别是信息获取、存储系统、互联网、物联网等技术的突飞猛进，引发了数据规模的爆炸式增长，大数据的出现已经改变并仍在不断改变传统统计分析的研究范式。

在大数据时代，利用统计方法进行数据分析的能力是统计学从业人员必备的能力。

1.1　统计分析的未来

在理论研究中，我们可以发现许多重大进展都和统计分析密不可分。例如，希格斯粒子的发现就是对欧洲大型强子对撞机长期积累数据做统计分析的结果，而在人类基因组计划、全球变化研究、蛋白质结构预测等诸多领域中，基于海量数据的统计分析研究也不断催生着重要的科学发现。

在应用研究中，统计分析非常有前途。统计分析或数据分析师就好比《三国演义》里"诸葛亮"的角色。在每次重大决策前，统计分析或数据分析师对收集的数据进行统计分析，给决策层提供科学的决策建议。

1.2 常见统计分析软件比较

目前，可供统计专业从业人员选择的软件种类很多，这里简要介绍几种最常见的通用统计分析软件。

1. Excel

Excel 严格说来并不是统计软件，但作为数据表格软件，它具备初级的统计计算功能。对于简单的统计分析和图表展示，Excel 还算方便，但对于深入和复杂的问题，Excel 就不那么方便了，需要用户使用函数或宏程序，甚至根本没有相应的统计分析方法。

2. SPSS

SPSS 原为 "Statistical Package for the Social Sciences"，即 "社会科学统计软件包"，最初由斯坦福大学 Norman H. Nie 等人于 1968 年研发。随着 SPSS 产品服务领域的扩大和服务的细化，2000 年其英文全称更改为 "Statistical Product and Service Solutions"，意为 "统计产品与服务解决方案"。2009 年 SPSS 公司被 IBM 公司收购。SPSS 软件界面非常友好，大多数操作可通过鼠标拖曳、点击菜单、按钮和对话框来完成。要操作该软件，人们无须通晓统计方法的各种算法，只要了解统计分析的原理，即可得到需要的统计分析结果，对非统计专业的数据分析工作者来说它是很好的选择。

3. SAS

SAS（Statistical Analysis System）早期是美国北卡罗来纳州立大学等八所大学于 1966 年开发的商业软件。经过半个多世纪的完善和发展，SAS 软件已成为国际上统计分析的标准软件。尽管 SAS 售价不菲，但由于功能强大及美国食品和药物管理局 FDA 等官方机构的认可，该软件在各个领域得到了广泛应用。据 SAS 官方网站介绍，2021 年《财富》500 强名单的前 100 名中有 88 名是 SAS 的客户或关联方。现在，SAS 尽管已经尽量便于操作，但是使用者仍然需要一定的训练才可以使用，其主要适合统计从业人员。

4. S-Plus

S-Plus 是美国 AT&T Bell 实验室开发的 S 语言的商业版本，最初由美国华盛顿大学 R. Douglas Martin 教授于 1988 年开发。S-Plus 功能齐全，编程方便。研究人员可以用它编制自己的程序来实现自己的理论和方法。S-Plus 是 R 出现之前统计科研工作者最喜爱的软件。

5. MATLAB

MATLAB（Matrix Laboratory，矩阵实验室）是美国 MathWorks 公司出品的商业软件。MATLAB 主要用于数值运算，也提供了一些统计和数据分析附加工具箱，如 Statistics and Machine Learning、Deep Learning 等。MATLAB 在理工等领域应用得非常广泛。

6. R

R 语言由新西兰奥克兰大学 Ross Ihaka 和 Robert Gentleman 教授在 1993 年基于 S 语言共同研发，是免费、开源的统计分析软件。由于这两位教授的名字都以 R 开头，所以该语言被称为 R 语言。1997 年之后，R 语言转由 R 核心小组负责开发。R 语言功能强大，资源公开，有优秀的可视化功能，可在 UNIX（也包括 FreeBSD 和 Linux）、Windows 和 MacOS 等多种平台下运行。R 语言可由用户撰写的包（Packages）增强有关功能，目前在 The Comprehensive R Archive Network（CRAN）网站上约有数万个程序包，涵盖了基础统计学、社会学、经济学、生态学、地理学、医学统计学、生物信息学等诸多方面。R 语言是统计学家、数据分析师最常用的语言之一。

7. Python

Python 语言由荷兰人 Guido van Rossum 于 1989 年开发。它是一种解释型、高级和通用的编程语言，支持多种编程范型，包括结构化、过程式、反射式、面向对象和函数式编程。它拥有动态类型系统和垃圾回收功能，能够自动管理内存的使用，并且它本身就拥有一个巨大而广泛的标准库。除此之外，Python 官方的第三方库 Python Package Index (PyPI, `https://pypi.org/`) 还包括数十万个由第三方团队或个人开发的 Python 库。Python 2.0 于 2000 年发布，Python 3.0 于 2008 年发布。需要注意的是，Python 3.x 是 Python 2.x 的主要修订版，两者并不完全兼容。

Python 语言自诞生之日起，逐步被数据科学和统计学领域用户接受和喜爱。根据 TIOBE 编程语言排行榜（`https://www.tiobe.com/tiobe-index/`）2023 年 7 月的数据，目前 Python 是使用率排名第一的编程语言。

1.3 R 语言软件的下载、安装及基本操作

1.3.1 下载和安装 R 语言软件

R 语言软件官方网站为 http://www.r-project.org/，该网站提供了最新的安装程序和相应软件包，如图 1.1 所示。

我们可从 `https://cran.r-project.org/mirrors.html` 诸多镜像网站中选择速度最快的镜像进行下载。

从 Windows、MacOS 系统中选择合适版本的 `exe` 或 `pkg` 文件下载，下载文件后开始安装。安装时，各选项默认即可。为确保程序包的稳定性和实用性，本书选用的是比较稳定的版本——R 语言 4.05。

在 RHEL/CentOS 和 Ubuntu 等常见 UNIX/Linux 系统库中默认有 R 语言的编译版本（一般都不是最新的版本）。根据系统的不同，选择不同的安装命令：

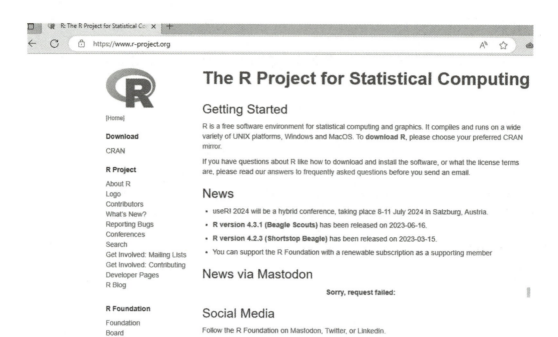

图 1.1　R 语言官方网站

```
#  RHEL 系统
yum install R
#  Ubuntu 系统
apt-get install r-base
```

⚠ **注意**：为确保 R 语言正常使用，建议 R 语言软件的安装目录中不要有中文，也不要有空格，否则可能会出现一些意想不到的错误。

1.3.2　R 语言软件基本操作与控制

启动 R 语言软件后进入命令行界面（见图1.2），每输入一行命令，R 软件就会在后面显示计算结果，可以用向上和向下箭头访问历史命令。

R 软件除了本身的功能函数之外，还含有大量函数和包。人们在用 R 编写代码时不可能掌握所有函数和包，因此，了解并熟练使用帮助系统是十分必要的。R 软件中可以用 "?" 和 "help" 命令寻求关于某一函数、命令和数据的帮助。

例如，在命令行中输入 "?lm"（lm 为函数名）可以打开 lm 函数的帮助页面，从中可以看到函数的用法，包括输入项（参数）、输出值、相关介绍文献、其他相关信息及示例。

```
?lm       # 显示函数的全部帮助文档
help("lm")# 和？命令结果一致
```

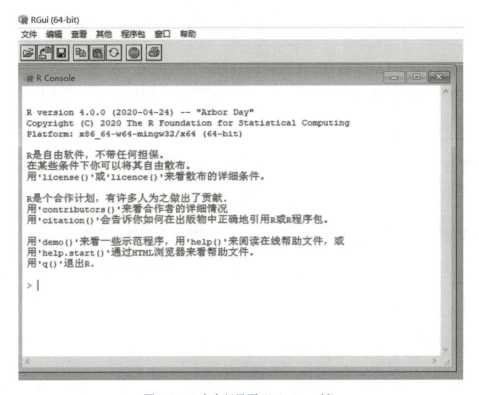

图 1.2 R 命令行界面 (Windows 版)

▲ 注意："??" 命令和 "?" 命令搜索的结果并不相同，"??" 命令可以搜索所有和检索词有关的变量、代码及帮助文档，由于要遍历所有 R 安装包，因此查询时间较长。例如：

```
?? plot #可搜索所有包含"plot"的主题
```

对于不太记得的函数或变量，人们可用 apropos() 命令辅助查找：

```
apropos("glm")    # 可找出所有关于glm的变量和函数
apropos("on$")    # 可找出所有以on结尾的变量
apropos("1~9")    # 可找出所有1~9之间的变量
```

对于新的函数或不熟悉的包中的函数，人们可使用 example() 命令。该命令运行后，在 help 页面可以看到相关示例，命令行中会出现该函数相关代码，运行后可查看结果。例如，要查看 plot 函数的使用示例，可以调用：

```
example("plot")
```

如果想查看关于某个包的所有示例，如读取数据、数据处理、分析结果等示例，可以用 demo 函数。例如 demo(graphics) 可以列出所有 R 支持的图形，并可以随时按〈esc〉键可退出查看：

```
demo(graphics)   #
```

browseVignettes() 则可查看包的详细文档,包括 PDF 文档和 R 里的代码等。例如:browseVignettes("grid") 可返回 grid 包中所有 PDF 文档和对应的 R 代码。

```
browseVignettes("grid")
```

▲ **注意**:以上方法中提到的包或函数均只限于本地已经安装的包和包中的函数。可利用 RSiteSearch 查询目前 CRAN 网站中的内容:

```
RSiteSearch({"view"})  #可在浏览器中看到所有 CRAN 网站中与 view 有关的内容
```

下面列出在 R 语言统计分析过程中常用的函数,具体用法会在后续章节详细说明。

为了明确工作空间中的变量列表,R 软件提供搜索变量列表的功能,通过 ls 和 ls.str() 函数实现,如:

```
ls(all=TRUE) ;ls()   # 列出工作空间中的所有变量
ls(pattern='a',all.names=TRUE)   # 列出含a的所有变量,可简写成
ls(pat='a' ,all = TRUE)
ls(pat='~a')   # 列出以a开头的所有变量
ls.str()   # 列出所有变量的详细的内部信息
ls.str(pat='a')   # 列出含有a的所有变量的详细的内部信息
```

为了避免重复定义,可以将变量列表保存到文件中,通过 save() 函数实现,如:

```
save(x,y,z, file='mywork.RData')   #仅保存三个变量x,y,z到文件中
save(list=ls(all=TRUE), file='mywork.RData')
#功能与save.image()相同
save.image()   # 保存工作镜像
save(list=ls(pat='a'),file='mywork.RData')
#将名称中含a的变量保存到文件中
```

R 程序的执行结果默认输出到控制台上。如果希望把输出结果保存到一个指定的文本文件中,可调用函数 sink:

```
sink("filname")   # 将运行结果保存到指定文件中
```

结果文件一般为文本文件,默认位于当前工作目录下。R 中可用 getwd() 显示当前工作文件夹,如果当前工作文件夹不合适,则可用 setwd() 来设定:

```r
getwd()                    # 显示当前工作文件夹
setwd("F:/RPStat")         # 设定工作文件夹为"F:/RPStat"
```

有时候为了节省内存或者剔除干扰变量,通过 rm() 函数删除工作空间中的变量,如:

```r
rm(list = ls(all = TRUE))   # 删除工作空间中的所有变量
# 或rm(list=ls())
rm(x, y)                    # 删除指定名字的变量
rm(list = ls(pat = "a"))    # 删除含有字母a的所有变量
```

R 软件提供 system() 和 shell.exec() 等函数来调用外部可执行程序,以完成特殊的功能,也算一种交互接口。一般来讲,system() 执行的是终端命令,在 Windows 系统中,类似在 cmd.exe 窗口中执行各种命令,例如:

```r
system("ipconfig")
```

shell.exec() 可以实现的功能会比 system() 更丰富一些,可以执行各种外部程序。例如,在 R 软件中打开 Excel 电子表格程序:

```r
shell.exec("C:\\Program Files\\Microsoft Office\\excel.exe")
```

1.3.3 常用的 R 程序包

R 软件中特定的统计分析功能,需要用相应的 R 程序包实现。R 程序包一般包含程序代码、数据和文档,除内置包无须安装外,其他包可以通过特定存储库(如 CRAN、GitHub、Bioconductor)或本地文件安装。

R 程序包一般在联网的情况下安装,使用函数 install.packages() 安装。

对于 CRAN 包,在控制台中输入:

```r
install.packages("glmnet")
```

R 软件会弹窗提示用户选择合适的镜像网站(见图 1.3)。

用户选择镜像网站后,程序将自动下载并安装 glmnet 程序包。一个可能的运行结果如下:

```
有二进制版本的,但源代码版本是后来的:
       binary source needs_compilation
glmnet 4.1-4  4.1-6            TRUE
Binaries will be installed
试开URL'https://mirrors.ustc.edu.cn/CRAN/bin/windows/contrib/4.0/glmnet_4.1-4.zip'
```

```
Content type 'application/zip' length 3316938 bytes (3.2 MB)
downloaded 3.2 MB
程序包'glmnet'打开成功，MD5和检查也通过
下载的二进制程序包在
C:\Users\Administrator\AppData\Local\Temp\Rtmpw1qOuQ\downloaded_packages里
```

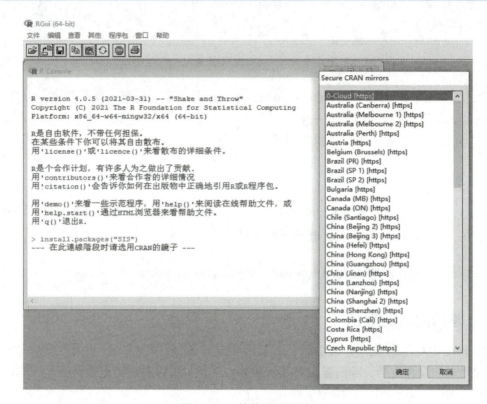

图 1.3　R 镜像网站选择

这里，镜像网站也可提前用 options() 函数指定：

```
#选择位于清华大学的镜像网站
options(repos=c(CRAN="http://mirror.tuna.tsinghua.edu.cn/CRAN/"))
install.packages("sos")
```

对于非 CRAN 的 R 程序包安装，则可根据情况采用不同的方式。
若知道源代码网址，可使用 install.packages() 函数：

```
install.packages("http://www.lepem.ufc.br/
                 jaa/colorout_1.1-0.tar.gz",repos=NUL)
# https是通过libcurl内置的
install.packages("https://github.com/hadley/
```

```
                devtools/archive/v1.7.0.tar.gz",
                repos=NULL, method="libcurl")
```

R 程序包位于本地文件夹时，仍可使用 install.packages() 函数：

```
#安装位于"C:/Desktop/" 的"xfun_0.37.tar.gz"软件包
install.packages("C:/Desktop/xfun_0.37.tar.gz",
 repos = NULL, type = "source")
```

对于本地文件也可采用 RGui 自带的程序包菜单命令进行安装，选择 Packages→install packages from local files，再选择本地磁盘上的存储文件进行安装。

对于 GitHub 网站软件包，则一般用 devtools 包的 install_github() 函数进行安装：

```
if(!require(devtools)) install.packages('devtools')
devtools::install_github("whcsu/SurvELM")
```

其中，whcsu 是 GitHub 网站中某个作者的名称，SurvELM 是该作者名下的一个 R 扩展包。

对于 Bioconductor 网站软件包，则可用 BiocManager 包的 install() 函数安装：

```
if (!requireNamespace("BiocManager", quietly = TRUE))
  install.packages("BiocManager")
BiocManager::install(c("Biostrings"))
```

对于 CRAN Task Views (https://cran.r-project.org/web/views/) 的软件包合集，则可使用 ctv 包 (需事先安装) 中的 install.views() 安装：

```
# 一次性安装Econometrics下所有R包
ctv::install.views("Econometrics")
```

程序包函数的应用，一般先使用 library() 或 require() 加载对应的包，再执行有关函数：

```
library(devtools)# 加载devtools
require(ctv)# 加载ctv，但和library函数返回结果稍有区别
install_github("whcsu/SurvELM")# 执行install_github函数
```

如果不加载包，也可用 "::" 操作符执行已安装包中对应的函数：

```
# 不调用ctv，更新安装Econometrics下所有R包
ctv:: update.views("Econometrics")
```

部分 R 语言包的版本更新迭代快，一般使用 update.package() 函数更新扩展包：

```
# 更新本地安装的全部具有新版本的 CRAN 扩展包
update.packages(checkBuilt = TRUE, ask = FALSE)
```

每一次 R 软件更新后，都需要重新安装原来的软件包，这个过程很麻烦。如果是小的版本更新，比如从 3.5.1 更新成 3.5.2，可以在安装新版本后，临时将新版本的 library 子目录更名为 library0，将旧版本的 library 子目录剪切为新版本的 library 子目录，然后将 library0 中所有内容复制并覆盖 library 子目录，删除 library0 即可。然后，在 R 软件中运行如下命令以更新新版本的包：

```
update.packages(checkBuilt = TRUE, ask = FALSE)
```

如果 R 软件版本改变比较大 (例如由 R 3.52 升级到 R 4.22)，可以在更新 R 软件前运行如下命令获得要安装的软件包的列表：

```
packages <- .packages(TRUE)
dump("packages", file="packages-20230104.R")
```

在安装最新版本的 R 软件后，再运行如下代码：

```
source("packages-20230104.R")
install.packages(packages)
```

1.3.4 RStudio

RStudio 是 Posit 公司（原 RStudio）开发的 R 语言集成开发环境（IDE），相对于 R 自带的 GUI 界面，它具有更加友好的界面、更好的项目管理、包管理及图片预览等功能。RStudio 有开源和商业版本，可在 Windows、Mac 和 Linux 等多平台上运行。最新版本的 RStudio 还提供了对 Python、C++ 等语言的支持。

安装 R 软件后，可从官方网站（https://posit.com/download/rstudio-desktop/）下载 RStudio。

RStudio 界面如图 1.4 所示，简单地分为四个子窗口，从左至右、从上到下分别是：程序编辑窗口，工作空间与历史信息窗口，程序运行与输出窗口（控制台），画图和函数包帮助窗口。

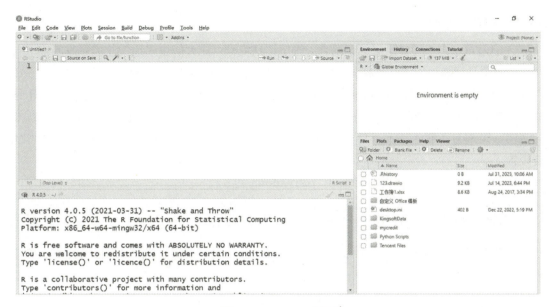

图 1.4 RStudio 界面

了解 RStudio 键盘快捷键，编程人员将在编程时节省大量时间。RStudio 提供了数十种有用的快捷方式，可通过按 ⟨Alt+Shift+K⟩ 键获得所有快捷菜单。这里以 Windows 平台为例简单介绍常用的快捷方式（见表 1.1）。

表 1.1　RStudio 快捷方式

快捷键	功能
⟨Ctrl+Enter⟩	运行当前行或选中的代码
⟨Alt+Enter⟩	运行当前行或选中的代码（保留光标位置）
⟨Ctrl+Alt+R⟩	运行当前文档
⟨Ctrl+Alt+B⟩	从文档开始运行到当前行
⟨Ctrl+Alt+E⟩	从当前行运行到文档末尾
⟨Ctrl+Shift+C⟩	注释/取消注释当前行/选择
⟨Ctrl+F⟩	注释/查找和替换
⟨Ctrl+Z⟩	撤销
⟨Ctrl+D⟩	删除行
⟨Tab⟩ 或 ⟨Ctrl+Space⟩	尝试自动补充命令
⟨Ctrl+Q⟩	退出 R Session
⟨Ctrl+Shift+F10⟩	重新启动 R Session

RStudio 还通过 Plot、Session、Build、Debug、Profile 等菜单提供对绘图、进程、编译、调试、效率等方面的支持。RStudio 的 "Tools" 还包括安装 R 包、程序控制、内存使用、Shell 命令行操作等方面实用工具。RStudio 的 "Help" 菜单中还提供了 R 和 RStudio 帮助、Markdown 语法等方面的内容或链接，方便新手尽快熟悉 R 语言开发环境。

1.3.5 Markdown

Markdown 是一种轻量级标记语言，排版语法简洁，让人们更多地关注内容本身而非排版。它使用易读易写的纯文本格式编写文档，可与 HTML 混编，也可导出 HTML、Word、PDF 格式的文件，是 RStudio 内置的帮助文件的主要格式。R Markdown 则是通过 R 语言制作的 Markdown 格式的文件，其中包含嵌入的 R 语言代码。通过 R Markdown 编写的文档，简洁、高效、易读、易写，强烈建议读者学会撰写 R Markdown 格式的作业和实验报告。

R Markdown 文档编辑需要安装 `rmarkdown` 包：

```
install.packages(rmarkdown)
```

安装成功后，在 RStudio 中，打开 File→New File 菜单，选择 R Markdown，弹出界面如图 1.5 所示。

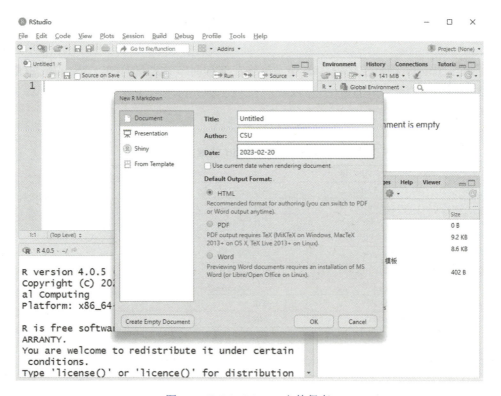

图 1.5 R Markdown 文件保存

输入 "title"（标题）、"author"（作者）和 "date"（日期）后，按 "OK" 按钮即可出现一个 R Markdown 示例文档（略有删减）：

```
---
title: "Rmarkdown文档示例"
```

```
author: "CSU"
date: '2023-02-20'
output: html_document
---
```{r setup, include=FALSE}
knitr::opts_chunk$set(echo = TRUE)
```
R Markdown
This is an R *Markdown* document 'example'.
```{r cars}
summary(cars)
```
```{r pressure, echo=FALSE}
plot(pressure)
```
```

上面的代码编译为 HTML 文件后如图 1.6 所示。

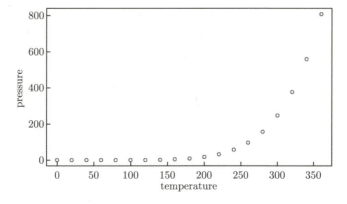

图 1.6　R Markdown 编译结果

结合上面的例子，我们简要说明 R Markdown 字体方面的语法：

1）标题字体。在 R Markdown 中，在文本的开始阶段，# 的数量表示该标题的字体大小，# 的数量越多，字体越小。

2）斜体字体。对文本两侧加一个星号得到斜体字体，例如上文中的 "Markdown"。

3）加粗字体。用双星号包围文本得到加粗字体，例如上文中的 "This"。

4）高亮字体。用一对单引号包围文本得到阴影高亮字体，例如上文中的 "example"。

想嵌入 R 代码在报告中，可以采用如下代码块：

```
```{r}
summary(cars)
```
```

RStudio 会默认运行代码并将结果追加在代码之后。如果不想将结果追加到报告中，可以将 `eval = FALSE` 参数加入大括号中，这样做的结果就是只把代码放入报告中，却不执行。将参数 `echo = FALSE` 加入大括号中，会不显示代码，仅显示运行结果。

1.4 Python 语言软件的下载、安装及运行

Python 适用于不同的平台，如 Windows、Mac、Linux、Raspberry Pi 等。Python 的设计哲学强调代码的可读性和简洁的语法，尤其是使用空格缩进来划分代码块。相比 C 语言或 Java，Python 使开发者能够用更少的代码表达同样的想法。

本书使用的版本是 Python 3.10。不过，目前仍有不少人在使用 Python 2，但是 Python 2 并不完全兼容 Python 3。

1.4.1 下载与安装 Python 语言软件

在 Windows 和 Mac 上安装和运行 Python 的方法比较简单，从 Python 的官网 (https://www.python.org/downloads/) 下载最新版本的 Python，运行安装程序文件并按照步骤安装即可。在安装过程中，应将 Python 添加到环境变量中，以保证可从计算机的任何路径运行 Python。

在 UNIX/Linux 机器上安装 Python 的步骤如下：

1）从 Python 的官网下载可用于 UNIX/Linux 的压缩源代码，并解压文件。

2）运行 ./configure 脚本。

3）make。

4）make install。

这将 Python 安装在标准位置 "/usr/local/bin" 及其库 "/usr/local/lib/python XX"，其中 "XX" 是 Python 的版本。完成安装过程后，就可以运行 Python。

1.4.2 Anaconda

Python 是一门编程语言。安装 Python 程序后，还涉及运行脚本、下载各种需要用到的库、管理环境等配套工作，初学者可能会存在一些困难。此时，我们建议下载安装 Anaconda（https://www.anaconda.com/）集成环境。

以 Windows 为例，选择合适的 Anaconda 版本（https://repo.anaconda.com/archive/Anaconda3-2022.10-Windows-x86_64.exe），下载后双击安装，一直单击下一步，各选项默认即可。安装结束后，Windows 新增加的菜单如图 1.7 所示。

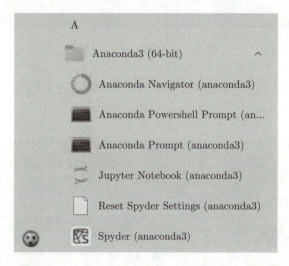

图 1.7 Anaconda 菜单

其中 Anaconda Navigator 提供了常用 Python 及开发软件的导航，Anaconda Powershell Prompt 和 Anaconda Prompt 提供了命令行界面，Jupyter Notebook 是常见的符合 Markdown 格式的 Python 笔记本，Spyder 则是自带的免费集成开发环境。

1.4.3 运行 Python

Python 可以在命令行下运行。以 Windows 为例，可用〈Win+R〉组合键打开运行窗口，输入 cmd 命令后，在命令行中键入 "python"，如果没有安装 Python，则会提醒安装。安装成功后，则会出现如图 1.8 所示界面。

这意味着我们已经成功进入交互式模式，可以交互式地输入 Python 语句或表达式，如：

```
print("Hello")
```

当我们想结束交互式 Python 会话时，使用 exit()、quit() 函数或者使用〈Ctrl+Z〉快捷键即可退出 Python。

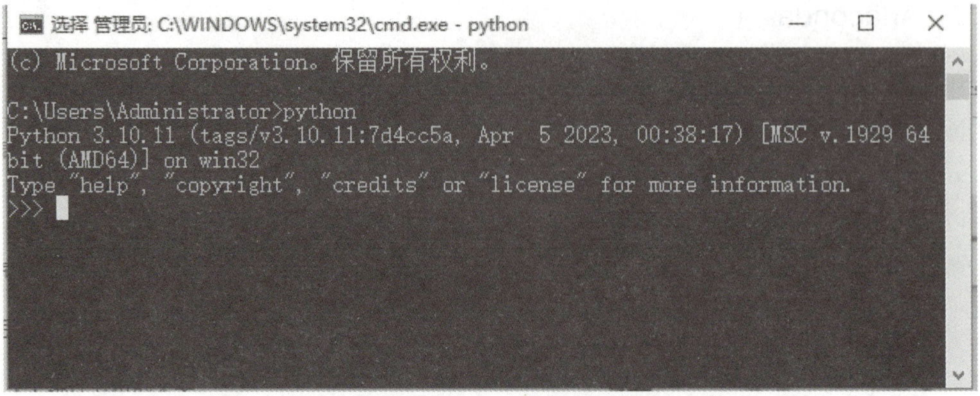

图 1.8 Python 交互式模式

如果安装了 Anaconda，也可以使用 Anaconda 的 Spyder 集成开发环境中右下角的 IPython 窗口执行 Python 命令行操作（见图 1.9）。

图 1.9 Spyder 界面

1.5 本章小结

本章我们了解了 R 和 Python 的一些优点，正是这些优点吸引了学生、研究人员、统计学家以及数据分析师等希望理解数据意义的人。我们从程序的安装出发，讨论了如何下载、安装和使用 R 与 Python 的基本功能。既然已经能够正常运行 R 和 Python，那么是时候尝试分析我们的数据了。本书中，我们将先介绍 R 语言统计分析的有关知识，再介绍 Python 语言数据处理的基本功能。

为方便读者，现汇总本章涉及的主要 R 函数，见表 1.2。

表 1.2　本章涉及的主要 R 函数

函数名	功能
library()	加载指定包到 R 的工作空间
install.packages()	下载安装指定包
help()	浏览指定函数的帮助文档
help.search()	浏览包含指定字符串的函数的帮助文档
getwd()	浏览 R 的当前工作目录
setwd()	指定 R 的当前工作目录
source()	运行指定的 R 程序
sink('my.txt')	将后续控制台的输出保存到指定结果文件 my.txt 中
sink()	后续控制台的输出不再保存到文件中

1.6　练习题

1. 到 CRAN (http://cran.r-project.org/) 下载并安装 R 的最新版本，并尝试 R 的启动与退出。

2. 到 Python 官网 (https://www.python.org/) 下载并安装 Python 的最新版本，并尝试 Python 的启动与退出。

3. 尝试从 R 内部安装 plyr 包，并检查这个包中有哪些命令可用。

1.7　实验题

1. 学会使用 R 中 help() 函数，如 help("subset") 会显示如何使用 subset() 命令。

2. 学习并掌握获取当前工作目录的函数 getwd() 和指定当前工作目录的函数 setwd()。

3. 利用 R 生成如下向量：

(1,2,3,$\cdots$,19,20)

(20,19,$\cdots$, 2,1)

(1,2,3,$\cdots$,19,20,19,18,$\cdots$,2,1)

4. 将向量 (4,6,3) 命令为 tmp，首先用 help 命令学习如何使用命令 rep，并利用 rep 命令和 tmp 生成如下向量：

(4,6,3,4,6,3,$\cdots$,4,6,3)：4 出现 10 次。

(4,6,3,4,6,3,$\cdots$,4,6,3,4)：4 出现 11 次，6 和 3 均出现 10 次。

(4,4,$\cdots$,4,6,6,$\cdots$,6,3,3,$\cdots$,3)：4 出现 30 次，6 出现 10 次，3 出现 5 次。

第 2 章　R 语言编程基础

说说很容易。我要看代码。

——Linus Torvalds（Linux 之父）

本章介绍 R 语言基础知识，包括脚本运行方法，常量和变量，向量、数组、矩阵、数据框、列表等常见对象及基本操作，条件、循环及自定义函数等内容。

对学习编程软件的新手来说，我们可以通过著名的 "Hello World!" 来认识 R 语言。

2.1　R 语言版的 "Hello World！"

如果已经配置好 R 语言环境，那么启动 RStudio 或启动 R 软件，会得到一个提示 ">"。这里的 ">" 表示命令或运算提示符。在 ">" 后面，可以输入 R 语言代码。例如：

```r
newstr <- "Hello World!"
print(newstr)
# 我的第1段 R 代码
```

在这里，第一句先定义一个字符串变量 newstr，并将 "Hello World！" 用 "<-" 符号对其赋值，第二句则使用 print() 将变量 newstr 的内容打印到屏幕，第三句以表示注释、说明语句字符 "#" 开始，因此 "#" 后面的均为注释语句。

2.2　R 语言脚本运行

上述 "Hello World！" R 语言代码（又称 Script，脚本）就是 R 语言命令。我们可以先批量编好程序，或者修改别人已经编好的程序，之后输入控制台进行调试，以满足数据分析的需求。

在 RStudio 等编辑器中，语言可以被高亮显示，在代码较多的情况下，高亮显示行数、函数、括号、函数选项等，有利于用户编辑，以减少错误。

下面是一个 R 语言脚本的例子。

```r
rate<-c(20, 22, 24, 26, 28, 30, 32, 34, 36, 38, 40, 42)
impurity <-c(8.4, 9.5, 11.8, 10.4, 13.3, 14.8, 13.2,
  14.7, 16.4, 16.5, 18.9, 18.5)
```

```
plot(impurity~rate)
reg<-lm(impurity~rate)
abline(reg,col="red")
summary(reg)
```

我们通过编辑器把上述脚本保存到 D 盘根目录的 "regression.r" 中。

那么，如何运行 R 脚本程序呢？我们可以通过 source() 函数运行：

```
source("d:/regression.r")    # 注意正斜线和反斜线的区别用法
source("d:\\regression.r")
```

也可以通过 R 脚本编辑器运行。首先运行 RGui，打开文件菜单，单击运行 R 脚本，找到 "regression.r" 文件后，按〈Ctrl+R〉运行即可。

在 RStudio 中，可以新建一个 R 脚本，或者打开一个 R 脚本，然后用鼠标单击 Run 图标或者按〈Ctrl+Enter〉快捷键运行当前行或者选定的代码块。

2.3 R 语言常量和变量

R 语言表达式可以使用常量和变量。

常量是其值不变的量，包括 1234 等数值、"rlang" 等字符串和逻辑值等基本类型。其中，逻辑型常量只有 TRUE 和 FALSE，分别表示真值和假值。此外，R 中还有一些特殊类型的常量，其中 NULL 表示空值，NA（Not Available）表示缺失数据，Inf 和 -Inf 表示正无穷和负无穷，NaN（Not a Number）表示不是数字的值。

▲注意：NULL 不同于 NA，NA 是一种特殊值，而 NULL 根本没有对象值。

变量是其值可变的量，如 "x<-3"，x 就是一个变量，当 "x<-4" 时，x 被重新赋值为 4。变量名由字母、数字和下划线组成，变量的第一个字符为字母。

R 语言变量命名的大原则是：只能出现字母（**区分大小写**）、数字、"_"（下划线）、"."（英文句号）。对变量长度没有限制，但不能有中文、空格、连字符 "-" 的存在。变量命名还要满足以下条件：

1）不能以数字或下划线开头。
2）开头必须是英文字母或者点号。
3）可以以点号开头，但点号后面的符号不能是数字。

下面，我们给出几个变量名称的例子：

```
x1 = 123    # 合法的变量名
.x1 = "abc" # 不合法的变量名  1x=123  _yy=456
```

在程序语言中，变量用来保存输入的值或计算的结果。变量可以存放各种类型的值，如单个数值、多个数值（如向量）、单个字符串、多个字符串（如字符型向量）等等。单个数值称为标量。

▲ **注意**：R 语言的变量是动态类型的，变量的类型不需要预先声明，运行过程中允许改变变量类型。

例如，下面 R 代码中可将 x 变更为任意的基本类型：

```r
# 把 x 赋值为浮点数类型
x = 123.05
# 重新赋值为字符类型
x = "I love R"
# 再赋值为逻辑类型变量
x = TRUE
```

2.4 R 语言对象基本操作

R 语言是基于对象的语言，基本的数据对象包括向量、数组、矩阵、列表等；复杂的数据对象包括数据框对象、时间序列对象、模型对象、图像对象等。这里先简要介绍 R 语言中对象的基本属性和有关操作。

2.4.1 R 语言对象属性

R 的对象包括了若干元素作为其数据，另外，还包括一些特殊数据，被称为属性 (attribute)，并规定了一些特定的操作 (如打印、绘图)。R 对象分为单纯对象、复合对象两大类。单纯对象中的所有元素都是一种基本类型的，而复合对象的元素可以是不同类型的。

在 R 中，每个对象都有两个基本的属性函数：长度属性和类型属性。其中，长度属性表示对象中元素的数目。类型属性是对象元素的基本种类，共有四种：`numeric`（数值型），包括整型、单精度实型、双精度实型；`character`（字符型）；`complex`（复数型）；`logical`（逻辑型，FALSE、TRUE 或 NA）。

对象的类型和长度可以分别通过函数 `mode()` 和 `length()` 得到，例如：

```r
x <- 1; mode(x);
#[1] "numeric"
length(x)
## [1] 1
A <- "Gomphotherium";mode(A)
```

```
## [1] "character"
compar <- TRUE; mode(compar);
## [1] "logical"
z <- 1i;mode(z)
## [1] "complex"
mode(c(1,3,5)>5)
## [1] "logical"
```

在 R 中，class() 函数返回对象的类。对于简单向量来说，返回的结果和 mode() 函数一致，但对于矩阵、数组、数据框等数据对象，结果有可能相同，也有可能不同。例如：

```
#简单对象，class和mode返回结果相同
A <- "Gomphotherium"; class(A);
## "character"
mode(A)
## [1] "character"
# 复杂对象，class和mode返回结果可能不同
d <- data.frame(V1=c(1,2))
mode(d)
## [1] "list"
class(d)
## [1] "data.frame"
```

在 R 中，typeof() 函数返回对象在 R 内部的类型。对于向量，返回 "logical" "integer" "double" "complex" "character" 和 "raw" 等结果；对于其他对象，可能返回 "list" "NULL" "closure"（函数）、"special" "builtin"（R 内部函数或操作符）、"environment" "S4"（S4 对象）等。

⚠ 注意：class() 函数是从面向对象语言的角度返回对象的抽象类，一个数据对象可能有多个类，用户可以自定义类。mode() 函数返回的是内存中数据对象的基本类型，一个数据对象只能有一个基本数据类型（numeric、complex、character、logical、list、function 等），用户无法自定义。typeof() 函数返回的是 R 内部的数据类型或者对象的存储模式。

下面的例子揭示了 typeof() 和 mode() 的区别：

```
typeof(c(1, 2))
## [1] 'double'
mode(c(1, 2))
## [1] 'numeric'
```

此外，attributes(object) 返回对象的各特殊属性组成的列表，不包括固有属性 mode 和 length，例如：

```r
x = c(apple = 2.5,orange = 2.1)
x
## apple orange
## 2.5  2.1
attributes(x)
## $names
## [1] "apple" "orange"
```

也可以用 attr(object,name) 的形式存取对象的 name 对应的属性，例如：

```r
attr(x, "names") = c("apple", "grapes")
# names是默认属性，表示元素名字
x
## apple grapes 2.5 2.1
attr(x, "type") = "fruit"
x
## apple grapes 2.5 2.1 attr(,'type')
attr(x, "type")
## [1] 'fruit'
```

2.4.2 列出对象与删除对象

函数 ls() 的功能是显示所有在内存中的对象。ls() 函数只会列出对象名，例如：

```r
rm(list = ls())
name <- "Carmen"
n1 <- 10
n2 <- 100
m <- 0.5
ls()
## [1] "m"    "n1"    "n2"    "name"
```

如果只要显示出在名称中带有某个指定字符的对象，则可通过设定选项 pattern 来实现（可简写为 pat）：

```r
ls(pat = "m")
## [1] "m"    "name"
```

如果进一步限定显示名称中以某个字母开头的对象，则可使用命令，例如：

```r
ls(pat = "^m")
## [1] "m"
```

运行函数 `ls.str()`，将会显示内存中所有对象的详细信息，例如：

```
ls.str()
## m  :  num 0.5
## n1 :  num 10
## n2 :  num 100
## name :  chr "Carmen"
```

要在内存中删除某个对象，可利用函数 `rm()`。例如，删除单个对象：

```
rm("name")
# 内存中现有对象
ls()
## [1] "m"  "n1"  "n2"
```

删除多个对象：

```
# 删除"n1" "n2"
rm("n1", "n2")
ls()
## [1] "m"
```

删除内存中所有对象：

```
rm(list = ls())
ls()
## character(0)
```

可以利用正则表达式删除特定对象，例如删除对象中以字母 m 开头的对象：

```
rm(list = ls())
name <- "Carmen"
n1 <- 10
n2 <- 100
m1 <- 0.5
m2 <- 0.6
rm(list = ls(pat = "^m"))
ls()
## [1] "n1"   "n2"   "name"
```

2.5 R 语言数据类型

2.5.1 向量

向量是相同基本类型的元素序列，即一维数组。

1. 向量的赋值

R 语言数据对象以向量为最小单位，用符号 "<-"、"=" 为变量赋值，如：

```
x1 <- 1:10
x1
## [1]  1  2  3  4  5  6  7  8  9 10
```

一般的向量可以用 c() 生成，c 是单词 "concatenate"（联结）的简写，如：

```
x = c(1:3, 10:13)
x
## [1]  1  2  3 10 11 12 13
```

另一种赋值的办法是用 assign() 函数，如：

```
x1 = c(1, 2)
x1
## [1] 1 2
rm(x1)
assign("x1", c(1, 2))
x1
## [1] 1 2
```

函数 length(x) 可以计算向量 x 的长度，如：

```
assign("x1", c(1:5))
length(x1)
## [1] 5
```

用 print() 函数显示向量或在命令行中显示向量时，每行显示的行首会有方括号和数字序号，代表该行显示的第一个向量元素的下标。如：

```
12345678901:12345678920
##  [1] 1.235e+10 1.235e+10 1.235e+10 1.235e+10 1.235e+10
##  [6] 1.235e+10 1.235e+10 1.235e+10 1.235e+10 1.235e+10
## [11] 1.235e+10 1.235e+10 1.235e+10 1.235e+10 1.235e+10
## [16] 1.235e+10 1.235e+10 1.235e+10 1.235e+10 1.235e+10
```

2. 数值型向量的运算

在一个向量中，如果元素是数值型的，则可以进行加（＋）、减（－）、乘（＊）、除（/）、乘方（^）运算。数值型向量的运算，意味着对向量的每一个元素进行运算。例如：

```
x <- c(1, 4, 6.25)
y = x * 2 + 1
y
## [1]  3.0  9.0 13.5
```

R 中很多函数，如 sqrt()、log()、exp()、sin()、cos()、tan() 等函数都可以用向量作为自变量，它们的结果是对向量的每一个元素取对应的函数值。

▲注意：任何数与 NA 的运算结果仍为 NA，例如：

```
2 * c(1, NA, 2)
## [1]2 NA4
sum(c(1, NA, 2))
## [1] NA
```

3. 生成有规律的向量

在 R 中很容易产生一个等差数列的向量，例如：
1）1:n 产生从 1 到 n 的整数列。
2）-2:3 产生从 -2 到 3 的整数列。
3）5:2 产生反向的数列。

▲注意：1:n-1 不是产生 1 到 n-1 的整数列。而是表示向量 1:n 减去 1。1:n-1 和 1:(n-1) 的区别如下：

```
n = 5
1:n - 1
## [1] 0 1 2 3 4
1:(n - 1)
## [1] 1 2 3 4
```

生成更一般的等差数列可用函数 seq()（"sequence" 的简写）实现。如果只指定一个参数 n>0，则 seq(n) 相当于 1:n。指定两个参数时，第一个参数表示开始值，第二个参数表示结束值，默认公差是 1。例如：

```
seq(-2, 3)
## [1] -2 -1  0  1  2  3
```

也可增加第三个参数，即 by，用该参数指定等差数列的步长，例如：

```
seq(0, 2, 0.7)
## [1] 0.0 0.7 1.4 等价于
seq(from = 0, to = 2, by = 0.7)
## [1] 0.0 0.7 1.4
```

seq() 函数还可以用一种 seq(along=向量名) 的格式，这时只能用 along 一个参数，产生该向量的下标序列，如：

```
x = c(1, 4, 6.25)
seq(along = x)
## [1] 1 2 3
```

另一个规律生成数据的函数是 rep()（"replicate" 的简写）。它可重复第一个自变量若干次，例如：

```
x = c(1, 4, 6.25)
rep(x, 3)    #将参数x,重复3次
## [1] 1.00 4.00 6.25 1.00 4.00 6.25 1.00 4.00 6.25
```

4. 逻辑型向量

向量的元素可以取逻辑值，如：

```
I = c(T, T, F)
I
## [1] TRUE TRUE FALSE
```

当然，逻辑值往往是向量比较的结果，常见的比较运算符包括 "<" "<=" ">" ">=" "==" "!="。

一个向量与常量比较大小，其结果还是一个向量，元素为每一对比较的结果逻辑值，例如：

```
x = c(1, 4, 6.25)
I = x > 3
I
## [1] FALSE TRUE TRUE
```

两个向量之间也可以比较，如：

```
x = c(1, 4, 6.25)
log(10 * x) > x
## [1] TRUE FALSE FALSE
```

两个逻辑型向量可以进行与 (&)、或 (|) 运算，结果是对应元素运算的结果。对逻辑型向量 x 做非计算，!x 表示取每个元素的非。例如：

```
x = c(1, 4, 6.25, 1.6)
(x > 1.5) & (x < 3)
## [1] FALSE FALSE FALSE  TRUE
```

判断一个逻辑型向量中所有元素是否都为真值，可使用 all() 函数，如：

```
x = c(1, 4, 6.25, 1.6)
all(log(10 * x) > x)
## [1] FALSE
```

判断一个逻辑型向量是否包含真值元素，可使用 any() 函数，如：

```
x = c(1, 4, 6.25, 1.6)
any(log(10 * x) > x)
## [1] TRUE
```

也可以用 is.na() 函数判断一个向量中是否包括 NA 值，返回结果就是逻辑型向量，如：

```
is.na(c(1, NA, 3))
## [1] FALSE  TRUE FALSE
```

逻辑值可以强制转换为整数值，此时 TRUE 变成 1，FALSE 变成 0。例如：

```
age = c(89, 20, 10, 66)
# 给age按条件赋值：age>65为"old"，否则为"young"
c("young", "old")[(age > 65) + 1]
# age>65等于TRUE，加1则把TRUE转换为数值型的1，结果为2
# 返回第二个下标处的"old"。
## [1] "old"   "young" "young" "old"
```

5. 字符串向量

向量元素可以取字符串值，例如：

```
c1 = c("x", "sin(x)")
ns = c("Weight", "Height", "年龄")
```

paste() 函数可以把参数连成一个字符串，中间用空格分开，例如：

```
paste("My","Job")
## [1] "My Job"
paste("Hi","早")
##[1] "Hi 早"
```

连接的参数可以是向量，这时将向量的对应元素分别连接起来，如果长度不一，则较短向量的元素会被重复使用。参数也可以是数值型向量，在连接时自动转化为字符型表示，例如：

```
paste(c("X", "Y"), "=", c(1:4))    #字符"="长度为1，它最短，被反复使用4次
## [1] "X = 1" "Y = 2" "X = 3" "Y = 4"
```

两个或多个字符串对应元素拼接时，分隔用的字符可以用 sep 参数指定，默认为空格，例如：

```
paste("result", c(1:5))
## [1] 'result 1' 'result 2' 'result 3' 'result 4'
## 'result 5'
paste("result", c(1:5), sep = "")
## [1] 'result1' 'result2' 'result3' 'result4'
## 'result5'
```

还可以通过设定 paste() 函数中的 collapse 参数，调整对应元素拼接后新元素间的连接方式，比如：

```
paste("result", c(1:5), collapse = "+")
## [1] "result 1+result 2+result 3+result 4+result 5"
```

6. 复数向量

R 支持复数向量，一般采用 a+bi 这种格式。复数向量的每一个元素都是复数。可以使用 complex() 函数生成复数，例如：

```
complex(real = 3.5, imaginary = 2.1)
## [1] 3.5+2.1i
```

对于复数，Re() 函数计算实部，Im() 函数计算虚部，Mod() 函数计算复数模，Arg() 函数计算复数幅角。

7. 因子向量

在 R 中用因子 (factor) 来表示离散分类变量，用有序因子 (ordered factor) 来表示有序变量。因子是一种特殊的字符型向量，其中每一个元素取一组离散值中的一个，而因子对象有一个特殊属性水平（levels）来表示这组离散值（用字符串表示），例如：

```
x = c("男","女","男","男","女"); y = factor(x)
y
## [1] 男 女 男 男 女
## levels: 男 女
```

函数 factor() 可以把一个向量编码成一个因子。其一般形式为：

```
factor(x, levels = sort(unique(x), na.last = TRUE),
 labels, exclude = NA, ordered = FALSE)
```

指定因子的标签（labels），例如：

```
x=c(1,0,1,1,0)
y=factor(x,levels=sort(unique(x),decreasing=T),
 labels=c("男","女"))
y
## [1] 男 女 男 男 女
## levels: 男 女
```

指定因子的水平和标签，属于水平的元素用对应的标签表示，不属于水平的元素用 NA 表示，如：

```
x = c(1, 0, 1, 1, 0, 2)
y = factor(x, levels = c(1, 0), labels = c("男","女"),
  order = F)
y
## [1] 男  女  男  男  女  <NA>
## levels: 男 女
```

对于因子向量，可以用函数 table() 来计数，如：

```
gender = factor(c("男","女","男","男","女"))
table(gender)
## gender
## 男 女
##  3  2
```

结果是一个带元素名的向量，元素名为因子水平，元素值为该水平出现的频数。

8. 向量的访问

R 提供了四种方法来访问向量的一部分元素或子集，格式为 x[v]，x 为向量名或向量值的表达式，v 表示向量的下标。

v 可以为正数，取值在 1~length(x)，取值允许重复，例如：

```
x = c(1,4,6)
x[c(1:3)]
## [1] 1 4 6
```

```
x[1:2]
## [1] 1 4
x[c(1,3,2,1)]
## [1] 1 6 4 1
c("a","b","c")[rep(c(2,1,3),3)]
## [1] "b" "a" "c" "b" "a" "c" "b" "a" "c"
```

v 也可以取负整数，取值在-length(x) ～ -1，表示扣除对应位置上的元素，例如：

```
x = c(1,4,6)
x[-(1:2)]
## [1] 6
```

v 还可以取和 x 等长的逻辑型向量，x[v] 表示取出所有 v 为真值的元素，例如：

```
x = c(1,4,6,12)
x < 10
## [1] TRUE TRUE TRUE FALSE
#取出所有小于10的元素组成的子集
x[x<10]
## [1] 1 4 6
```

逻辑值下标是一种强有力的检索工具，例如：

```
x = c(1,4,6)
x[sin(x)>0]
#取出x中所有正弦函数值为正的元素组成的向量
## [1] 1
```

在定义向量时可以给元素加上名字，例如：

```
age = c(Li = 33,Zhang = 29,Liu = 18)
age; age[1]
##    Li Zhang   Liu
##    33    29    18
## Li
## 33
```

这样就可以用元素名字来访问元素或元素子集，例如：

```
age[c("Li", "Liu")]
## Li Liu
## 33  18
```

9. 定义向量的分段函数

R 还可以改变一部分元素的值，例如：

```
x = c(1, 2, 6)
x[c(1, 3)] = c(125, 200)
x
## [1] 125   2 200
```

注意：赋值的长度必须相同，一个例外是可以把部分元素赋为一个统一的值。例如：

```
x[c(1, 3)] = 0
x
## [1] 0 2 0
```

要把向量所有元素赋为一个相同的值且不改变其长度，可以用 x[] 的写法，如 x[]=0。

⚠ 注意：x[] = 0 与 x = 0 是不同的，前者赋值后向量长度不变，后者是使向量变为标量 0。

把改变部分元素值的方法与逻辑值下标的方法相结合，可以定义向量的分段函数。例如，分段函数 $y = f(x)$：

$$\begin{cases} 1-x, & x < 0, \\ 1+x, & 其他. \end{cases}$$

可以用 R 语言表示为：

```
x = c(-1, 2, 3, 4, -3)
y = numeric(length(x))    #产生指定长度的全零向量
y[x < 0] = 1 - x[x < 0]   #提取满足对应约束条件的元素全体
y[x >= 0] = 1 + x[x >= 0]
y
## [1] 2 3 4 5 4
```

例如，分段函数 $y = f(x)$：

$$\begin{cases} x, & x < 3, \\ x+10, & 3 < x \leqslant 3.5, \\ x+20, & 其他. \end{cases}$$

可以用 R 语言表示为：

```
x = c(0.5, -1, 1, 2, 3, 4, 1, 2, 3, 4)
y = numeric(length(x))
y[x < 3] = x[x < 3]
y[(3 <= x) & (x < 3.5)] = x[(3 <= x) & (x < 3.5)] + 10
y[x > 3.5] = x[x > 3.5] + 20
y
## [1]  0.5 -1.0  1.0  2.0 13.0 24.0  1.0  2.0 13.0 24.0
```

2.5.2 数组

数组（array）是带多个下标的类型相同的元素的集合，常用的是数值型数组如矩阵，也可以有其他类型（如字符型、逻辑型、复数型）的数组。

数组有一个特征属性叫作维数向量（dim 属性），比如维数向量有两个元素时，数组为二维数组（矩阵）。维数向量的每一个元素均指定了该下标的上界，下标的下界总为 1。

对于一组向量，通过 dim() 指定了维数，就变成了数组。例如：

```
a = 1:24
dim(a) = c(2, 3, 4)
a
## , , 1
##
##      [,1] [,2] [,3]
## [1,]    1    3    5
## [2,]    2    4    6
##
## , , 2
##
##      [,1] [,2] [,3]
## [1,]    7    9   11
## [2,]    8   10   12
##
## , , 3
##
##      [,1] [,2] [,3]
## [1,]   13   15   17
## [2,]   14   16   18
##
## , , 4
##
##      [,1] [,2] [,3]
```

```
## [1,]    19   21   23
## [2,]    20   22   24
```

也可以用函数 array() 更直观地定义数组，基本语法为：

```
array(x, dim=length(x),dimnames=NULL)
```

其中 x 是参数，应该是一个向量，表示数组的元素值组成的向量。dim 参数可省，省略时代表作为一维数组（但不同于向量）。dimnames 属性可以省略，不省略时是一个长度与维数相同的列表（list，见后面），列表的每个成员为一维的名字。例如：

```
a = array(c(1:24), dim = c(2, 3, 4), dimnames = NULL)
```

数组元素的排列次序在缺省情况下采用 FORTRAN 的数组元素次序（按列次序），即第一下标变化得最快，最后的下标变化得最慢；对于矩阵（二维数组）则是按列存放的。例如，上文数组 a 的各元素次序为 a[1,1,1]，a[2,1,1]，a[1,2,1]，a[2,2,1]，a[1,3,1]，$\cdots$，a[2,3,4]。

要访问数组的某个元素，写出数组名和方括号内用逗号分开的下标即可，如 a[2,1,2]。在每一个下标位置写一个下标向量，表示对这一维取出所有指定下标的元素，如 a[1,2:3, 2:3] 取出所有第一下标为 1，第二下标为 2 或 3，第三下标为 2 或 3 的元素。

略写某一维的下标，则表示该维全选。a[,,] 或 a[] 都表示整个数组。a[]=0 把元素都赋成 0。

数组可以进行四则运算（+, -, *, /, ^），即数组**对应元素**的四则运算，参加运算的数组一般应该是相同形状的（dim 属性完全相同）。例如，假设 A、B 和 C 是三个形状相同的数组，则

```
D <- C + 2*A/B
```

形状不一致的向量或数组也可以进行四则运算，一般的规则是将数组的数据向量对应元素进行运算，把短的元素循环使用起来实现匹配，并尽可能地保留共同的数组属性。

2.5.3 矩阵

矩阵是二维数组，应用广泛。R 语言中可以用函数 matrix() 生成一个矩阵，基本语法为：

```
matrix(data = NA, nrow = 1, ncol = 1, byrow = FALSE, dimnames = NULL)
```

其中参数 data 为数据向量（缺省值为 NA），nrow 为行数，ncol 为列数，byrow 表示数据填入矩阵时按行次序还是列次序，缺省情况下按列次序。dimnames 缺省值是空值，

否则是一个长度为 2 的列表：列表第一个成员是长度与行数相等的字符型向量，表示每行的标签；列表第二个成员是长度与列数相同的字符型向量，表示每列的标签。

例如，定义一个 3 行 4 列，由 1:12 按行次序排列的矩阵，代码如下：

```
b <- matrix(1:12, ncol = 4, byrow = T)
b
##      [,1] [,2] [,3] [,4]
## [1,]   1    2    3    4
## [2,]   5    6    7    8
## [3,]   9   10   11   12
```

在有数据的情况下，只需指定行数或列数之一即可。如果允许指定的数据个数少于所需的数据个数，这时循环使用提供的数据。例如：

```
b <- matrix(0, nrow = 3, ncol = 4)    #生成3行4列元素都为0的矩阵
```

常见的矩阵相关运算还包括转置，函数 t(A) 返回矩阵 A 的转置。nrow(A) 为矩阵 A 的行数，ncol(A) 为矩阵 A 的列数。

矩阵之间进行普通的加、减、乘、除四则运算，即数组的对应元素之间进行运算，所以注意 A*B 不是矩阵乘法而是矩阵对应元素相乘。要进行矩阵乘法，使用运算符 "%" "*" "%"，A%*%B 表示矩阵 A 乘以矩阵 B（当然要求 A 的列数等于 B 的行数）。例如：

```
A <- matrix(1:12, nrow = 4, ncol = 3, byrow = T)
B <- matrix(c(1,0), nrow = 3, ncol = 2, byrow = T)
A %*% B
##      [,1] [,2]
## [1,]   6    0
## [2,]  15    0
## [3,]  24    0
## [4,]  33    0
```

另外，向量用在矩阵乘法中既可以作为行向量，也可以作为列向量，这取决于哪一种类型能够顺利完成矩阵乘法运算。

对于矩阵，我们还可以使用属性 rownames 和 colnames 来访问行名和列名。在定义了矩阵的维名后，我们可以用这一维的名字来访问其下标。

```
x <- matrix(1:6, ncol=2,byrow=T)
rownames(x) <- c("第一行","第二行","第三行")
colnames(x) <- c("第一列","第二列")
x;
##       第一列 第二列
```

```
## 第一行      1     2
## 第二行      3     4
## 第三行      5     6
x["第一行","第二列"]
## [1] 2
```

2.5.4 数据框

数据框 (dataframe) 是 R 中类似 SAS 数据集的一种数据结构。它通常是矩阵形式的数据，但矩阵各列可以是不同类型的。数据框的每列都是一个变量，每行是一个样本的观测值。我们可以把数据框看作一种推广了的矩阵，它可以用矩阵形式显示，也可以用对矩阵的下标引用方法来引用其元素或子集。

R 语言中可以用函数 data.frame() 生成一个数据框，基本语法为：

```
data.frame(…, row.names = NULL, check.rows = FALSE,
           check.names = TRUE, fix.empty.names = TRUE,
           stringsAsFactors = default.stringsAsFactors())
```

下面定义一个数据框：

```
d=data.frame(name=c("赵","钱","孙","李","王"),
 age=c(20,21,22,21,20), height = c(170,171,175,165,181),
 gender=c("男","女","男","女","男" ))
d;
##    name age height gender
## 1   赵   20   170    男
## 2   钱   21   171    女
## 3   孙   22   175    男
## 4   李   21   165    女
## 5   王   20   181    男
```

用 data.frame() 可以把矩阵对象转换为数据框，如果它原来有列名则其列名被作为数据框的变量名，否则系统自动为矩阵的各列起一个变量名（如 X1 和 X2）。

访问数据框元素的方法与访问矩阵元素的方法相同，可以使用下标或下标向量，例如：

```
d[[1]]
## [1] "赵" "钱" "孙" "李" "王"
d[[2]][2:3]
## [1] 21 22
```

数据框也可以使用名字或名字向量访问各列变量（即用双括号 [[ ]] 或 $ 符号引用），例如：

```
d[['name']]
## [1] "赵" "钱" "孙" "李" "王"
d$age
## [1] 20 21 22 21 20
```

数据框的变量名由属性 names() 定义，此属性一定是非空的。数据框的各行也可以定义名字，可以用 rownames() 属性定义，例如：

```
names(d);
## [1] "name" "age" "height" "gender"
rownames(d)
## [1] "1" "2" "3" "4" "5"
```

2.5.5 列表

列表（list）是 R 中最复杂的数据类型，一般来说，列表是数据对象的有序集合，但是，列表的各个元素（item，称为项）的数据类型可以不同，每个元素的长度也可以不同。列表是 R 中最灵活的数据类型。列表的项可以是列表类型，因此，列表被认为是递归数据结构；与之相对，向量、数组、矩阵和数据框被认为是原子结构。

使用 list() 函数定义列表，例如：

```
rec = list(name="李明", age=30, scores=c(85, 76, 90))
rec;
## $name
## [1] "李明"
##
## $age
## [1] 30
##
## $scores
## [1] 85 76 90
```

列表元素用"列表名 [[下标]]"的格式引用，例如：

```
rec[3];
## $scores
## [1] 85 76 90
rec[[3]][1:2]
## [1] 85 76
```

但是，列表不同于向量，我们每次只能引用一个元素，如 rec[[1:2]] 的用法是不被允许的。

▲ **注意**："列表名 [下标]" 或 "列表名 [下标范围]" 的用法也是合法的，但其意义与用两重括号的记法完全不同，两重括号取出列表的一个元素，结果与该元素的类型相同，如果使用一重括号，则结果是列表的一个子列表（结果类型仍为列表）。

在定义列表时如果指定了元素的名字（如 rec 中的 name、age 和 scores），则引用列表元素还可以用列表元素的名字作为下标来引用列表元素，格式为 "列表名 [[" 元素名"]]"，如：

```
rec[["age"]]
## [1] 30 另一种格式是"列表名$元素名"，如：
rec$age
## [1] 30
```

其中 "元素名" 可以简写，只要能与其他元素名相区分即可，比如 "rec$s" 可以代表 "rec$score"。虽然这种写法方便了交互运行，但编写程序时一般不用简写，以免降低程序的可读性。

使用元素名的引用方法，使我们不必记住某一个下标代表哪一个元素，而直接用易记的元素名来引用元素。事实上，已知向量和矩阵都可以指定元素名、行名、列名。

列表的元素可以修改，只要把元素引用赋值即可，如：

```
# 可以任意修改一个列表元素
rec$age = 4
rec$age = list(19, 29, 31)
```

如果被赋值的元素不存在，则列表延伸以包含该新元素。例如，rec 现在共有 3 个元素，我们定义一个新的命名元素，则列表长度变为 4，再定义第 6 号元素则列表长度变为 6（第 5 个元素自动为 NULL），例如：

```
rec$gender <- "男"
rec[[6]] <- 161
rec
## $name
## [1] "李明"
##
## $age
## [1] 30
##
## $scores
## [1] 85 76 90
```

```
## 
## $gender
## [1] "男"
## 
## [[5]]
## NULL
## 
## [[6]]
## [1] 161
```

第 5 号元素因为没有定义，所以其值是 NULL，这是空对象的记号。如果 rec 是一个向量，则其空元素为 NA，这是缺失值的记号。从这里我们也可以体会 NULL 与 NA 的区别。

几个列表可以用连接函数 c() 连接起来，结果仍为一个列表，其元素为各自变量的列表元素，例如：

```
list.ABC <- c(list.A, list.B, list.C)
#注意在R中点号是名字的合法部分，一般没有特殊意义
```

在使用数据框（或列表）的变量时，可以用"数据框名 $ 变量名"的记法。但是，这样的用法较麻烦，R 提供了 attach() 函数可以把数据框（或列表）"连接"入当前的名字空间。例如：

```
attach(d)
r <- height / age
```

第二个语句将在当前工作空间建立一个新变量 r，它不会自动进入数据框 d。要把新变量赋值到数据框中，则可以用 d$r <- height / age 这样的格式。

只要调用 detach()（无参数即可）即可取消连接。

▲ 注意：R 中名字空间的管理是比较独特的。它在运行时保持一个变量搜索路径表，在读取某个变量时从这个变量搜索路径表中由前向后查找，找到最前的一个；在赋值时，它总是在位置 1 赋值（除非特别指定在其他位置赋值）。attach() 的缺省位置是变量搜索路径表的位置 2，detach() 缺省即去掉位置 2。如果某个变量已在变量搜索路径表中某个位置有定义，那么你可能会误用一个自己并没有赋值的变量。

2.6 R 语言流程控制

一般情况下，语句是顺序执行的：代码先执行第一个语句，接着执行第二个语句，依此类推。R 语言提供了允许更为复杂的执行路径的多种控制结构，包括具有选择、需要进行判断的分支条件语句，以及允许多次执行一个语句或语句组的循环语句等。

R 语言常见控制结构的命令包括：
1）if/else 语句: 条件分支。
2）ifelse() 函数: 条件分支。
3）switch(): 分支选择。
4）for 语句: 用于执行固定次数的循环。
5）while 语句: 用于在某个条件成立时执行循环。
6）repeat 语句: 执行无限循环。
7）break 语句: 终止并跳出循环。
8）next 语句: 跳过循环中的当前迭代。
9）return 语句: 从函数中退出。

2.6.1 分支条件语句

分支条件语句允许根据不同的条件，选择并执行不同的代码路径块。R 语言提供了 if/else 语句，以及 ifelse() 函数和 switch() 函数实现分支跳转功能。

1. if/else 语句

if/else 语句中，else 不是必需的，如果只需要在某个条件成立时执行某个任务，那么只要使用 if 语句就可以了，例如：

```r
num <- -2
if (num < 0) {
  num <- num * -1
}
```

如果条件不止一个或不止两个的时候，则可以添加一个或多个 else if 语句，但最后必须以 else 结尾。例如：

```r
a <- 1
b <- 1
if (a > b) {
  print("A wins!")
} else if (a < b) {
  print("B wins!")
} else {
  print("Tie.")
}
## [1] "Tie."
```

if 语句的条件判断中只能得到一个逻辑结果（如果有多个逻辑结果，会自动取第一个，并给出警告），并根据这个结果取后面表达式的值。如果有多个逻辑结果，则需要同时判断，此时可以考虑使用 ifelse() 函数。

2. ifelse() 函数

ifelse() 函数可以完成 if/else 语句的分支功能,并支持多个逻辑结果判断,基本语法为:

```
ifelse(test, yes, no)
```

参数 test 是判断条件:test 为真,则输出 yes 值;否则输出 no 值。

ifelse() 判断条件为单个值的例子如下:

```
x <- 15
ifelse(x > 10, print("x大于10。"), print("x小于10。"))
## [1] "x大于10。"
## [1] "x大于10。"
```

ifelse() 判断条件为向量的例子如下:

```
x <- c(1, 1, 1, 0, 0, 1, 1)
# 若x的值不等于1,输出1,否则输出0
ifelse(x != 1, 1, 0)
## [1] 0 0 0 1 1 0 0
```

3. switch() 函数

在 R 语言中,switch() 函数是多分支结构,基本语法为:

```
switch(EXPR, list)
```

参数 EXPR 表示表达式,通常是数字或字符串;list 表示列表。

如果 EXPR 的计算结果为整数,且值在 1~length(list) 时,则 switch() 函数返回列表相应位置的值。如果 EXPR 的值超出范围,则没有返回值。例如:

```
newnames <- switch(2, "ZHANGSHAN", "LISHI", "WANGWU", "ZHAOLIU")
print(newnames)
## [1] "LISHI"
```

如果参数 EXPR 是字符串,在表达式匹配后续的参数名(即变量名)时,返回参数的值,例如:

```
ans <- switch("color", color = "green", shape = "triangle",
 length = 6)
print(ans)
## [1] "green"
```

这里 color、shape、length 是变量名称，green、triangle、6 为对应的参数值。

如果不匹配任何参数名，switch() 函数就不返回任何值；可以添加一个不带名称的参数，当表达式无法匹配任意一个命名参数时，switch() 函数将返回该参数的值。例如：

```
ans <- switch("shape1", color = "green", shape = "triangle",
 length = 6, "Error!")
print(ans)
## [1] "Error!"
```

这里 Error! 是不带名称的参数的值，如果输入无法匹配（shape1），则返回 Error!。

2.6.2 循环语句

循环语句允许程序多次执行一个语句或语句组，R 语言提供了 repeat、for 和 while 循环语句。

1. repeat 循环语句

repeat 语句先执行代码，遇到 break 关键字，结束循环，也可以在 break 关键字前增减 if(test) 判断语句，当指定的条件成立（为 TRUE）时，执行 break 关键字，结束循环。

repeat 循环语句语法结构如下：

```
repeat {
  code
  if (test)
    break
}
```

下面是用 repeat 语句实现循环打印的例子：

```
result <- c("Hello R")
#设置计数变量
i <- 1
repeat {
   print(result)
   # 计数变量
   i <- i + 1
   # 进行判断，i>3则退出循环
   if(i>3) {
      break
   }
```

```
}
## [1] "Hello R"
## [1] "Hello R"
## [1] "Hello R"
```

2. while 循环语句

while 循环先检测条件：如果条件为 TRUE，执行 code 并更新；如果条件为 FALSE，结束循环。

while 循环语法结构如下：

```
while (test) {
   code
   update_expression
}
```

下面是用 while 语句实现循环执行的例子：

```
result <- c("Hello R")
# 设置计数变量
i <- 1
# 计数变量小于3执行循环
while (i < 3) {
  print(result)
  i <- i + 1
}
## [1] "Hello R"
## [1] "Hello R"
```

3. for 循环语句

for 是 R 中最常见的循环运算符，基本思路是先要设定一个循环下标，通常命名为 i，循环下标通常代表一个整数数列中的数字，或者列表中的对象等。

for 循环语法结构如下：

```
for (var in vector) {
  statement(s)
}
```

最简单的例子如下，运行后将依次输出 1~5 这 5 个整数：

```
for (i in 1:5) {
  print(i)
}
## [1] 1
## [1] 2
## [1] 3
## [1] 4
## [1] 5
```

下面的例子依次打印向量 x 中的每一个元素，运行后就会依次输出 a、b、c、d 这 4 个字符对象：

```
# 方法1：将循环向量和向量x的长度相对应
x <- c("a", "b", "c", "d")
for (i in 1:4) {
print(x[i])
}
# 方法2：使用seq_along()函数，即输入一个向量
# 之后它就会创造一个与该向量等长的整数数列
for (i in seq_along(x)) {
print(x[i])
}
# 方法3：使用下标变量，这个变量的本意就是一个下标，会从向量本身取值
# 它可以从任意向量中提取元素，因此可以写成
x <- c("a", "b", "c", "d")
for (letters in x) {
print(letters)
}
# 如果for循环表达式只有一行，那么可以省略大括号{}
# 直接写到for的后面
for (letters in x)  print(letters)
```

在 R 语言中，嵌套 for 循环即把一个 for 循环放到另一个 for 循环中执行，嵌套 for 循环比较常见，例如：

```
x <- matrix(1:6, 2, 3)
for (i in seq_len(nrow(x))) {
    for (j in seq_len(ncol(x))) {
        print(x[i,j])
    }
}
## [1] 1
```

```
## [1] 3
## [1] 5
## [1] 2
## [1] 4
## [1] 6
```

上述嵌套 for 循环可以打印出矩阵中所有元素。

4. break 语句

break 语句用来完全退出当前循环,例如:

```
for (i in 1:100) {
  print(i)
  if (i > 10) {
    break
  }
}
## [1] 1
## [1] 2
## [1] 3
## [1] 4
## [1] 5
## [1] 6
## [1] 7
## [1] 8
## [1] 9
## [1] 10
## [1] 11
```

当 i>10 时,程序退出 for 循环。

5. next 和 return 语句

next 可用在任何一种循环中,以跳过某一段循环。

例如,在 1~10 的迭代循环中,想要跳过前 7 个数字:

```
for (i in 1:10) {
  if (i <= 7) {
    next
  }
  print(i)
}
## [1] 8
```

```
## [1] 9
## [1] 10
```

return 语句主要用于退出函数,它会结束整个函数并且返回一个数值。

2.7 R 语言自定义函数

R 支持灵活地编写程序,支持直接调用用户自己编写的程序。在用 R 语言编程时,无须声明变量的类型,这与 C 和 C++ 等语言不同。

每一个 R 函数都包括三个部分:函数名、程序主体以及参数集合。编程人员在编写自定义 R 函数时,需要将三个部分分别存储在一个 R 对象中。

R 自定义函数的基本格式如下:

```
FunName <- function(arg_1, arg_2, …) {
  statements
}
```

FunName 是自定义函数名称,命名规则和变量相同。arg_1、arg_2 等表示函数的参数。statements 是 R 中的表达式或语句块,最后一行表达式默认是函数的返回值,返回值可以是向量、数组(矩阵)、列表或数据框。

自定义函数代码被加载到内存中(如执行 source() 函数)后,即可像普通函数一样被调用。定义一个没有参数的函数并调用,例如:

```
new.func <- function() {
  for (i in 10:17) {
    print(i^2)
  }
}
new.func()
```

当我们执行上述代码时,会产生以下结果:

```
## [1] 100
## [1] 121
## [1] 144
## [1] 169
## [1] 196
## [1] 225
## [1] 256
## [1] 289
```

定义一个包括一个参数的函数并调用，例如：

```
new.func2 <- function(a) {
  for (i in 1:a) {
    b <- i^2
    print(b)
  }
}
new.func2(8)
```

当我们执行上述代码时，会产生以下结果：

```
## [1] 1
## [1] 4
## [1] 9
## [1] 16
## [1] 25
## [1] 36
## [1] 49
## [1] 64
```

对于多个参数的函数，参数可以按照函数中定义的顺序来提供，也可以按不同的顺序提供，只需要确定分配给参数的名称即可。

定义一个包括三个参数的函数并调用，结果如下：

```
new.func3 <- function(a,b,c) {
result <- a * b + c
    print(result)
}
# 按函数中定义的顺序来提供调用
new.func3(10,20,30)
# 按参数的名称来提供调用
new.func3(a = 10, c = 30, b = 20)
## [1] 230
## [1] 230
```

很多复杂的 R 函数都有超过 10 个参数，因此编程人员很难记住参数的具体位置，此时，用命名参数来匹配最安全。

我们可以在函数定义中定义参数的默认值，调用函数时就可以不提供对应的参数值，程序按这些参数默认值进行调用，例如：

```r
new.func4 <- function(a = 10, b = 5, c = 2) {
  result <- a * b + c
  print(result)
}
new.func4()
```

当我们执行上述代码时，会产生以下结果：

```r
# [1] 52 部分使用默认值
new.func4(b = 6, c = 1)
## [1] 61
# 参数个数不够时，从左到右按位置匹配，其余使用默认值
new.func4(6, 1)
## [1] 8
```

如果没有使用 return 函数指定函数的返回值，则默认返回函数体中最后一条命令的执行结果。尽管函数只能返回一个结果，但是这个结果可以是一个数值，也可以是一个列表，甚至可以是一个函数。

下面给出一些函数返回值的例子：

```r
function1 <- function(x, y) {
  return(x + y)
}
function2 <- function(x, y) {
  x + y
}
x1 <- function(x) {
  mu = mean(x)
  l1 = list(s1 = table(x), std = sd(x))
  return(list(mylist = l1, mu = mu))
}
mat = matrix(1:6, 2, 3)
res = x1(mat)
res$mylist
res$mu
```

在定义函数时，需要注意变量的使用范围。变量的使用范围即变量的作用域（scope）。变量的作用域由变量的定义位置决定，在不同位置定义的变量，作用域不同。那些在程序执行过程中一直存在的变量被称为全局变量。那些只存在于程序某个部分（如函数）的变量被称为局部变量，在当函数调用结束时，局部变量占用的内存空间会被释放。

全局变量在定义后，全局可用，例如：

```r
# 全局变量
global = 5
# 在函数内部可以访问全局变量
display = function() {
  cat("global=", global)
  cat("\n")
}
display()
# 更改全局变量的值
global = 10
display()
## global= 5
## global= 10
```

这里，global 是全局变量，可以在 display 函数体内部直接调用，global 值变更后，display 也进行了更新。

函数内部定义的局部变量，只能在函数体内使用，不能在函数体外访问，例如：

```r
func = function() {
  age = 22
# 局部变量只能在函数体内部访问
  print(age)
}
print(age)
## Error in print(age) : object 'age' not found
```

这里 age 定义在函数体 func 内部，是局部变量，只能在 func 内部使用。

2.8 本章小结

本章首先介绍了 R 语言程序的运行方法、R 语言常量和变量及命名规则、R 语言对象基本操作等方面的知识，接着介绍了 R 语言中向量、数组、矩阵、数据框及列表等数据结构，还介绍了 R 语言流程控制相关的分支、循环语句，最后介绍了自定义函数。这些是进行 R 语言统计分析编程的基础，读者必须牢牢掌握。

为方便读者，现将本章涉及的主要 R 函数进行汇总，见表 2.1。

表 2.1 本章涉及的主要 R 函数

函数名	功能
print()	显示指定对象的内容
ls()	显示当前工作空间中的对象列表
rm()	删除当前工作空间中的指定对象
c()	创建包含指定元素的向量
typeof()	显示指定数据对象的存储类型
rep()	重复函数
seq()	序列函数
vector()	创建包含指定元素个数的空向量
dim()	显示指定矩阵的行列数
colnames()	显示指定矩阵的列名称或重命名
rownames()	显示指定矩阵的行名称或重命名
matrix()	将指定向量按指定格式转换为矩阵
fix()	以编辑窗口形式访问指定矩阵并创建数值
array()	创建数组
data.frame()	创建数据框
names()	显示数据框的变量或列表的变量名
list()	创建列表
attach()	绑定指定的数据框
if/else	条件分支语句
ifelse()	条件分支函数
switch()	分支函数
for/while/repeat	循环语句
break	循环终止语句
next	跳过当前迭代语句
return()	返回函数
function()	自定义函数

2.9 练习题

1. R 软件可以作为一台很方便的计算器。任取两个非零实数，试用 R 软件完成它们的加、减、乘、除、乘方、开方、指数、对数等运算。

2. (1:5)*2 的输出结果是什么？

3. 将 1,2,⋯,20 构成两个 4×5 阶的矩阵，按列输入矩阵 A，按行输入矩阵 B，并做如下运算：

1）C=A+B。

2）D=A*B。

3）E 是由 A 的前 3 行和前 3 列构成的矩阵。

4）F 是由矩阵 B 的各列构成的矩阵，但不含 B 的第 3 列。

2.10 实验题

1. 编写一个 R 自定义函数 findroot(a,b,c)，实现下列一元二次方程的求根：

$$ax^2 + bx + c = 0$$

分别令 $a = 1, b = -3, c = 2$ 和 $a = 1, b = 2, c = 2$，给出方程的实数解和复数解。

2. 生成一个 100000×10 的矩阵，计算每列的平均值，分别测试以下三种情况的时间消耗（提示：使用 `system.time()` 函数测算运行时间）：

1）使用二重循环遍历求解。

2）使用一重循环和 mean 函数计算。

3）使用其他方式完成。

第 3 章 R 语言数据处理

> R 对统计的交流方式产生了革命性影响。
>
> ——*John Chambers*（统计学家，*S* 语言的创建者）

数据准备是统计分析之前准备数据的过程，包括数据选择、数据转换和数据整理等任务，这往往是统计分析工作中最复杂、最耗费时间的步骤。

本章首先介绍 R 语言中输出数据、显示数据，以及导入和导出数据的方法。之后，本章介绍 R 语言常见的数据处理函数，以整理数据，为可视化等后续工作做好数据准备。

为方便读者学习，自本章起，我们会使用一个虚拟的学校教师数据集 "JSdata"（https://github.com/whcsu/rpstat/）进行案例展示。

3.1 数据的输入与输出

3.1.1 终端输出

在 R 语言交互运行时要显示某一个对象的值，只要在 R 控制台上键入其名字即可，这实际上是隐式调用了 print() 函数。

print() 函数基本语法如下：

```
print(x, digits = NULL, quote = TRUE, na.print = NULL, print.gap = NULL,
  right = FALSE, max = NULL, width = NULL, useSource = TRUE, …)
```

print() 函数中，digits 参数指定每个数输出时的有效数字位数，quote 参数指定字符串输出时是否带两边的撇号（单引号），print.gap 参数指定矩阵或数组输出时列之间的间距。

```
num <- 12.345678
print(num, digits = 6)    # 使用digits时，会进行四舍五入
## [1] 12.3457
print(num, digits = 4)
## [1] 12.35
```

在 R 中，print() 函数其实是一个通用（generic）函数，即针对不同的对象类型有不同的输出方法。对各种特殊对象如数组、模型结果等都可以规定 print() 的输出格式。

```
data(airquality)
aq = na.omit(airquality)   #去除缺失值
lmmodel = lm(Temp ~ Ozone, data = aq)
print(lmmodel)  #打印一个线性回归对象
##
## Call:
## lm(formula = Temp ~ Ozone, data = aq)
##
## Coefficients:
## (Intercept)        Ozone
##       69.4          0.2
```

cat() 函数也是重要的输出函数,它把各项转换成字符串,中间以空格分隔并连接起来,然后显示。基本语法如下:

```
cat(…, file = "", sep = " ", fill = FALSE, labels = NULL,
 append = FALSE)
```

使用 cat() 函数时,要加上换行符 "\n" 来换行,如果要使用自定义的分隔符而不是用默认的空格,可以用 sep= 参数,例如:

```
cat(c("AB", "C"), c("E", "F"), "\n", sep = "**")
## AB**C**E**F**
```

cat() 的 file 参数可以把结果写到指定的文件中,非常适合中间或最后结果的存储,例如:

```
cat("i = ", 1, "\n", file = "c:/work/result.txt")
```

如果指定的文件已经存在,则原来的内容被覆盖。使用 append=TRUE,可以不覆盖原文件,而是在原文件末尾附加新的内容,这比较适合对程序中间结果的记录。

cat() 和 print() 函数都不具有很强的自定义格式功能。如需格式化的输出,它们与 format() 函数配合使用。

format() 函数可以把数字和字符串转为统一格式的字符串,例如:

```
format(c(1, 100, 1000))
format(c("a", "dddd", "bba"))
## [1] "   1" " 100" "1000"
## [1] "a   " "dddd" "bba "
```

观察这里的例子,数字 1 变成了 "1",前面加了 3 个空格,数字 100 变成了 "100",前面增加了 1 个空格,和 "1000" 一样,均占据 4 个字符。对于字符串,则是默认后面增加空格对齐，如字符串 "a" 和最长的 "dddd" 字符串占位相同，在 "a" 后面增加了 3 个空格。

下面是 print() 函数和 format() 函数配合使用进行格式化输出的例子：

```
print(format(64.922, digits = 4))
print(format(123.456789, digits = 4))
## [1] "64.92"
## [1] "123.5"
```

不过，format() 函数的格式化功能仍较弱，R 中另外一个格式化函数 formatC() 可以提供类似 C 语言的 printf 格式功能。

formatC() 基本语法如下：

```
formatC(x, digits = NULL, width = NULL, format = NULL)
```

其中，format 参数指定格式类型，如："d"（整数），"f"（定点实数），"e"（科学记数法），"E"，"g"（选择位数较少的输出格式），"G"，"fg"（定点实数并用 digits 指定有效位数），"s"（字符串）。width 参数指定输出宽度。digits 参数指定有效位数（格式为 e、E、g、G 和 fg 时）或小数点后位数（格式为 f 时）。

formatC() 可以对输入向量的每一个元素单独进行格式处理而不生成统一格式，例如：

```
formatC(c((-1:1)/0, c(1,100) * pi), width = 6, digits = 1)
## [1] "  -Inf" "   NaN" "   Inf" "     3" " 3e+02"
```

R 语言的输出缺省显示在交互窗口，一般指显示器的屏幕。可以用 sink() 函数指定一个文件，并把后续的输出转向到磁盘文件，例如：

```
> sink("E:/work/result.txt", append=TRUE)
ls()
d
sink()
```

这里，append 参数表示把代码 ls() 和 d 的输出结果添加到文件 "E:/work/result.txt" 末尾。最后一行 sink() 未带任何参数，表示把输出恢复到交互窗口。

3.1.2 读取数据

R 针对内置数据、文本文件、其他统计分析软件导出的文件和数据库文件等不同类型的数据，分别提供不同的读取函数。

1. 读取 R 内置数据

针对自带的 datasets 数据包和其他 R 包内部数据，可使用 data() 函数读取。如果 data() 函数不带任何参数，则会列出 R 内部 datasets 数据包，例如：

```
data()
```

datasets 的内部数据（大约 100 多个）已经被加载到内存中，可以直接使用。

data() 函数的 package 参数可以列出指定 R 包的数据集，例如：

```
#列出rpart包的所有数据
data(package = "rpart")
## Data sets in package 'rpart':
##
## car.test.frame        Automobile Data from 'Consumer Reports' 1990
## car90                 Automobile Data from 'Consumer Reports' 1990
## cu.summary            Automobile Data from 'Consumer Reports' 1990
## kyphosis              Data on Children who have had Corrective
##                       Spinal Surgery
## solder                Soldering of Components on Printed-Circuit
##                       Boards
## solder.balance (solder)
##                       Soldering of Components on Printed-Circuit
##                       Boards
## stagec                Stage C Prostate Cancer
```

使用 data() 函数，加载外部数据，例如：

```
# 可以先调用rpart包，再加载指定的stagec数据集
library(rpart)
data(stagec)
# 也可以不加载包，直接加载数据
data(stagec, package = "rpart")
```

2. 读取纯文本文件

R 软件有多种读外部数据文件的方法，读纯文本文件一般用 read.table() 函数和 read.csv() 函数。

read.table() 函数用于读表格形式的文件，其基本语法如下：

```
read.table(file, header = FALSE, sep = "", quote = "\"'",
           dec = ".", row.names, col.names,
           as.is = !stringsAsFactors,
```

```
                na.strings = "NA", colClasses = NA, nrows = -1,
                skip = 0, check.names = TRUE, fill = !blank.lines.skip,
                strip.white = FALSE, blank.lines.skip = TRUE,
                comment.char = "#",
                allowEscapes = FALSE, flush = FALSE,
                stringsAsFactors = default.stringsAsFactors(),
                fileEncoding = "", encoding = "unknown")
```

read.table() 函数可以用于读入本书自带的示例数据 "JSdata.txt"，如：

```
# 从网站地址url下载，然后读取
rt <- read.table("https://github.com/whcsu/rpstat/blob/main/JSdata.txt",
  header = TRUE)
# 读取本地文件
rt <- read.table("JSdata.txt", header = TRUE)
```

此时变量 rt 是一个数据框，对它进行测试，得到：

```
is.data.frame(rt)
## [1] TRUE
```

如果数据文件（如 "newdata.txt"）第一行中不含变量名，只是数据，则相应的命令改为：

```
# Not Run 默认值header = FALSE
rt <- read.table("newdata.txt")
```

在 rt 完成读取后，会自动加上变量名称。

read.csv() 和 read.csv2() 可以看作 read.table() 的变体，read.csv() 函数使用 "." 作为小数点，逗号（","）作为分隔符，与使用参数 sep="," 的 read.table() 是等效的。read.csv2() 函数则使用逗号（","）作为小数点，分号（";"）作为分隔符。

使用 read.table() 和 read.csv() 读取中文数据时，若出现乱码，可尝试更改打开文件的 encoding 编码，例如：

```
rt <- read.table("JSdata.txt", header = TRUE, encoding = "UTF-8")
```

3. 其他软件格式的数据

R 软件还可以读其他统计软件格式的数据，如 Epi Info、Minitab、S、SAS、SPSS、Stata、Systat 和 Weka 等。要读入其他格式数据库，必须先调入 "foreign" 库，它不属于 R 的内部模块，需要在使用前调入：

```
library(foreign)
```

读 SPSS 文件的基本语法如下：

```
rs <- read.spss("educ_salarys.sav")
```

这里，变量 rs 是一个列表，如果打算读为数据框，则基本语法为：

```
rs <- read.spss("educ_salarys.sav", to.data.frame = TRUE)
```

其他常见统计软件格式的读取方法如下：

```
# 读SAS文件
rx <- read.xport("educ_salarys.xpt")
# 读S-Plus文件
rs <- read.S("educ_salarys")
# 读Stata文件
rd <- read.dta("educ_salarys.dta")
```

读取 Excel 数据文件，可利用 xlsx、XLConnect 等 R 包，例如：

```
library(xlsx)
# 读取myfile.xlsx文件中的Sheet1工作表
read.xlsx2("myfile.xlsx", sheetName = "Sheet1")
# 使用XLConnect包读取
library(XLConnect)
wb <- loadWorkbook("myfile.xlsx")
myDf <- readWorksheet(wb, sheet = "Sheet1", header = TRUE)
```

4. 读取数据库数据

R 还可以读取常见数据库管理系统的文件。R 中有多种面向关系数据库管理系统的接口，包括 SQLServer、Access、MySQL、Oracle、DB2、Sybase、SQLite、Teradata、PostgreSQL。一些包通过原生的数据库驱动提供访问功能，另一些包则通过 ODBC 或 JDBC 接口提供访问功能。

在 R 中，通过 RODBC 包访问数据库比较流行，该方式允许 R 连接到任意一种 ODBC 驱动的数据库。RODBC 包允许 R 和一个通过 ODBC 连接的 SQL 数据库进行双向通信，即 R 不仅可以读取数据库的数据，也可以修改数据库中的数据。

例如，假设要读入一个 mydsn 数据库中的表 A 和 B，代码如下：

```
library(RODBC)
#mydsn为数据源名称,uid为数据库用户名,pwd为密码
ch <- odbcConnect("mydsn",uid="Rob0",pwd="asb123")
#读取表A并存为数据框TA
TA <- sqlFetch(ch ,A)
TB <- sqlQuery(ch ,"select * from B")
close(ch)
```

这里 odbcConnect() 函数用于连接数据框,sqlFetch() 函数用于将 ODBC 数据库中的某个表读取到 R 数据框中,sqlQuery() 函数用于向 ODBC 数据库提交一个查询并返回结果,close() 函数用于关闭打开的数据库文件。

3.1.3 保存数据

在学习如何在 R 中保存数据集之前,最好先创建一个示例数据集。以下 R 脚本创建了一个 R 数据框:

```
dfdat<-data.frame(
Name=c("Alice","Becka","James","Jeffrey","John"),
Age=c(13,13,12,13,12),
Height=c(56.5,65.3,57.3,62.5,59.0),
Weight=c(84.0,98.0,83.0,84.0,99.5))
```

R 中保存数据的最简单的一种方法是使用 save() 函数,将数据保存为 RData 格式的文件。RData 是二进制格式,存储方式非常高效,大小为 1GB 的文本文件保存为 RData 文件格式后大小可能不到 100MB。不过,因为它是以 R 二进制格式存储的,所以一般只能在 R 中打开。

save() 函数的基本语法如下:

```
save(…, list = character(), file = stop("'file' must be specified"),
 ascii = FALSE, version = NULL, envir = parent.frame(),
 compress = isTRUE(!ascii), compression_level, eval.promises = TRUE,
 precheck = TRUE)
```

例如,利用 save() 函数保存数据框 dfdat,代码如下:

```
save(dfdat, file = "dfdat.RData")
```

虽然 save() 函数可以有多个参数,但这个例子中只使用了两个参数:第一个参数是 R 数据对象的名称,在本例中为 dfdat;第二个参数为 RData 文件名称,在本例中为 dfdat.RData。.RData 后缀不是必需的,但.RData 作为扩展名有助于 R 软件识别,推荐使用。

与 save() 函数类似的函数还有 save.image() 和 saveRDS() 等函数。区别在于 saveRDS() 一般用于保存单个数据对象，save() 函数可以保存一个或多个数据对象，save.image() 可以保存整个工作空间的数据对象。saveRDS() 保存的单个文件（"rds"格式）需要用 readRDS() 读取，save() 和 save.image() 函数保存的.RData 可以用 load() 读取。

下面展示如何用 load() 函数读取刚保存的文件 dfdat.RData：

```
load(file = "dfdat.RData")
```

也可以把上述数据保存到文本文件。将数据保存到文本文件最简单的方法是使用 write.table() 函数：

```
write.table(x, file = " ", append = FALSE, quote = TRUE,
            sep = " ", eol = "\n", na = "NA", dec = ".",
            row.names = TRUE, col.names = TRUE,
            qmethod = c("escape", "double"), fileEncoding = " ")
# 输出包括变量名表头和行名。
```

其中，x 是数据，通常是矩阵，也可以是向量。file 是文件名 (缺省时文件名为 "data")。append=TRUE 时，在原文件上添加数据，否则 (FALSE，缺省值) 写一个新文件。其他参数见帮助文件。

write.csv() 和 write.csv2() 可以看作 write.table() 的变体，write.csv() 与参数 sep="," 的 write.table() 是等效的。

write.csv() 函数保存上述 dfdata 对象的代码如下：

```
write.csv(dfdat, file = "123.csv")
write.csv2(dfdat, file = "124.csv")
```

write.csv() 保存的 "123.csv" 文件内容如下：

```
"","Name","Age","Height","Weight"
"1","Alice",13,56.5,84
"2","Becka",13,65.3,98
"3","James",12,57.3,83
"4","Jeffrey",13,62.5,84
"5","John",12,59,99.5
```

write.csv2() 保存的 "124.csv" 文件内容如下：

```
"";"Name";"Age";"Height";"Weight"
"1";"Alice";13;56,5;84
"2";"Becka";13;65,3;98
"3";"James";12;57,3;83
"4";"Jeffrey";13;62,5;84
"5";"John";12;59;99,5
```

可以发现，write.csv() 和 write.csv2() 两者的区别在前者使用（"."）作为小数点、逗号（","）作为分隔符，后者使用逗号（","）作为小数点、分号（";"）作为分隔符。

在 R 语言中使用 write.csv() 函数导出的 CSV 文件中如果出现乱码情况（读取包括中文字符的文件时经常发生），可以使用 fileEncoding 参数指定文件编码，例如：

```
write.csv(dfdat, file = "123.csv", fileEncoding = "UTF-8")
```

或者选择 Notepad++ 等文本编辑器打开 CSV 文件，更改其编码为 UTF-8 后保存。

3.2 数据选择

本节主要介绍 R 语言中选择数据（取子集）的方法。

3.2.1 常见数据操作函数

首先介绍 R 中数据操作的基本函数，这些函数及对应的功能见表3.1。

表 3.1 数据操作基本函数

函数名	功能
length	返回对象中元素的个数
names	显示数据的名称，对于数据框则显示列名称
levels	因子向量的水平
dim	数据的维度
nrow	矩阵或数据框的行数
ncol	列数
rownames	数据的行名字
colnames	数据的列名字
head	head(n) 表示数据的前 n 行
tail	tail(n) 表示数据的后 n 行
attributes	x.attributes() 表示 x 的属性类型
summary	显示对象的概要

这些函数虽然简单，但非常有用。下面结合 JSdata 数据集对部分函数进行说明。

dim() 函数用于获取或设置指定矩阵、数组或数据框的维数，下面是查看 JSdata 数据维数的代码：

```
# 查看本书自带的数据集，从网站地址url下载后读取
# rt<-read.csv('https://github.com/whcsu/rpstat/blob/main/JSdata.csv',header
# = TRUE)
JSdata = read.csv("JSdata.csv", header = T)
dim(JSdata)
## [1] 39  8
```

names() 函数可获得当前对象的名称，也可以修改变量或元素的名称，例如展示 JSdata 列变量名称的代码为：

```
names(JSdata)
## [1] "id"      "name"    "gender"  "birth"   "title"
## [6] "height"  "weight"  "salary"
```

head() 函数用于查看向量、矩阵或数据框等数据的部分信息，它默认输出数据框前 6 行数据；与其相对的是 tail() 函数，默认查看的是数据框最后 6 行数据。两者都可以添加一个参数 n 来控制显示的行数。

查看 JSdata 数据前 3 行的代码如下：

```
head(JSdata, 3)
##         id  name gender    birth   title height weight
## 1 2021A001 王天赐    男  1972/4/8    教授    165     66
## 2 2021A002 高琪琪    女 1973/5/12  副教授    163     65
## 3 2021A003 朱德宗    男 1995/7/18    讲师    187     87
##   salary
## 1   30.1
## 2   23.8
## 3    9.7
```

查看 JSdata 数据集后 6 行的代码为：

```
tail(JSdata)
##          id  name gender     birth   title height weight
## 34 2021A034 张欣欣    女  1982/3/6  副教授    162     71
## 35 2021A035 丁欣欣    女 1976/10/25   教授    167     81
## 36 2021A036   孙明    男  1985/9/21   讲师    176     77
## 37 2021A037 周甜甜    女 1976/10/24  副教授    169     68
## 38 2021A038 王晓丽    女  1975/12/4   教授    168     69
## 39 2021A039 甄欢欢    女  1976/9/22   教授    166     71
##    salary
## 34   20.1
```

```
## 35      28.9
## 36       9.6
## 37      24.9
## 38      37.2
## 39      32.3
```

str() 函数用于检查数据框中有哪些变量以及变量的类型，例如：

```
str(JSdata)
## 'data.frame':   39 obs. of  8 variables:
##  $ id    : chr  "2021A001" "2021A002" "2021A003" "2021A004" ...
##  $ name  : chr  "王天赐" "高琪琪" "朱德宗" "杨子琪" ...
##  $ gender: chr  "男" "女" "男" "女" ...
##  $ birth : chr  "1972/4/8" "1973/5/12" "1995/7/18" "1985/1/8" ...
##  $ title : chr  "教授" "副教授" "讲师" "讲师" ...
##  $ height: int  165 163 187 166 166 188 173 152 158 167 ...
##  $ weight: int  66 65 87 67 69 89 69 57 62 71 ...
##  $ salary: num  30.1 23.8 9.7 12.8 24.3 28.1 14.3 15.3 16.4 10.3 ...
```

unique() 函数用于从向量、数据框或数组中返回不同的值。
下面的代码返回 JSdata 中 title 列的因子变量水平（level）:

```
# 查看分类变量的水平
unique(JSdata$title)
## [1] "教授"   "副教授" "讲师"   "助教"
```

还可以用 table() 函数给出不同水平对应的频数信息，例如：

```
# 分类水平，不同水平的个数（=unique+sum功能）
table(JSdata$title)
## 
## 副教授   讲师   教授   助教
##     15      9     11      4
```

attributes() 函数用于获取数据对象的所有属性，包括 names（变量名）、class(数据类)、row.names（序号的名称）例如：

```
attributes(JSdata)
## $names
## [1] "id"     "name"   "gender" "birth"  "title"
## [6] "height" "weight" "salary"
## 
```

```
## $class
## [1] "data.frame"
##
## $row.names
##  [1]  1  2  3  4  5  6  7  8  9 10 11 12 13 14 15 16 17
## [18] 18 19 20 21 22 23 24 25 26 27 28 29 30 31 32 33 34
## [35] 35 36 37 38 39
```

summary() 函数，顾名思义，可以用于获取描述性统计量，可以计算最小值、最大值、四分位数和数值型变量的均值以及因子向量和逻辑型向量的频数统计等数据摘要信息。JSdata 数据的摘要信息如下：

```
summary(JSdata)
##       id                name
##  Length:39          Length:39
##  Class :character   Class :character
##  Mode  :character   Mode  :character
##
##
##
##     gender              birth
##  Length:39          Length:39
##  Class :character   Class :character
##  Mode  :character   Mode  :character
##
##
##
##     title              height          weight
##  Length:39          Min.   :148     Min.   :45.0
##  Class :character   1st Qu.:160     1st Qu.:61.5
##  Mode  :character   Median :166     Median :69.0
##                     Mean   :166     Mean   :67.8
##                     3rd Qu.:172     3rd Qu.:73.5
##                     Max.   :188     Max.   :89.0
##     salary
##  Min.   :  7.7
##  1st Qu.: 12.1
##  Median : 16.4
##  Mean   : 24.4
##  3rd Qu.: 27.6
##  Max.   :217.0
```

3.2.2 取子集

很多时候，我们只对数据中的一小部分感兴趣，过滤所有无关数据、提取需要的信息，称为"选取子集"（subsetting）。

R 中常见的取子集的运算符包括：

1）[ ] 即单方括号：返回对象的类型和原来的相同，例如向量的子集还是向量；它也可用于在对象中选择多个元素。

2）[[ ]] 即双方括号：仅可用于提取单一元素，并且用来提取列表或者数据框中的元素，但是，由于列表或者数据框中的元素类别不唯一，因此它所返回对象的类型不一定是列表或者数据框。

3）$ 即美元符号：提取有名字的列表或数据框中的一个元素。

1. 向量取子集

原子向量取子集的方法是最简单的，但其思想是矩阵、数据框、列表等复杂数据结构取子集的基础。

首先，我们定义一个数值向量 x：

```
# 小数点后面的数实际标明了向量中元素的位置
x <- c(2.1, 4.2, 3.3, 5.4)
```

下面结合向量 x，介绍取子集的常见方式。

（1）正整数索引。正整数索引返回向量中除特定位置外的其他元素信息，例如：

```
x[c(3, 1)]
## [1] 3.3 2.1
x[c(1, 1)]    # 重复的索引返回重复的值
## [1] 2.1 2.1
x[c(2.1, 2.9)]    # 实数默认被去尾为整数
## [1] 4.2 4.2
```

（2）负整数索引。负整数索引返回向量中除特定位置外的其他元素信息。

```
x[-c(3, 1)]
## [1] 4.2 5.4
```

```
# 注意：正整数和负整数不可以在同一个取子集操作中结合使用
x[c(-1, 2)]
## Error in x[c(-1, 2)] : only 0's may be mixed with
## negative subscripts
```

（3）逻辑型向量索引。逻辑型向量索引选择对应值为 TRUE 的元素，例如：

```
x[c(TRUE, TRUE, FALSE, FALSE)]
## [1] 2.1 4.2
x[x > 3]
## [1] 4.2 3.3 5.4
#如果使用的逻辑型向量的长度比被取子集的向量长度短
#那么逻辑型向量会被循环到与该向量相同的长度
x[c(TRUE, FALSE)]
## [1] 2.1 3.3
#两者等同
x[c(TRUE, FALSE, TRUE, FALSE)]
## [1] 2.1 3.3
```

（4）空索引。空索引返回原向量。它对于向量取子集没有什么用处，但是对于矩阵、数据框和数组非常有用（某行或某列留空），例如：

```
x[]
## [1] 2.1 4.2 3.3 5.4
```

（5）零索引。零索引返回一个长度为零的向量。这个方式虽然不常用，但是可以用来生成测试数据，例如：

```
x[0]
## numeric(0)
```

（6）字符串向量索引。字符串向量索引如果向量有名字，可以使用字符串向量索引返回与名字相匹配的元素，例如：

```
(y <- setNames(x, letters[1:4]))
##   a   b   c   d
## 2.1 4.2 3.3 5.4
y[c("d", "c", "a")]
##   d   c   a
## 5.4 3.3 2.1
```

2. 列表取子集

列表没有维度。列表和向量一样有长度，可以使用函数 length() 获取列表的长度，列表的长度是列表的顶层项（item）的数量，不包括嵌套的列表项。

对列表取子集与对向量取子集的原理相同。用 [ ] 会返回一个列表，用 [[ ]] 和 $ 则会提取一个列表中的元素，例如：

```
mylist <- list(c(1:3), month.abb, matrix(c(-1, -2, -3, -4),
    nrow = 2))
names(mylist) <- c("first", "second", "third")
mylist
## $first
## [1] 1 2 3
##
## $second
##  [1] "Jan" "Feb" "Mar" "Apr" "May" "Jun" "Jul" "Aug"
##  [9] "Sep" "Oct" "Nov" "Dec"
##
## $third
##      [,1] [,2]
## [1,]   -1   -3
## [2,]   -2   -4
```

下面的代码均返回列表 `mylist` 的前两项:

```
# 选择列表的第1项、第2项，分别使用正整数下标
mylist[1:2]
# 负整数下标
mylist[-3]
# 用元素名称和逻辑索引表示
mylist[c("first", "second")]
mylist[c(TRUE, TRUE, FALSE)]
```

使用单个中括号索引列表项时，返回的结果是一个新的列表。

访问列表元素的内容，有两种方式：使用嵌套的中括号（传入代表列表项下标的正整数或传入代表列表项名称的字符串），或使用 `$` 符号指定元素的名称。例如：

```
# 访问列表元素
# 1. 通过嵌套的中括号和下标，获取列表的第1个元素的值
mylist[[1]]
## [1] 1 2 3
# 2. 使用列表的名称
mylist$first
## [1] 1 2 3
# 3. 访问列表项中的元素
# (在访问列表的元素之后，可以通过中括号访问列表项的元素值)
mylist$first[2]
## [1] 2
```

3. 矩阵取子集

矩阵是按行和按列排列数据的二维数组。与向量相似，矩阵的每个元素都有相同的数据类型。矩阵通常用列来表示不同的变量，用行来表示不同的观测。可以使用与向量类似的方法选择矩阵的子集，例如：

```r
a <- matrix(1:9, nrow = 3)
colnames(a) <- c("A", "B", "C")
a
#获取第1行第2列的元素
a[1,2]
##      A B C
## [1,] 1 4 7
## [2,] 2 5 8
## [3,] 3 6 9
## B
## 4
```

下面给出了矩阵取子集的代码：

```r
#获取第1行的所有数据和获取第2列的所有数据
a[1,]; a[,2]
#获取第2行的第1和第3列的所有数据
a[2,c(1,3)]
#使返回值为矩阵而不是默认的向量
a[1,2,drop=FALSE]
#可以用中括号[]加列名字(如果有的话)来提取
a[,'A']
```

要注意的是，不能用 $ 符号来取矩阵列元素，否则程序会报错，例如：

```r
a$A
## Error in a$A : $ operator is invalid for atomic
## vectors
```

取矩阵的单个元素时，默认情况下返回的结果是长度为 1 的向量，而不是 1×1 矩阵。如果想返回矩阵形式，需使用 `drop = FALSE` 参数，例如：

```r
a1 <- matrix(1:6, 2, 3)
a1[1,2]
## 3
class(a1[1,2])
## [1] "integer"
```

```
a1[1, 2, drop = FALSE]
##      [,1]
## [1,]   3
class(a1[1, 2, drop = FALSE])
## [1] "matrix" "array"
```

类似地，当提取矩阵的单行或单列时，R 默认返回的也是一个向量。如果想返回矩阵形式，需使用 drop = FALSE 参数，例如：

```
a1[1, ]
## [1] 1 3 5
a1[1, , drop = FALSE]
##      [,1] [,2] [,3]
## [1,]   1    3    5
```

4. 数据框取子集

数据框通常是矩阵形式的数据，但矩阵各列可以是不同类型的。数据框每列是一个变量，每行是一个观测，例如。

```
a <- data.frame(v1 = 1:5, v2 = 6:10, v3 = 11:15)
a
##   v1 v2 v3
## 1  1  6 11
## 2  2  7 12
## 3  3  8 13
## 4  4  9 14
## 5  5 10 15
```

矩阵取子集方式，都可以用在数据框中，例如：

```
a[2,];a[,3];a[1,2]
a[,"v2"] #使用列名提取整列
```

可以用 $ 符号来取数据框列元素，例如：

```
a$v3
## [1] 11 12 13 14 15
```

列表、矩阵和数据框可以用"-"符号来剔除观测（行）或变量（列），例如：

```
a[-1,]
##   v1 v2 v3
## 2  2  7 12
## 3  3  8 13
## 4  4  9 14
## 5  5 10 15
```

你可以尝试运行下述代码，看看能得到什么结果。

```
a[c(-1,-3),];a[-c(1,3),] ;a[-2,-3]
```

3.2.3 常见数据选择函数

除了上述用 `$`、`[]`、`[[]]` 运算符取子集外，R 软件基础包中还提供了几个基本函数，允许我们在不知道行和列引用的情况下按照条件取子集。这些函数包括：

1）subset() 函数：从某一个数据框中选择出符合某条件的数据或者相关的列。
2）which() 函数：给出表达式为 TRUE 的元素的位置索引。
3）with() 函数：提取数据框中的某些参数做运算，一般是为了避免重复键入对象名称。

下面定义一个数据框：

```
a <- data.frame(v1=1:5,v2=6:10,v3=11:15)
a$mynames=c("aa","bb","cc","aa","dd")
```

下面结合数据框 a 说明如何选择符合条件的数据。

1. subset 函数

subset() 函数可以创建向量、矩阵或数据框的子集，基本语法如下：

```
subset(x, subset, …)
subset(x, subset, select, drop = FALSE, …)
```

参数 x 表示给定数据集，subset 是选择字段的逻辑条件，select 选取要显示的字段，例如：

```
# 单条件查询
subset(a,mynames=="aa")
##   v1 v2 v3 mynames
## 1  1  6 11      aa
## 4  4  9 14      aa
# 指定显示列
```

```
subset(a,mynames=="aa",select=c(v1,v3))
##   v1 v3
## 1  1 11
## 4  4 14
# 多条件查询
subset(a,mynames=="aa" & v1>2,select=c(v1,mynames))
##   v1 mynames
## 4  4      aa
```

2. which 函数

which() 函数用于返回指定值在逻辑型向量中的位置,基本语法如下:

```
which(x, arr.ind, useNames)
```

参数 x 表示一组逻辑型向量或数组。arr.ind 表示如果 x 是数组,则此参数返回数组索引。useNames 表示数组的维度名称。

下面是向量中使用 which() 函数的例子:

```
a=c(1,3,4,5,3,2,5,6,3,2,5,6,7,5,8)
# 取数组a中大于3的元素的下标
which(a>3)
## [1]  3  4  7  8 11 12 13 14 15
# 取数组a中等于3的元素的下标
which(a==3)
## [1] 2 5 9
# 取数组a中最大值的下标
which.max(a)
## [1] 15
# 取数组a中最小值的下标
which.min(a)
## [1] 1
```

再看一个数据框中使用 which() 函数的例子:

```
a <- data.frame(v1=1:5,v2=6:10,v3=11:15)
a$mynames=c("aa","bb","cc","aa","dd")
# 单条件查询
a[which(a$mynames=="aa"),]
##   v1 v2 v3 mynames
## 1  1  6 11      aa
## 4  4  9 14      aa
```

```r
# 指定显示列
a[which(a$mynames=="aa"),
  which(colnames(a) %in% c("v1","v3"))]
##   v1 v3
## 1  1 11
## 4  4 14
# 多条件查询
a[which(a$mynames=="aa"& a$v1>2),
  which(colnames(a) %in% c("v1","v3"))]
##   v1 v3
## 4  4 14
```

which() 函数也可以和 attach() 函数组合使用，例如：

```r
attach(a)
# 将a对象绑定到R的搜索路径中，这样调用的时候可以省略数据框和 $ 符号
# 单条件查询
a[which(mynames=="aa"),]
##   v1 v2 v3 mynames
## 1  1  6 11      aa
## 4  4  9 14      aa
# 指定显示列
a[which(mynames=="aa"),
  which(colnames(a) %in% c("v1","v3"))]
##   v1 v3
## 1  1 11
## 4  4 14
# 多条件查询
a[which(mynames=="aa"& v1>2),
  which(colnames(a) %in% c("v1","v3"))]
##   v1 v3
## 4  4 14
detach(a)
```

一定要用 detach() 函数解除绑定和 a 的绑定。如果在程序的其他位置，已经有了与数据框相同名称的函数或数据，那么 attach() 命令有可能出错。

3. with 函数

with() 函数可以将数据添加到 R 软件的当前环境，并在该数据中运行逻辑表达式。基本语法如下：

```
with(data, expr, …)
```

可以将上述语句理解成把当前表达式（expr）的操作都局限在数据（data）内部，即封闭在数据框的环境中进行运算，因此不会与外在环境中的同名对象发生冲突。

要求前 3 个变量的均值，代码如下：

```
newdataframe <- data.frame(v1=1:5,v2=6:10,v3=11:15)
newdataframe$mynames=c("aa","bb","cc","aa","dd")
newdataframe
##   v1 v2 v3 mynames
## 1  1  6 11      aa
## 2  2  7 12      bb
## 3  3  8 13      cc
## 4  4  9 14      aa
## 5  5 10 15      dd
# 不使用 with() 的冗长写法
z = mean(newdataframe$v1 + newdataframe$v2 + newdataframe$v3)
# 使用 with() 的写法
z = with(newdataframe, {mean(v1+v2+v3)})
z
## [1] 24
```

v1、v2 和 v3 这 3 个变量已经添加到当前的环境中，接下来可以直接调用了。

3.3 数据整理

本节先介绍如何修改、增加、彻底删除变量，再介绍类型变换、排序、数据合并及缺失数据处理等数据整理操作。

3.3.1 修改变量名称

首先，读取示例数据 JSdata，查看数据基本情况：

```
#读取数据
JS <- read.csv('JSdata.csv')
head(JS)
##         id name gender     birth  title height weight
## 1 2021A001 王天赐    男  1972/4/8   教授    165     66
## 2 2021A002 高琪琪    女 1973/5/12 副教授    163     65
## 3 2021A003 朱德宗    男 1995/7/18   讲师    187     87
## 4 2021A004 杨子琪    女  1985/1/8   讲师    166     67
```

```
## 5 2021A005    陈晓东    男    1982/3/7     副教授    166    69
## 6 2021A006    吴天昊    男    1975/11/27   教授      188    89
##   salary
## 1  30.1
## 2  23.8
## 3   9.7
## 4  12.8
## 5  24.3
## 6  28.1
```

获取或者修改数据框中列变量名称，一般用 `colnames` 或 `names`，如将 "gender" 改为 "性别"：

```
colnames(JS)
## [1] "id"      "name"     "gender"   "birth"   "title"   "height"   "weight"   "salary"
colnames(JS)[3]="性别"
colnames(JS)
## [1] "id"      "name"     "性别"     "birth"   "title"   "height"   "weight"   "salary"
```

3.3.2 增加新变量

增加新变量一般用 `$` 方法，如已知身高、体重，计算 BMI 并作为新变量，例如：

```
# 体质指数（BMI）=体重（kg）÷ 身高 ^2（m）
JS$BMI = JS$weight/(JS$height/100)^2
```

也可用 `transform()` 函数增加新变量，例如：

```
JS = transform(JS, BMI = weight/(height/100)^2)
```

3.3.3 彻底删除新变量

选择数据框子集的方法其实并没有真正删除有关列变量。删除列变量一般用 `NULL` 方法。这里，以删除 id 列为例：

```
JS$id = NULL
head(JS)
##     name  gender    birth       title    height  weight  salary
## 1   王天赐    男    1972/4/8     教授      165      66     30.1
## 2   高琪琪    女    1973/5/12    副教授    163      65     23.8
## 3   朱德宗    男    1995/7/18    讲师      187      87      9.7
## 4   杨子琪    女    1985/1/8     讲师      166      67     12.8
## 5   陈晓东    男    1982/3/7     副教授    166      69     24.3
## 6   吴天昊    男    1975/11/27   教授      188      89     28.1
```

也可用 transform() 函数删除 id 变量，例如：

```
JS = transform(JS, id = NULL)
```

3.3.4 类型转换函数

在 R 软件中，可用形如 is.dtype 的函数来判断数据的具体类型，并返回 TRUE 或 FALSE。

常见的判断数据类型函数包括：is.numeric(), is.character(), is.vector(), is.matrix(), is.data.frame(), is.factor(), is.logical()。

如果需要，可用对应的 as.dtype 函数来把数据强制转换为所需类型。常见的转换数据类型的函数包括：as.numeric(), as.character(), as.vector(), as.matrix(), as.data.frame(), as.factor(), as.logical()。

下面是一个数据类型判断和强制转换的例子：

```
# 字符串向量V
V = c("North", "South", "East", "East")
# 转换为因子向量
drn <- factor(V)
is.factor(drn)
## [1] TRUE
# 因子向量转换为数值向量
as.numeric(drn)
## [1] 2 3 1 1
```

向量、矩阵和数据框之间的强制转换方法见表 3.2。

表 3.2 向量、矩阵和数据框之间的强制转换方法

数据变换类型	转换为长向量	转换为矩阵	转换为数据框
从向量	c(x,y)	cbind(x,y) rbind(x,y)	data.frame(x,y)
从矩阵	as.vector(mymat)	—	as.data.frame(mymat)
从数据框	—	as.matrix(mydt)	—

如果想把 JSdata 数据的变量 gender 按女为 1、男为 2 赋值，可按如下步骤进行：首先，把读取的字符串向量转换为因子向量。

```
JS <- read.csv("JSdata.csv")
JS$gender <- as.factor(JS$gender)
str(JS$gender)
## Factor w/ 2 levels "男","女": 1 2 1 2 1 1 2 1 2 1 …
```

考虑直接用 as.numeric() 函数进行转换：

```
JS$gender <- as.numeric(JS$gender)
str(JS$gender)
##  num [1:39] 1 2 1 2 1 1 2 1 2 1 ...
```

发现"女"转换为 2,"男"转换为 1,不符合要求。因此,对转换稍加处理,得到:

```
JS$gender = as.numeric(JS$gender) - 1
JS$gender[JS$gender == 0] = 2
str(JS$gender)
##  num [1:39] 2 1 2 1 2 2 1 2 1 2 ...
```

也可以用 ifelse() 函数编码处理,例如:

```
JS <- read.csv("JSdata.csv")
# 使用ifelse编码,如果性别为"女",则设置为1,否则设置为2
JS$gender = ifelse(JS$gender == "女", 1, 2)
str(JS$gender)
##  num [1:39] 2 1 2 1 2 2 1 2 1 2 ...
```

将因子(类别)变量以指定数值赋值,这在数据预处理中十分常见,类似的方法需熟练掌握。

3.3.5 排序

对于单变量,常用到 rank、sort 和 order 等排序函数。

假设有以下序列 a:

```
a <- c(4.1, 3.2, 3.2, 6.1, 3.1)
```

按升序排序前后见表 3.3。

表 3.3　序列排序前后

按升序排序后	3.1	3.2	3.2	4.1	6.1
序号	1	2	3	4	5
a(排序前)	4.1	3.2	3.2	6.1	3.1

rank() 函数用来计算序列中每个元素的秩(可理解为元素在升序序列中的次序),基本语法如下:

```
rank(x, na.last = TRUE,
     ties.method = c("average", "first", "last",)"random", "max", "min")
```

序列 a 中每个元素的秩如下:

```
rank(a)
## [1] 4.0 2.5 2.5 5.0 1.0
```

在 a 中，3.1 最小，6.1 最大，于是 3.1 的秩为 1，6.1 的秩为 5。如果两个元素相等，则对应的秩等于两个位置的均值。

sort() 函数默认给出从小到大排序后的结果，基本语法如下：

```
sort(x, decreasing = FALSE, …)
```

如果想从大到小降序排列，令参数 decreasing = TRUE 即可。下面，给出从小到大升序排序的结果：

```
sort(a)
## [1] 3.1 3.2 3.2 4.1 6.1
```

这个结果和表 3.3 第 1 行的结果相同。

order() 函数给出升序序列（sort() 函数的结果）中各元素在原始序列中的位置，基本语法如下：

```
order(…, na.last = TRUE, decreasing = FALSE, method = c("auto",
  "shell", "radix"))
```

要实现降序排列，令参数 decreasing = FALSE 即可。

序列 a 的 order() 结果如下：

```
order(a)
## [1] 5 2 3 1 4
```

第一个元素 3.1 在序列 a 中的位置为 5，最后一个元素 6.1 的位置为 4，以此类推。

利用 order() 函数，可以像 Excel 中那样对数据框按某列升序或降序排列。

下面以本书自带数据集为例进行说明：

```
## 升序
head(JS[order(JS$salary),])
##        id   name gender   birth   title height weight salary
## 23 2021A023 宋田田    女 1995/8/20  助教    155     53    7.7
## 25 2021A025 刘明      女 1992/4/9   助教    159     57    8.2
## 27 2021A027 李明      女 1991/1/1   助教    163     61    8.3
## 14 2021A014 高甜甜    女 1993/5/12  助教    166     64    8.9
## 36 2021A036 孙明      男 1985/9/21  讲师    176     77    9.6
## 3  2021A003 朱德宗    男 1995/7/18  讲师    187     87    9.7
```

```
## 降序
head(JS[order(JS$salary, decreasing = T),])
##         id  name gender    birth  title height weight salary
## 38 2021A038 王晓丽    女  1975/12/4   教授    168     69   37.2
## 29 2021A029 吴启德    女 1967/11/27   教授    158     61   36.3
## 18 2021A018 杨婷婷    女 1977/12/30   教授    156     55   35.1
## 19 2021A019 高德天    男  1973/5/12   教授    178     77   34.5
## 39 2021A039 甄欢欢    女  1976/9/22   教授    166     71   32.3
## 1  2021A001 王天赐    男   1972/4/8   教授    165     66   30.1
#身高升序、体重降序，如果"身高"的值相同，则按照"体重"排序数据
head(JS[order(JS$height, -JS$weight),])
##         id  name gender    birth  title height weight salary
## 26 2021A026  高明    男  1983/5/12 副教授    148     45   16.4
## 8  2021A008 宋晓云    男  1975/8/20 副教授    152     57   15.3
## 21 2021A021  阳德    男  1975/9/10 副教授    154     54   15.1
## 23 2021A023 宋田田    女  1995/8/20   助教    155     53    7.7
## 18 2021A018 杨婷婷    女 1977/12/30   教授    156     55   35.1
## 9  2021A009 宋甜甜    女  1985/8/19   讲师    158     62   16.4
#身高升序、体重降序，按列索引排序
head(JS[order(JS[,7],-JS[,8]),])
##         id  name gender    birth  title height weight salary
## 26 2021A026  高明    男  1983/5/12 副教授    148     45   16.4
## 23 2021A023 宋田田    女  1995/8/20   助教    155     53    7.7
## 21 2021A021  阳德    男  1975/9/10 副教授    154     54   15.1
## 18 2021A018 杨婷婷    女 1977/12/30   教授    156     55   35.1
## 8  2021A008 宋晓云    男  1975/8/20 副教授    152     57   15.3
## 25 2021A025  刘明    女   1992/4/9   助教    159     57    8.2
#身高升序、体重降序，结合with命令排序
head(JS[with(JS, order(height, -weight)), ])
##         id  name gender    birth  title height weight salary
## 26 2021A026  高明    男  1983/5/12 副教授    148     45   16.4
## 8  2021A008 宋晓云    男  1975/8/20 副教授    152     57   15.3
## 21 2021A021  阳德    男  1975/9/10 副教授    154     54   15.1
## 23 2021A023 宋田田    女  1995/8/20   助教    155     53    7.7
## 18 2021A018 杨婷婷    女 1977/12/30   教授    156     55   35.1
## 9  2021A009 宋甜甜    女  1985/8/19   讲师    158     62   16.4
```

order()函数和"-"符号及with()函数组合，可以实现较为简单的排序，如果需要更为复杂的排序功能，可借助dplyr包中的arrange()等函数。

3.3.6 数据合并

在数据整理过程中，有时候需要对多个数据集进行合并。

1. 数据集横向合并

横向合并即列合并，两个数据集的列（变量）不同，可使用 cbind() 函数叠加所有列，m 列的矩阵与 n 列的矩阵变成 $m+n$ 列，行数不变。

▲ **注意**：cbind(a, b) 中矩阵 a 和 b 的行数必须相符。

例如：

```
a <- matrix(1:12,3,4); a
##      [,1] [,2] [,3] [,4]
## [1,]   1    4    7   10
## [2,]   2    5    8   11
## [3,]   3    6    9   12
b <- matrix(-1:-15,3,5); b
##      [,1] [,2] [,3] [,4] [,5]
## [1,]  -1   -4   -7  -10  -13
## [2,]  -2   -5   -8  -11  -14
## [3,]  -3   -6   -9  -12  -15
cbind(a,b)
##      [,1] [,2] [,3] [,4] [,5] [,6] [,7] [,8] [,9]
## [1,]   1    4    7   10   -1   -4   -7  -10  -13
## [2,]   2    5    8   11   -2   -5   -8  -11  -14
## [3,]   3    6    9   12   -3   -6   -9  -12  -15
```

2. 数据集纵向合并

纵向合并即行合并，两个数据集的行（观测）不同，可使用 rbind() 函数叠加所有列，m 行的矩阵与 n 行的矩阵变成 $m+n$ 行，列数不变。

▲ **注意**：rbind(a, c) 中矩阵 a 和 c 的列数必须相符。

```
a <- matrix(1:12,3,4); a
##      [,1] [,2] [,3] [,4]
## [1,]   1    4    7   10
## [2,]   2    5    8   11
## [3,]   3    6    9   12
c <- matrix(-1:-20,5,4); c
##      [,1] [,2] [,3] [,4]
## [1,]  -1   -6  -11  -16
## [2,]  -2   -7  -12  -17
## [3,]  -3   -8  -13  -18
## [4,]  -4   -9  -14  -19
## [5,]  -5  -10  -15  -20
rbind(a,c)
```

```
##      [,1] [,2] [,3] [,4]
## [1,]   1    4    7   10
## [2,]   2    5    8   11
## [3,]   3    6    9   12
## [4,]  -1   -6  -11  -16
## [5,]  -2   -7  -12  -17
## [6,]  -3   -8  -13  -18
## [7,]  -4   -9  -14  -19
## [8,]  -5  -10  -15  -20
```

3. merge 合并函数

merge() 函数是 R 中常用的数据集的合并函数，基本语法如下：

```
merge(x, y, by = intersect(names(x), names(y)),
      by.x = by, by.y = by, all = FALSE, all.x = all,
      all.y = all, sort = TRUE, suffixes = c(".x",".y"),
      incomparables = NULL, …)
```

其中，x 和 y 表示需要合并的数据集；by 表示连接两个数据集的列，当两个数据集的公共列名相同时，可以写成 by = "公共列名"；by.x 和 by.y 用于指定依据哪个列合并，常在两个数据集公共列名不一样时使用。

merge() 函数支持 4 种类型数据合并，如图 3.1 所示。

-all = FALSE 相当于自然连接 (natural join)，也称内部连接（inner join），仅返回 x 和 y 中相匹配的数据框行。

-all = TRUE 相当于一个外部连接（outer join），返回 x 与 y 中所有行。

-all.x = TRUE 是一个左连接（left join），返回 x 中所有行以及 y 中与其匹配的行。

-all.y = TRUE 是一个右连接（right join），返回 y 中所有行以及 x 中与其匹配的行。

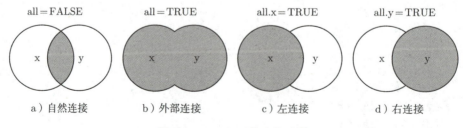

图 3.1 merge 函数合并示意

首先，我们从 JS 数据集取出部分数据（JS1 和 JS2），代码如下：

```
JS <- read.csv("JSdata.csv")
JS1 = JS[1:5, 1:3]
JS1
##          id   name gender
## 1 2021A001 王天赐     男
## 2 2021A002 高琪琪     女
## 3 2021A003 朱德宗     男
## 4 2021A004 杨子琪     女
## 5 2021A005 陈晓东     男
```

```
JS2 = JS[4:7, c(1, 4:5)]
JS2
##          id      birth   title
## 4 2021A004   1985/1/8    讲师
## 5 2021A005   1982/3/7    副教授
## 6 2021A006 1975/11/27    教授
## 7 2021A007 1997/12/29    讲师
```

首先使用默认参数 all = FALSE 进行整合，结果如下：

```
merge(JS1, JS2, all = FALSE)
##          id   name gender    birth   title
## 1 2021A004 杨子琪     女   1985/1/8    讲师
## 2 2021A005 陈晓东     男   1982/3/7    副教授
```

执行 merge() 函数时，函数会自动找到两个数据框共有的列，即 id 那一列（相当于 by= "id"），当参数 all= FALSE 时，会将两个数据框中该列数值相等的那些行输出来，类似于对这两个数据框的 id 这一列求交集（intersection）。此例中交集是 id 为 2021A004 和 2021A005 的这两行。

调整 all = TRUE 参数后，结果如下：

```
merge(JS1, JS2, all = TRUE)
##          id   name gender      birth   title
## 1 2021A001 王天赐     男       <NA>    <NA>
## 2 2021A002 高琪琪     女       <NA>    <NA>
## 3 2021A003 朱德宗     男       <NA>    <NA>
## 4 2021A004 杨子琪     女    1985/1/8    讲师
## 5 2021A005 陈晓东     男    1982/3/7    副教授
## 6 2021A006   <NA>   <NA>  1975/11/27    教授
## 7 2021A007   <NA>   <NA>  1997/12/29    讲师
```

当参数 all= TRUE 时，类似于对这两个数据框的 id 这一列求并集（union）：JS1 和 JS2 中 id 列相等的行，合并两者列变量后输出；将缺失列的值用 NA 替换，如原 JS1 数据集 id 对应的 birth、title 列和原 JS2 数据集 id 对应的 name、gender 列。

调整 all.x = TRUE，以 x（JS1）中的数据为基础进行合并：对于 JS1 和 JS2 中 id 列相等的行，合并两者列变量后输出；对于剩余 JS1 的 id 列所在行，新增的 birth 和 title 两列的数值为 NA。结果如下：

```
merge(JS1, JS2, all.x = TRUE)
##         id  name gender    birth   title
## 1 2021A001 王天赐    男     <NA>    <NA>
## 2 2021A002 高琪琪    女     <NA>    <NA>
## 3 2021A003 朱德宗    男     <NA>    <NA>
## 4 2021A004 杨子琪    女  1985/1/8    讲师
## 5 2021A005 陈晓东    男  1982/3/7  副教授
```

all.y = TRUE 参数则以 y（JS2）中的数据为基础进行合并：对于 JS1 和 JS2 中 id 列相等的行，合并两者列变量后输出；对于剩余 JS2 的 id 列所在行，新增的 name 和 gender 两列的数值为 NA。结果如下：

```
merge(JS1, JS2, all.y = TRUE)
##         id  name gender      birth   title
## 1 2021A004 杨子琪    女    1985/1/8    讲师
## 2 2021A005 陈晓东    男    1982/3/7  副教授
## 3 2021A006  <NA>  <NA>  1975/11/27    教授
## 4 2021A007  <NA>  <NA>  1997/12/29    讲师
```

3.3.7 缺失数据处理

R 语言中，NA（Not Available）代表缺失值。

下面我们构建一个包括 NA 值的数据框 df：

```
df <- data.frame(A = c(10, 2, NA, 16, NA, 23), B = c(NA,
  45, 45, 12, NA, 18), C = c(NA, 45, 12, 5, 18, 22))
df
##    A  B  C
## 1 10 NA NA
## 2  2 45 45
## 3 NA 45 12
## 4 16 12  5
## 5 NA NA 18
## 6 23 18 22
```

可以用 is.na() 函数检查是否存在缺失值，例如：

```
is.na(df)
##        A     B     C
## [1,] FALSE  TRUE  TRUE
## [2,] FALSE FALSE FALSE
## [3,]  TRUE FALSE FALSE
## [4,] FALSE FALSE FALSE
## [5,]  TRUE  TRUE FALSE
## [6,] FALSE FALSE FALSE
```

可以用 complete.cases() 函数返回不包含 NA 的数据，例如：

```
df[complete.cases(df), ]
##    A  B  C
## 2  2 45 45
## 4 16 12  5
## 6 23 18 22
```

可以用 na.omit() 函数将 NA 数据排除在外，例如：

```
na.omit(df)
##    A  B  C
## 2  2 45 45
## 4 16 12  5
## 6 23 18 22
```

部分 R 语言函数，设置了缺失值相关的参数，可以在计算中将 NA 排除在外，例如：

```
mean(df$A)
## [1] NA
mean(df$A, na.rm = TRUE)
## [1] 12.75
```

除了删除 NA 相关行的简单处理方法外，也可以通过"CRAN Task View: Missing Data"（https://cran.r-project.org/web/views/MissingData.html）R 软件包中提到的方法对缺失数据进行插补，把 NA 值转化为完全数据处理，有兴趣的读者可以参考有关文献。

3.4 本章小结

本章讨论了用 R 软件进行数据处理，主要涉及数据输入与输出、查看数据、数据取子集、数据整理等相关内容。

为方便读者，现将本章涉及的主要 R 函数进行汇总，见表 3.4。

表 3.4 本章涉及的主要 R 函数

函数名	功能
cat()	显示指定对象的内容
data()	读取 R 内置数据
read.table()/read.csv()	读文本文件
write.table/write.csv()	写文本文件
save()	保存数据对象
load()	加载数据对象
subset()	取子集函数
is.numeric() 等	判断数据具体类型
as.numeric() 等	强制转换数据类型
rank()	给出序列中每个元素的秩
sort()	给出排序后结果
order()	给出排序后各元素在原始序列中的位置
cbind()	列合并
rbind()	行合并
merge()	连接两个数据集
is.na()	检查是否存在缺失值
complete.cases()	返回不包含 NA 的数据
na.omit()	排除 NA 数据

3.5 练习题

1. 试用 `read.csv()` 读取文件 `JSdata.csv`，并用 `head()` 函数显示其文件开始部分内容。

2. 利用 `mtcars` 数据集（R 软件自带数据集），完成以下任务：

1）安装并用 `data()` 命令加载查看数据 `mtcars`。

2）查看概要：`summary()`。

3）显示对象内部结构：`str()`。

4）返回维数：`dim()`。

3. 从 1 到 100 个自然数中随机不放回地抽取 5 个数，并求它们的和。

3.6 实验题

1. 从 UCI（https://archive.ics.uci.edu/）选一个 regression 数据（$n>100$，$p>10$），下载并读取该数据。

2. 计算上题中所有特征的均值、方差。

3. 把计算好的均值方差添加为所读取数据中的一行或者一列。

4. 自定义一个数据框，并用函数 write.csv( ) 写成一个能用 Excel 打开的文件，测试是否成功。

5. 对于数据集 JSdata.csv，提取身高超过 170cm 的老师信息。

6. 计算数据集 JSdata.csv 中老师的 BMI 指数（体重/身高的平方：kg/m^2）并添加为 JSdata.csv 的一列。

7. 生成整数向量 x 的代码如下：

```
set.seed(1234)
x <- floor(100 * runif(100))
```

1）显示 x 第 21 到第 30 号元素。

2）把 x 第 31、第 35 和第 39 号元素赋值为 0。

3）显示 x 中除了第 1 号和第 50 号元素之外的子集。

4）列出 x 中个位数等于 3 的元素。

5）列出 x 中个位数等于 3 的元素的下标位置。

6）给 x 的每一个元素加上名字，为 x1 到 x100。

7）求 x 的平均值并求每一个元素减去平均值后的离差，计算 x 元素的平方和及离差平方和。

8）把 x 从大到小排序。计算 x 的 10% 分位数到 90% 分位数之间的距离。

提示：使用 quantile( ) 函数。

第 4 章 R 语言可视化

对数据分析师来说，简单的图表比任何其他手段给出的信息更多。

——John Tukey（统计学家）

图形等数据可视化方法是重要的统计分析工具，可能许多读者都是因为对 R 绘图产生强烈的兴趣而开始学习 R 的。

R 的强大功能是通过众多优秀的 R 包实现的，可视化部分也不例外。其中，R 基础绘图依赖于 graphics 包；功能完备的 Grid 绘图主要基于 grid、lattice 和 ggplot2 等；plotly 包和 Shiny 包则提供了交互式图表，让静态的图表更加"生动"。

本章首先介绍 R 语言绘图等基础可视化知识，接着介绍 ggplot2 常见绘图包，最后介绍增强绘图工具 plotly 包和交互式动态网页 Shiny 包。

4.1 R 语言基础绘图

R 语言自带的基础绘图包 graphics，囊括了常用的标准统计图形，如条形图、饼图、直方图、箱线图和散点图等。在 R 里运行

```
demo(graphics)
```

会得到一些常用图形的样例和对应的代码。

R 基础绘图函数可分为三类：

1）高级绘图函数：在图形设备上创建新的绘图，可能带有轴、标签、标题等。
2）低级绘图函数：可向现有图形添加更多信息，例如额外的点、线和标签。
3）交互式绘图函数：可使用定点设备（如鼠标）以交互方式向现有绘图添加信息或从现有绘图中提取信息。

此外，R 还可以通过图形参数列表实现自定义绘图。

4.1.1 高级绘图函数

高级绘图函数是 R 语言常用的绘图函数，可绘制出简单且完整的图形。

▲ **注意**：调用高级绘图命令总会启动新的绘图，并删除当前绘图。

1. plot() 函数

plot() 是泛型函数，对于不同的数据可以绘制出不同的图形。

一个向量参数的 plot(x) 函数一般用于绘制散点图，其中纵坐标是向量 x 的值，横坐标是向量对应的索引（index），例如：

```
JS <- read.csv('JSdata.csv')
plot(JS$height)
```

绘制结果如图 4.1 所示。

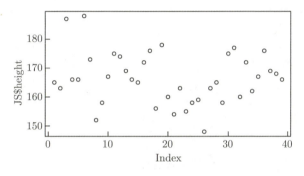

图 4.1　单变量 plot() 示例

两个向量参数的 plot(x,y) 函数，主要绘制标准的 x-y 图形，x 向量作为横轴的值，y 向量作为纵轴的值，例如：

```
plot(JS$height,JS$weight)
```

绘制结果如图4.2所示，从图4.2可见，JS 数据中身高和体重值具有某种程度的正相关。

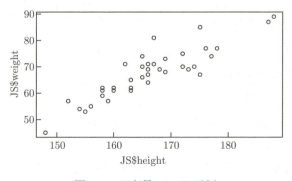

图 4.2　双变量 plot() 示例

当我们对整个数据集使用 plot 命令而不选择任何特定列时，例如：

```
plot(JS)
```

我们得到一个数据集散点图矩阵（见图4.3），它是所有列的相关矩阵。通过查看用 `plot()` 函数绘制的图形，我们可以快速发现变量之间的关系。

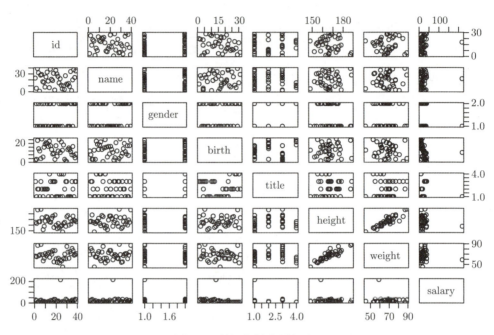

图 4.3　数据集散点图矩阵

通过使用 `plot()` 函数的参数，可以轻松地设置图表样式。这些可选参数能以任意顺序输入，以逗号隔开。如果省略这些参数，它们大多会采用默认值。下面，我们重点介绍一些参数：

（1）曲线类型。可用 `type` 选项来指定不同的曲线类型。例如：`type="p"` 表示在绘制曲线时，只画点的符号而不画连接线。常用的类型如下：

p：只画点的符号而不画连接线。

l：只画连接线而不画点的符号。

o：既画点的符号，又画连接线。

b：与 o 选项一样，只是连接线不会与点的符号接触。

h：在每个点与横轴之间画一条垂直线。

s：绘制"梯形"图，即先用水平直线，然后用竖线连接相邻点。

S：同 s 相似，只是水平线和垂直线顺序相反。

c：连接线里剔除掉点位置。

绘制密度垂直线的代码如下：

```
plot(JS$height, type= "h")
```

（2）数字符号类型。绘图时对数据点所用的符号可通过 pch（plotting character）指定。例如 pch=1 表示用圆圈绘制数据点。常用的 pch 符号和对应的数值代码如图 4.4 所示。

```
               0      1      2      3      4
               □      ○      △      +      ×

               5      6      7      8      9
               ◇      ▽      ⊠      *      ⊕

              10     11     12     13     14
               ⊕      ⋈      ⊞      ⊠      ⊡

              15     16     17     18     19
               ■      ●      ▲      ◆      ●

              20     21     22     23     24     25
               ·      ●      ■      ◆      ▲      ▼
```

图 4.4　常用的 pch 符号和对应的数值代码

读者可以尝试变换绘制散点图的符号，例如：

```
plot(JS$height, pch=4)
```

（3）标签、标题和颜色。我们还可以标记 X 轴（xlab）和 Y 轴（ylab），并为我们的绘图指定一个标题（main）。此外，我们还可以利用（col）为绘图赋予颜色，代码如下：

```
plot(JS$height, JS$weight, xlab = "身高", ylab = "体重",
  main = "教师身高及体重分布情况", col = "red")
```

绘图结果如图 4.5 所示。

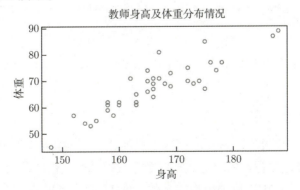

图 4.5　标签、标题和颜色示例

col 参数也可以用数字代替（col = "red" 和 col=552 等价）。

在 R 中，颜色名称和对应的数值如下：

```
# colors()默认返回657种颜色，这里只返回前32个
colors()[1:32]
##  [1] "white"           "aliceblue"       "antiquewhite"
##  [4] "antiquewhite1"   "antiquewhite2"   "antiquewhite3"
##  [7] "antiquewhite4"   "aquamarine"      "aquamarine1"
## [10] "aquamarine2"     "aquamarine3"     "aquamarine4"
## [13] "azure"           "azure1"          "azure2"
## [16] "azure3"          "azure4"          "beige"
## [19] "bisque"          "bisque1"         "bisque2"
## [22] "bisque3"         "bisque4"         "black"
## [25] "blanchedalmond"  "blue"            "blue1"
## [28] "blue2"           "blue3"           "blue4"
## [31] "blueviolet"      "brown"
```

2. 直方图

对于数据分布，常用直方图 (histogram) 进行描述。在 R 软件中，用函数 hist() 画出样本的直方图，其格式为 hist(x)，设置 color 参数，可获得彩色直方图，例如：

```
par(mfrow = c(2, 2), mar = c(1, 1, 1, 1) + 1)
JS = read.csv("JSdata.csv", header = T)
hist(JS$height, main = "Histogram for Height")
# 参数breaks 指定一个向量，给出不同的断点
hist(JS$height, breaks = c(140, 160, 180, 200))
# 显示的是频率（= 频数/总数）
hist(JS$height, freq = F)
# 彩色直方图
hist(JS$height, col = rainbow(nclass.Sturges(JS$height) +
  3))
```

图4.6给出了上述代码的四个直方图，分别展示了 main、breaks、freq 和 col 等常见参数的用法。

3. 茎叶图

相较于直方图，茎叶图 (stem-and-leaf) 更能让我们细致地看出数据分布的结构。在茎叶图中，纵轴为测定数据，横轴为数据频数。数据的十位数部分表示"茎"，作为纵轴的刻度；个位数部分作为"叶"，显示频数的个数，作用与直方图的直方类似。

R 中茎叶图 stem() 函数的基本语法是：

```
stem(x, scale = 1, width = 80, atom = 1e-08)
```

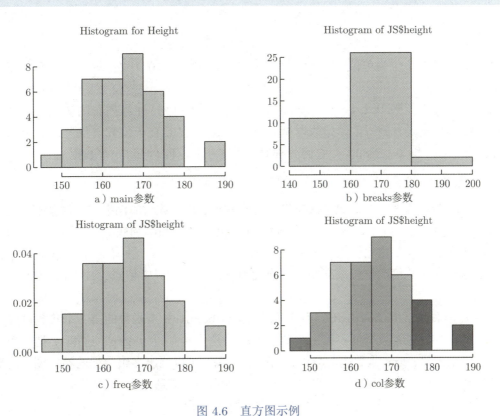

图 4.6　直方图示例

其中，x 是数据向量，scale 控制所绘茎叶图的长度，width 控制所绘茎叶图的宽度，atom 是容差。

下面做出 JS 中 salary 的茎叶图：

```
stem(JS$salary)
##
##   The decimal point is 1 digit(s) to the right of the |
##
##    0 | 888900001133445556668
##    2 | 0044557889025567
##    4 |
##    6 |
##    8 |
##   10 |
##   12 |
##   14 |
##   16 |
```

```
##   18 |
##   20 | 7
```

对上述茎叶图，可以解读如下："20 | 7" 表示 (四舍五入后) 十位为 20，个位为 7 的数。这里，以个位为单位，将 207 用 | 号分开，207 → 20 | 7；每一个数都可以这样处理。

茎叶图将十位数 0, 2, 4, 6, ⋯ , 20 按纵列从上到下排列，在纵列右侧从上到下画一条竖线，然后在竖线右侧写上原始数据相应的个位数。例如，在十位数 0 的竖线右侧依次应是 8, 8, 8, 9, ⋯ 即 0 | 8889⋯，它们分别对应着 8, 8, 8, 9 (四舍五入) 等数据。

4. 箱线图

箱线图能够直观明了地识别数据集中的异常值，判断数据的偏态和厚尾情况。在箱线图中，上 (Q3)、下 (Q1) 四分位数分别确定出中间箱体的顶部和底部。箱体中间的粗线是中位数所在的位置。由箱体向上和向下伸出的垂直部分称为 "触须"，表示数据的散布范围，最远点为 1.5 倍四分位数间距。超出此范围的点称为异常值点，异常值点用 "。" 号表示。

在 R 软件中，用 boxplot() 函数做箱线图。boxplot() 函数的第一个参数可以是数值型向量、列表或者数据框。第一个参数也可以是公式，如 y~grp，这里 y 是由数据构成的数值型向量，grp 是数据的分组，利用公式我们可以画出多组数据的箱线图，进而比较各组数据的中位数、尾长、异常值、分布区间等形状信息。

图4.7中展示了不同形状的箱线图，它们的代码如下：

```r
par(mfrow = c(2, 2), mar = c(1, 1, 1, 1) + 1)
# 带切口的箱线图
boxplot(JS$height, notch =TRUE)
# 不标明异常值点
boxplot(JS$salary, outline = FALSE)
# 不同颜色的箱线图
boxplot(JS$salary ~ JS$title, col = rainbow(length(unique(JS$title))))
# 水平状的箱线图
boxplot(JS$salary, horizontal = TRUE)
```

boxplot() 函数的参数中：notch = TRUE(默认值为 FALSE) 时，画出的箱线图带有切口；outline = FALSE(默认值为 TRUE) 时，不标明异常值点；col 是颜色变量，附给不同的值，绘出不同颜色的箱线图；horizontal 是逻辑变量，当 horizontal = TRUE(默认值为 FALSE) 时，箱线图被绘成水平状；add 是逻辑变量，当 add = TRUE 时，在原图上画图，否则 (FALSE，默认值) 替换原图。

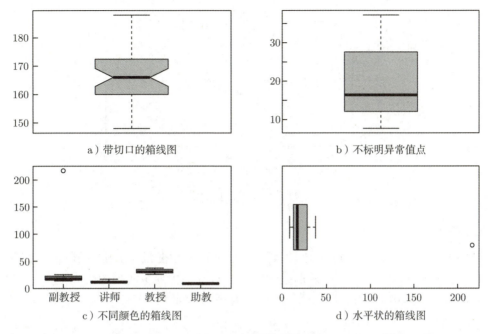

图 4.7 箱线图示例

5. Q-Q 图

Q-Q 图 (quantile-quantile plot) 是一种散点图,通过把测试样本数据的分位数与已知分布相比较,来检验数据的分布情况。利用 Q-Q 图鉴别样本数据是否近似于正态分布,只需看 Q-Q 图上的点是否近似地在一条直线附近,如果在直线附近则说明是正态分布,而且该直线的斜率为标准差,截距为均值。利用 Q-Q 图还可获得样本偏度和峰度的粗略信息。

在 R 软件中,函数 qqnorm() 和 qqline() 提供了画正态 Q-Q 图和相应直线的方法,基本语法如下:

```
qqnorm(y, ylim, main = "Normal Q-Q Plot", xlab = "Theoretical Quantiles",
  ylab = "Sample Quantiles", plot.it = TRUE, datax = FALSE)
qqline(y, datax = FALSE, …)
```

其中 x 是第一列样本,y 是第二列样本或只有此列样本,xlab、ylab 和 main 是标签。

绘出 JS 数据中身高的正态 Q-Q 图的代码如下:

```
qqnorm(JS$height)
qqline(JS$height, col = "red")
```

从图4.8来看,可以认为样本的数据基本上来自正态总体。

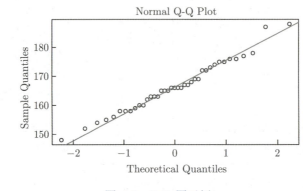

图 4.8 Q-Q 图示例

6. 条形图

条形图主要用来展示不同分类 (横轴) 下某个数值型变量 (纵轴) 的取值。在条形图中，数据以矩形条的形式表示，短形条的长度与数据集中变量或列的值成正比。

R 使用 barplot() 函数来创建条形图，基本语法如下：

```
barplot(H, xlab, ylab, main, names.arg, col)
```

H 是数值的向量或矩阵；xlab 是 x 轴的标签；ylab 是 y 轴的标签；main 是条形图的标题；names.arg 每个栏下显示的名称向量；col 用于给图中的图条给出颜色。示例代码如下：

```
par(mfrow = c(1,2), mar=c(1,1,1,1), pin = c(3,2) )
barplot(table(JS$title),main="教师职称",
        xlab="title",ylab="人数",col=rainbow(3))
# Stacked Bar Plot
barplot(table(JS$title,JS$sex), main="教师职称",
        ylab="人数",col=rainbow(3))
legend("topright",fill=rainbow(length(unique(JS$title))),
        legend=(rownames(table(JS$title,JS$gender))))
```

绘制出如图 4.9 所示的图形。

水平条形图和垂直条形图可以通过 horiz 参数调整，代码如下：

```
# 水平条形图
barplot(JS$salary, main = "工资收入分布", xlab = "收入",
  col = "blue", horiz = TRUE, family = "heiti")
```

绘制出如图 4.10 所示的图形。

条形图横轴上的数据是离散而非连续的。比如想展示商品的价格随时间变化的走势，就不能用条形图，因为时间变量是连续的；有时条形图的值表示数值本身，有时则表示数据集中数据的频数，不要混淆。

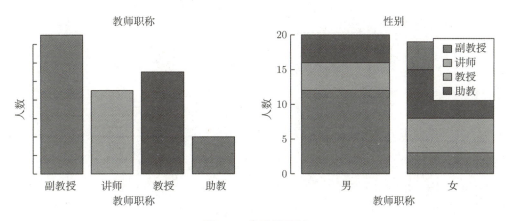

图 4.9　条形图示例

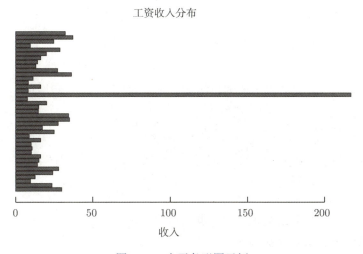

图 4.10　水平条形图示例

7. 点图

R 语言中的 dotchart() 函数用于创建指定数据的点图,基本语法如下:

```
dotchart(x, labels = NULL, groups = NULL, gcolor = par("fg"),
  color = par("fg"))
```

在点图中,x 要么是数值向量,要么是矩阵;labels 表示每个点的标签向量;groups 表示一个分组变量,即表示如何对 x 的元素分组;gcolor 表示组标签和值颜色;color 用于指定点和标签的颜色。

根据数据集 VADeaths,图4.11绘制了点图示例,其代码如下:

```
dotchart(VADeaths, main = "Death Rates ")
```

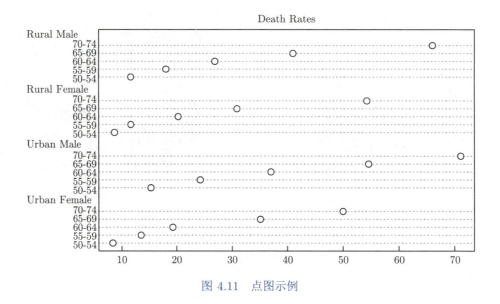

图 4.11　点图示例

8. 饼图

在 R 语言中，pie() 函数用于创建指定数据的饼图，基本语法如下：

```
pie(x, labels = names(x), radius = 0.8,main= "NULL",
   col = NULL, clockwise = FALSE,
   density = NULL, angle = 45,
   lty = NULL, border = NULL, edges = 200)
```

其中，x 表示一个非负的数值向量，也表示每个扇形的面积；labels 代表各扇形面积标签的字符向量；radius 表示饼图的圆的半径，特别适用于字符标签过长的情况；main 用来表示图标的标题；col 表示每个扇形的颜色，相当于调色板；clockwise 是一个逻辑值，用来指示饼图各个切片是否按顺时针做出分割；density 表示底纹的密度，默认值为 NULL；angle 用来设置底纹的斜率；edges 用来设置多边形的边数（圆的轮廓是具有很多边的多边形近似）。

根据 JS 数据，我们可以绘制饼图，代码如下：

```
par(mfrow = c(2,2), mar=c(1,1,1,1))
pie(table(JS$gender))
pie(table(JS$title),labels=unique(JS$title), main="按职称",
    col=terrain.colors(length(table(JS$title))))
# 添加饼图每个扇形的百分比以及图表图例
areap=table(JS$title)
piepercent<-round(100*areap/sum(areap), 1)
piepercent <-paste(piepercent, "%", sep = "")
pie(areap,
```

```
labels=piepercent, main= "按职称", col=rainbow(length(areap)))
legend( "topright" , names(areap),
        cex=0.8, fill=rainbow(length(areap)))
```

绘制的饼图如图 4.12 所示。

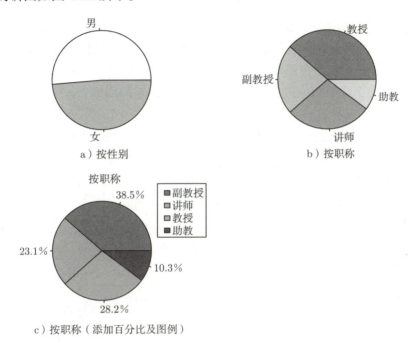

图 4.12　饼图示例

由于现有 R 语言的 pie() 函数中无法自动添加饼图扇形的百分比以及图例，因此这些功能需结合 R 语言通过编程才能实现。

9. 星图

在数据可视化时，如果数据维数大于等于 3 并且不多于 6，那么星图（stars）就是反映数据分布的最佳图形。星图中用线段离中心的长度来表示变量值的大小，每个变量的图形相互独立，即每个角都有一条与中心点连接起来的轴线，分别对应了数据的维度，数值越大，轴线越长，画出来的星图也就越大。整幅图形看起来像星星一样，星图由此得名。

R 提供了绘制星图的函数 stars()，基本语法如下：

```
stars(x, full = TRUE, scale = TRUE, radius = TRUE,
  labels = dimnames(x)[[1]], locations = NULL,
  nrow = NULL, ncol = NULL, len = 1,
  key.loc = NULL, key.labels = dimnames(x)[[2]],
  key.xpd = TRUE, xlim = NULL, ylim = NULL,
  flip.labels = NULL, draw.segments = FALSE,
```

```
col.segments = 1:n.seg, col.stars = NA,
col.lines = NA, axes = FALSE, frame.plot = axes,
main = NULL, sub = NULL, xlab = "", ylab = )
```

其中，x 表示一个多维数据矩阵或数据框，每一行数据都将产生一个星图；full 设置图形是圆形还是半圆形，默认为 TRUE（圆形）；scale 表示是否将数据标准化到区间 [0,1]，默认为 TRUE；radius 表示是否画出半圆半径，也就是星图内部的那些线段，默认为 TRUE；labels 表示每个星图个体的名称，默认为数据的行名；locations 表示以一个两列的矩形给出每个星图的位置，默认放在一个规则的矩形网络上，若参数是一个长度为 2 的向量，那么所有星图都将被放在该坐标上，从而形成一个蜘蛛网或雷达图；len 表示半径和线段的缩放倍数；key.loc 表示比例尺的坐标位置；key.labels 表示比例尺的标签，默认为变量的名称；key.xpd 表示比例尺的作图范围；flip.labels 表示每个星图底部的名称是否相互上下错位，以免因名称太长导致文本相互重叠；draw.segments 表示是否做线段图，即每个变量用一个扇形表示，默认为 FALSE；col.segments 表示每个扇形区域的颜色。

使用 JS(去除 id、name 和 birth 列) 数据绘制星图，代码如下：

```
par(mfrow = c(2, 2), mar = c(0, 0, 0, 0), oma = c(0, 0,
 0, 0))
JSnew = JS[, -c(1, 2, 4)]
stars(JSnew)
# 如果不需要星图内部的那些小线段，设置radius为FALSE
stars(JSnew, radius = FALSE)
# 给每个块加颜色
stars(JSnew, draw.segments = TRUE)
# 线条加色.仅需设置col.lines参数
# 仅当draw.segments 为FALSE时才有效。对前30行数据加色
stars(JSnew, draw.segments = FALSE, col.lines = c(1:30))
```

图4.13中展示了 radius、draw.segments 和 col.lines 等不同参数的星图绘制效果。

4.1.2 低级绘图函数

有时，无法用高级绘图功能生成所需绘图。此时，可使用低级绘图函数向当前图形添加额外信息（如点、线或文本）。

表4.1列出了常用低级绘图函数。

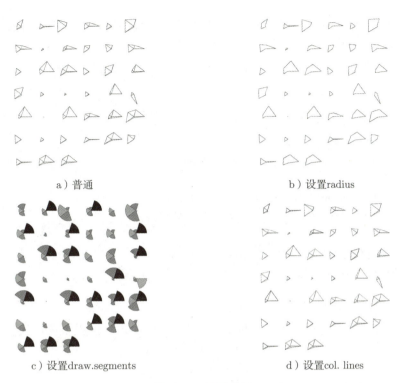

图 4.13 星图示例

表 4.1 常用低级绘图函数

函数名	功能
points(x,y)	散点图添加点
lines(x,y)	添加线
text(x,y,labels,⋯)	在 (x,y) 处添加用 labels 指定的文字
mtext(text,side=3,line=0,⋯)	在边空添加用 text 指定的文字
segments(x0,y0,x1,y1)	从 (x0,y0) 各点到（x1,y1）各点画线段
arrows(x0,y0,x1,y1,⋯)	同上，但添加箭头
abline(a,b)	绘制斜率为 b 和截距为 a 的直线
abline(h=y)	在纵坐标 y 处画水平线
abline(v=x)	在横坐标 x 处画垂直线
rect(x1,y1,x2,y2)	绘制长方形，(x1,y1) 为左下角，(x2,y2) 为右上角
polygon(x,y)	绘制连接用 x 和 y 坐标确定的点的多边形
legend(x,y,legend)	在点 (x,y) 处添加图例，说明内容由 legend 给定
title()	添加标题，也可添加一个副标题
axis(side,vect)	画坐标轴
box()	在当前的图上加边框
rug(x)	在 x 轴上用短线画出 x 数据的位置

R 中还可使用 expression() 函数向图形中添加简单的数学符号或公式。text()、

axis()、title() 和 legend() 等使用字符串作为参数的位置均可用 expression() 函数和 latex 表达式代替。

简单的数学表达式作为参数，代码如下：

```r
x <- seq(-4, 4, len = 101)
y <- cbind(sin(x), cos(x))
matplot(x, y, type = "l", xaxt = "n",
    main = expression(paste(plain(sin) * phi, " and ",
                            plain(cos) * phi)),
    ylab = expression("sin" * phi, "cos" * phi), # 只取第一个
    xlab = expression(paste("Phase Angle", phi)),
    col.main = "blue")
axis(1, at = c(-pi, -pi/2, 0, pi/2, pi),
    labels = expression(-pi, -pi/2, 0, pi/2, pi))
```

绘制的图形如图 4.14 所示。

更为复杂的数学表达式，可以借助 latex2exp 包实现，这里不再详述。

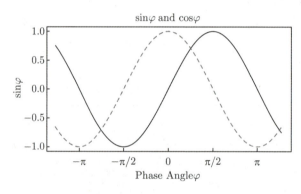

图 4.14　数学表达式示例

4.1.3　交互式绘图函数

R 还提供了允许用户使用鼠标提取或添加信息到绘图的功能。其中最简单的是 locator() 函数，该函数返回鼠标左键在图中单击处的坐标 x 和 y，基本语法如下：

```r
locator(n, type)
```

选取 n 个坐标点（默认为 512 个）后或者单击鼠标右键可以退出选取模式。

下面首先绘制一个简单图形，然后在左键单击后输出一段文字，代码如下：

```r
plot(1:10)
text(locator(1),"locator真厉害！",cex = 2,col="red")
#结合text函数，可以在鼠标单击处添加文本
```

运行结果如图4.15所示。

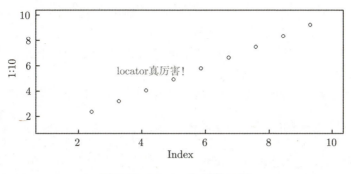

图 4.15　locator() 函数示例

另外一个常见的交互式函数是 identify() 函数，基本语法如下：

```
identify(x, y, labels = name, plot = TRUE)
```

下面绘制一个简单图形后用鼠标单击 8 号点（对应标号为字母 h），代码如下：

```
x = 1:10
y = x^2
name = letters[1:10]
plot(x, y)
identify(x, y, labels = name, plot = TRUE)
## [1] 8
```

运行结果如图4.16所示。

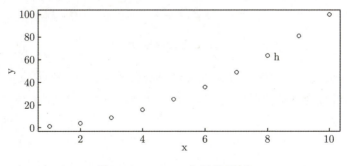

图 4.16　identify() 函数示例

▲ 注意：locator() 函数和 identify() 函数均支持按〈Esc〉键退出鼠标选取模式。

4.1.4　使用图形参数

R 软件提供了大量图形参数来控制线条样式、颜色、图形排列和文本对齐等。

首先需要了解 R 绘图所占的区域。一般来说，R 绘图所占的区域被分成外围边距 (outer margin) 和绘图区域两大部分，其中绘图区域又包括图形区 (figure region) 和绘制区 (plot region) 两个区域，如图4.17所示。

主要的图形显示在绘制区，轴和绘图边框显示在虚线处。外围边距一般默认为 0，在坐标轴标签很长等情况下可以调整。

全局图形函数 par() 用于访问和修改当前图形设备的图形参数列表，例如：

```r
# 不带参数的par()返回当前图形设备的图形参数列表
par()
# 设置图形颜色和直线类型等参数
par(col = 4, lty = 2)
```

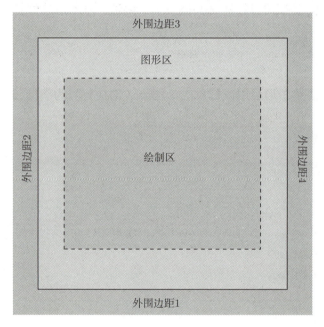

图 4.17　R 绘图区域划分

使用 par() 函数设置图形参数会永久更改参数的值，从某种意义上说，未来对图形函数的所有调用都会受到新值的影响。

par() 函数常用参数包括：

1）mfcol: mfcol=c(3,2)，以列的方式分割图形界面，3 行 2 列。

2）mfrow: mfrow=c(2,4)，以行的方式分割图形界面，2 行 4 列。

3）mfg: mfg=c(2,2,3,2)，图片在 3 行 2 列的图形界面中的第 2 行，第 2 列的位置。

4）mar: mar=c(a,b,c,d)，设置绘制区与图形区底部、左边、上部、右边的距离，单位是文本行数。

5）mai: mai=c(a,b,c,d)，设置绘制区与图形区底部、左边、上部、右边的距离，单位是英寸。

6）mgp：mgp=c(a,b,c)，设置坐标轴标题、刻度标签和坐标轴线到绘制区的距离，单位是文本行数。

图4.18绘制了一个 2 行 3 列的网格图形，其代码如下：

```
par(mfrow=c(2,3), mar=c(2,5,2,1), las=1, bty="n")
#若改用mfcol按列划分后，图形位置顺序改变，其余和mfrow结果相同
#par(mfcol=c(2,3), mar=c(2,5,2,1), las=1, bty="n")
plot(JS$height,main="第一个")
plot(JS$height, JS$weight,main="第二个")
plot(JS$height, type= "b",main="第三个")
plot(JS$height, type= "s",main="第四个")
plot(JS$height, type= "h",main="第五个")
boxplot(JS[,6:8], main="多个箱线图")
```

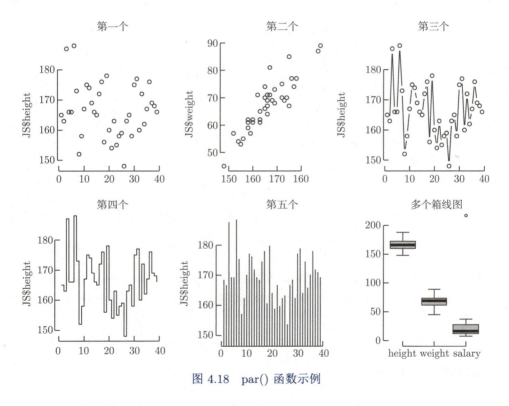

图 4.18 par() 函数示例

更复杂的多个图形排列可通过 split.screen() 函数、layout() 函数和 R 语言的 lattice 包实现。

4.1.5 图形保存

R 语言保存图形大致分为两种方式：一是借助 RGui 或 RStudio 软件保存，二是通过代码命令保存。

在 RGui 的图形中,单击鼠标右键,可以通过菜单命令保存图形,而在 RStudio 软件中可以使用交互窗口中的 export 按钮,选择保存图形的格式和大小。

如果一次要循环画出多张图形,建议通过代码命令保存。R 支持的格式包括 PDF、PostScript、Xfig、pictex、cairo_PDF、cairo_PS、SVG、PNG、JPEG、BMP、TIFF 等。

R 保存绘图代码分为三个步骤:

```
# 1. 打开图形设备文件,涉及图形保存的格式及文件名信息,注意不能写错对应的后缀
pdf("my_plot.pdf")
# 2. 绘图,可以写很多行代码
plot(rnorm(20))
# 3. 绘制完图形后务必关闭图形设备
dev.off()
```

可以更改输出图形的默认格式,例如:

```
# 定制输出
pdf("my_plot.pdf",          # 文件名
    width = 8, height = 7, # 宽度和高度(以英寸为单位)
    bg = "white",           # 修改背景颜色
    colormodel = "cmyk"     # 颜色模型
    paper = "A4")           # 纸张
# 绘图
plot(rnorm(20))
# 关闭图形设备
dev.off()
```

▲ **注意**:PDF、PostScript、SVG 等格式是矢量图,放大或缩小均不影响其清晰度;对于 PNG、JPEG、BMP、TIFF 等其他格式,可利用 `res`、`pointsize` 等参数调整清晰度。

4.2 ggplot2 绘图包

ggplot2 是一个用来绘制统计图形或数据图形的 R 包,由 Hadley Wickham 创建。与大多数其他图形软件包不同,ggplot2 基于 Leland Wilkinson 的图形语法而构建,允许通过不同的组件来组合图形,这使得 ggplot2 作图功能非常强大。目前,ggplot2 是 `tidyverse` 包的核心成员之一。

需要先安装并加载 ggplot2 包,代码如下:

```
library(ggplot2)
# 也可通过tidyverse加载
#library(tidyverse)
```

4.2.1 ggplot 语法

自然语言的语法定义了将单词和短语结构化为有意义表达的规则。图形语法则定义了将数学和美学元素构建为有意义图形的规则。ggplot2 图形语法主要包括如下几个基本元素：

1）Data（数据）：映射到图形美学特征的变量。
2）Geoms（几何）：图形上的对象/形状。
3）Stats（统计）：汇总数据的统计转换（例如平均值、置信区间）。
4）Scales（比例）：美学值到数据值的映射。
5）Coordinate（坐标系）：在图形上映射数据的平面。
6）Faceting（分面）：将数据拆分为子集以创建同一图形的多个变体（面板）。

与基础绘图函数不同，ggplot2 使用数据框（data.frame）而不是单个向量绘制图形。由于数据框可以用来存储数值、字符串、因子等不同类型的数据，把数据放在同一个数据框对象中可以避免使用过程中数据关系的混乱，而且便于数据外观的整理和转换。

4.2.2 ggplot 绘图函数

ggplot() 函数是 ggplot2 包的核心绘图函数，绘制图形一般都以 ggplot() 函数开头（注意不是包的名称 ggplot2）。随着 ggplot() 的使用越来越简单，快速绘图函数 qplot() 目前已经很少被使用，这里不再介绍。

下面我们用 JSdata.csv 数据集介绍 ggplot() 函数用法，基本语法为：

```
JS = read.csv("JSdata.csv", header = T)
```

1. 基本设置

在添加几何图层之前，下面的操作只绘制空白的 ggplot 绘图边框，不会绘制任何图形。

```
ggplot(JS)    # 只知道数据名称
ggplot(JS, aes(x = height))    # 只知道X轴，通过相应的几何参数指定Y轴
ggplot(JS, aes(x = height, y = weight))    # 知道X轴和Y轴
ggplot(JS, aes(x = height, color = title))    # 不同的title变量赋值不同的颜色
```

aes 表示美学参数。ggplot2 认为 X 轴和 Y 轴，以及颜色、大小、形状、填充等都属于美学。如果想固定图形的颜色、大小等（即不根据数据框中的变量变化），则需要在 aes 参数之外进行指定，例如：

```
# 不绘制图形，只绘制边框
ggplot(JS, aes(x = height), color = "steelblue")
```

绘制结果即 ggplot 空白图如图 4.19 所示。

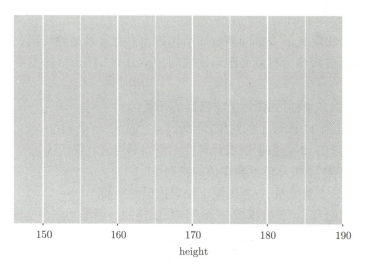

图 4.19　ggplot 空白图

2. 几何图层

上述基本设置完成后，可以添加 geom 几何图层，ggplot2 支持的 geom 类型主要包括：

1）geom_point()：散点图、点图等。

2）geom_boxplot()：箱线图。

3）geom_line()：趋势线、时间序列等。

4）geom_bar()：条形图。

5）geom_density()：密度图。

6）geom_histogram()：直方图。

7）geom_text()：文本。

我们首先添加两个图层（geom）：geom_point 和 geom_line，代码如下：

```
ggplot(JS, aes(x = height, y = weight, color = title)) +
  geom_point() + geom_line()
# 添加散点图和趋势线
```

由于 X 轴、Y 轴和颜色是在 ggplot 设置中定义的，因此这两个图层继承了这些 aes 参数。当然，也在几何图层中自行指定这些 aes 参数，例如：

```
ggplot(JS) + geom_point(aes(x = height, y = weight, color = title)) +
  geom_line(aes(x = height, y = weight, color = title))
```

上述两种方式的运行结果相同，如图 4.20 所示。

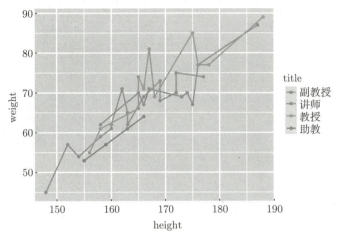

图 4.20　ggplot 加两个图层

这里，ggplot2 中直接用数据框中的分类列变量来决定图形元素的外观，这个过程在 ggplot2 中称为映射（mapping），无需用户额外增加代码。

3. 添加标题

现在，我们已经绘制了图形的主要部分。如果希望添加绘图的主标题，并更改 X 轴和 Y 轴标题，可使用 labs 层和 theme 来完成，前者用于指定标签，后者用于控制标签大小、颜色，例如：

```
ggplot(JS) + geom_point(aes(x = height, y = weight, color = title)) +
  labs(title = "散点图", x = "身高", y = "体重")
```

运行结果如图 4.21 所示。

4. 变更主题

调整标签大小可以使用函数 theme() 的参数 plot.title、axis.text.x 和 axis.text.y 完成。这些参数的设置要使用 element_text() 函数，例如：

```
gg=ggplot(JS)+
  geom_point(aes(x=height,y=weight,color=title))+
    labs(title="散点图", x="身高", y="体重")
gg1=gg+ theme(plot.title=element_text(size=30, face="bold"),
              axis.text.x=element_text(size=15),
              axis.text.y=element_text(size=15),
```

```
                axis.title.x=element_text(size=25),
                axis.title.y=element_text(size=25))+
scale_color_discrete(name="职称")
print(gg1)
```

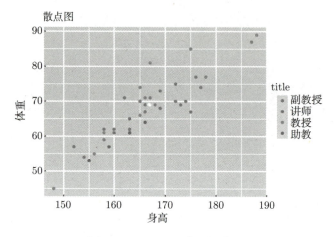

图 4.21　ggplot 添加图层标题

图4.22展示了在现有图像上添加标题和坐标轴标签以及改变图例标题的效果。

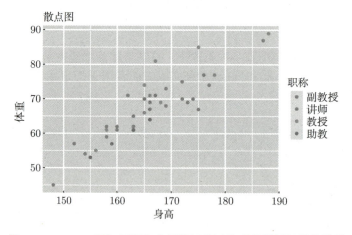

图 4.22　ggplot 添加标题和坐标轴标签以及改变图例标题的效果

⚠ **注意**：如果想在函数中使用ggplot图像，就需要显式地保存它，然后使用 `print()` 函数打印。

如果图例显示基于因子变量的形状属性，则需要使用离散型函数 `scale_shape_discrete(name="图例名称")` 进行更改。对于连续变量，需要使用连续型函数`scale_shape_continuous(name=" 新图例名称")` 更改图例名称。

除了基本的 `ggplot2` 主题外，我们还可以使用内置主题更改绘图的外观等，内置主题包括：`theme_gray()`、`theme_bw()`、`theme_linedraw()`、`theme_light()`、`theme_` minimal()、theme_classic() 和 theme_void() 等。例如：

```
gg1 + theme_bw() + labs(title = "bw Theme")
```

图4.23所示为更改绘图的背景后的效果。

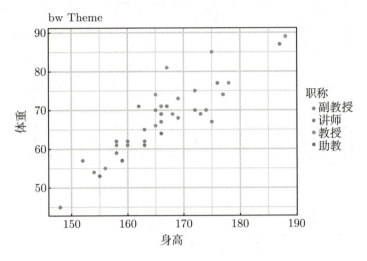

图 4.23 ggplot 变更主题

5. 分面

将数据分组后绘制图形，对于比较不同数据的趋势非常有帮助，为此，ggplot2 提供了分面函数 facet_wrap()，它可以根据数据类别按照行、列或矩阵分面的方式将散点图和柱状图等分组并放到同一面板内展示。

facet_wrap() 的基本语法如下：

```
facet_wrap(
  facets, nrow = NULL, ncol = NULL,
  scales = "fixed", shrink = TRUE,
  labeller = "label_value", as.table = TRUE,
  switch = NULL, drop = TRUE, dir = "h",
  strip.position = "top"
)
```

其中，facets 表示行或列维度上的分面组，一般由 vars() 引用的变量及表达式指定，也可由 R 语言公式定义，如 ~gender 表示用性别变量分类数据；nrow 表示绘制图形的行数；ncol 表示绘制图形的列数；drop 表示空数据组是否绘图，默认不绘图。

下面按 title 分组并展示，对每个职称绘制一个对应的散点图：

```
gg + facet_wrap(~title, ncol = 2)
```

运行结果如图 4.24 所示。

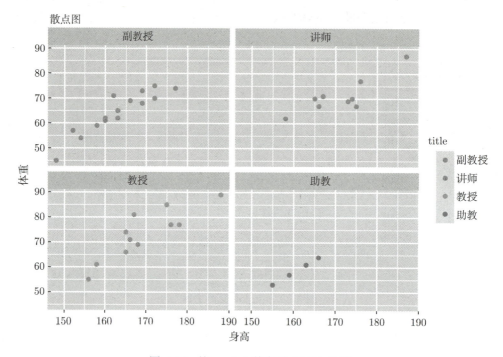

图 4.24　按 ggplot 单变量 (title) 分组

可以再增加一个变量 gender 来分组：

```
gg + facet_wrap(~title + gender, ncol = 2)
```

图4.25展示了两个分组变量的身高、体重散点图。由于 drop 参数默认为 TRUE，"助教"+"男"的分组数据为空，对应的分组图形并未显示。

6. 设置比例

比例函数允许用户控制每种美学的比例，例如 scale_aesthetic_suffix()，其中 aesthetic 是美学的名称（如颜色、形状和 x）；suffix 是定义比例功能的描述性词。

下面的代码使用 scale_color_manual() 函数来指定颜色（非默认颜色）：

```
ggplot(JS, aes(x = height, y = weight, color = title)) +
  geom_point() + scale_color_manual(values = c("red",
  "yellow", "green", "blue"))
```

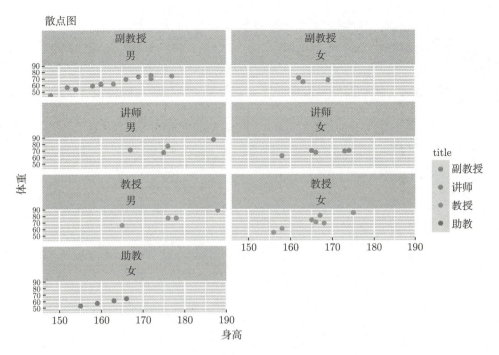

图 4.25　ggplot 双变量 (title 和 gender) 分组

颜色由默认值变更为 "红" "黄" "绿" 和 "蓝" 等指定颜色，如图 4.26 所示。

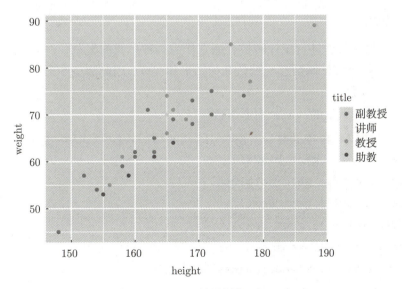

图 4.26　ggplot 设置颜色（scale）

我们还可以使用 scale_y_continuous() 函数的 break 参数，沿 y 轴放置刻度线：

```
ggplot(JS, aes(x = height, y = weight, color = title)) +
  geom_point() + scale_color_manual(values = c("red",
```

```
"yellow", "green", "blue")) + scale_y_continuous(breaks = c(50,
55, 60, 65, 70, 75, 80, 85, 90, 95, 100))
```

从图4.27可见，y 轴刻度线已经调整了，这样能更清楚地反映体重变量的分布情况。

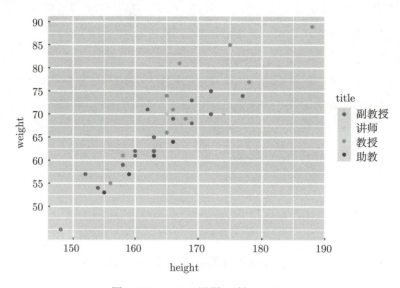

图 4.27　ggplot 设置 y 轴（scale）

7. 统计函数

stat() 函数对数据进行统计转换，通常作为某种形式的汇总，例如平均值、标准设计或置信区间。每个统计函数都与默认几何图形相关联，因此渲染图形时一般不需要设定几何图形 geom 参数。

stat() 函数和默认的 geom 图形函数包括：

1）stat_bin(): geom_bar(), geom_freqpoly(), geom_histogram()。
2）stat_bin2d(): geom_bin2d()。
3）stat_bindot(): geom_dotplot()。
4）stat_binhex(): geom_hex()。
5）stat_boxplot(): geom_boxplot()。
6）stat_contour(): geom_contour()。
7）stat_quantile(): geom_quantile()。
8）stat_smooth(): geom_smooth()。
9）stat_sum(): geom_count()。

stat_summary 是汇总函数，它可以操作映射到 y 的每个变量 x。默认汇总函数为 mean_se()，默认几何图形是 geom_pointrange()：对于每个 x 值，生成映射到 y 的平均值（点）和标准误差（线）图。

下面是绘制不同职称（x）的收入（y）的平均值和方差情况的 R 代码：

```
# 对每一个 year (x)汇总salary (y)
ggplot(JS, aes(x = title, y = salary)) + stat_summary()
## No summary function supplied, defaulting to
## mean_se()
# 也可以指定汇总函数 stat_summary(fun = 'median',
# colour = 'red', size = 2, geom = 'point')
```

运行结果如图 4.28 所示。

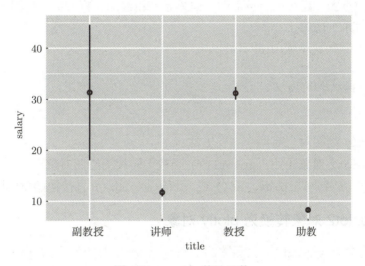

图 4.28 ggplot 统计函数

从图4.28可以看出，JS 数据中教授的平均工资和副教授的平均工资相当，但教授的工资更加稳定，教授、副教授的平均工资明显高于讲师和助教的平均工资。

8. 保存 ggplot2 图形

使用 ggsave() 函数保存绘图比较简单，默认情况下保存显示的最后一个图，也可以把已有的 R 对象保存为图形文件，基本语法如下：

```
ggsave(filename, plot = last_plot(), device = NULL, path = NULL,
  scale = 1, width = NA, height = NA, units = c("in",
    "cm", "mm", "px"), dpi = 300, limitsize = TRUE,
  bg = NULL, …)
```

ggsave() 从文件扩展名猜测文件的格式，可用的文件类型有 EPS/PS、tex（pictex）、PDF、JPEG、TIFF、PNG、BMP、SVG 和 WMF 等，例如：

```
# 把最后一个显示的图形保存为PDF格式
ggsave("myplot.pdf")
```

```
# 把gg1保存为PNG文件
ggsave("myplot2.png", plot = gg1)
```

4.3 增强型绘图 plotly 包

plotly 是一个基于 JavaScript 的开源增强型绘图工具库,它可用于制作各种图形,包括折线图、散点图、面积图、条形图、误差条、箱线图、直方图、热图、子图、多轴和 3D(基于 WebGL)图等。

以下命令可以安装并调用 plotly:

```
# install.packages('plotly')
library(plotly)
```

创建 plotly 绘图对象有两个主要方法:
1)将 ggplot2 对象(用 ggplotly() 函数)转换为绘图对象。
2)使用 plot_ly()、plot_geo() 或 plot_mapbox() 直接初始化绘图对象。

4.3.1 将 ggplot2 对象转换为 plotly 对象

plotly 包中的 ggplotly() 函数能够将 ggplot2 对象转换为 plotly 对象,对于快速向现有 ggplot2 工作流程添加交互性非常有帮助。

下面依旧采用 JS 数据集来探索 height 与 weight 变量之间的关系:

```
p <- ggplot(JS, aes(x = height, y = weight)) + geom_point(aes(color = title)) +
  xlab("身高") + ylab("体重") + ggtitle("JS数据身高体重分布")
ggplotly(p)
```

图4.29展示了先用 ggplot() 函数绘制 JS 数据身高、体重两个散点图,再用 plotly 转换后的结果。从图4.29中可以看到,将鼠标悬停在每个点上时,对应的 height、weight 和 title 将会显示在文本框中。

4.3.2 直接创建 plotly 对象

plot_ly() 函数基本语法如下:

```
plot_ly(data, x, y, z, type, mode,…)
```

其中 x、y、z 表示各轴数据;type 表示图形的类型,包括点图、柱状图和热图等,例如:

```
plot_ly(data = JS, x = ~height, y = ~weight, color = ~title,
  symbol = ~title, type = "scatter", mode = "markers")
```

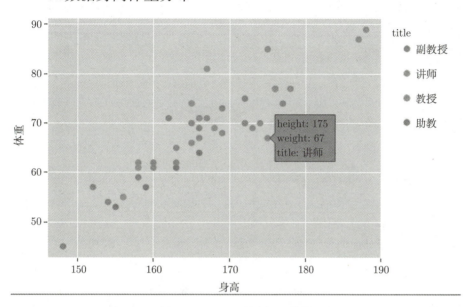

图 4.29　plotly 绘制 JS 数据

图4.30所示为直接用 plotly 绘制 JS 数据散点图的结果。

只需添加一个 z 变量，plot_ly() 就会知道如何在三个维度上渲染标记、线条和路径，下面是一个绘制基本 3D 图的例子：

```
require(plotly)
# ''%>%''表示把plot_ly的结果反馈给add_surface()函数
plot_ly(z = ~volcano) %>%
  add_surface()
```

%>%add_surface() 表示把 plot_ly 的结果反馈给 add_surface() 函数，其运行结果如图4.31所示。

下面的%>% 表示管道操作符。基本用法如下：

```
data %>%
  操作1 %>%
  操作2 %>%
  操作3 …
```

可以看出，管道操作符就是将一个操作的结果反馈到其后续的一个操作中。使用管道运算符后，代码非常易于阅读。

可以发现，无论是哪种方式构建的 plotly 对象图形，其顶部的功能栏均包括如下选项：

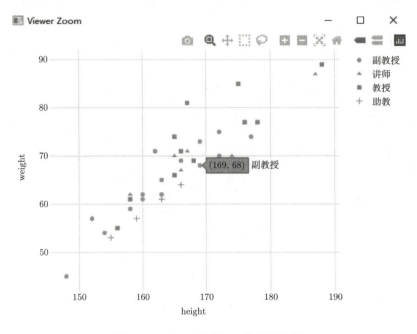

图 4.30　plotly 绘制 JS 数据散点图

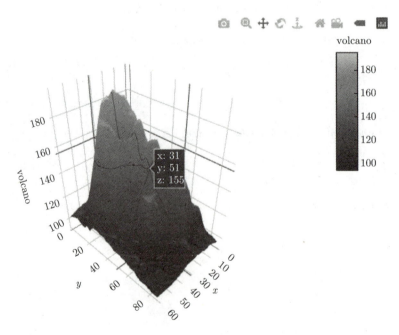

图 4.31　plotly 绘制 3D 图

1）将绘图另存为 PNG 格式。
2）放大绘图的特定区域。
3）平移绘图。
4）使用方框或套索选择一组特定的点。
5）放大/缩小。
6）自动缩放（如果设置了轴，则可以使用）。
7）重置为原始轴。
我们可以根据实际需要来选择相对应的功能。

4.4 交互式动态网页 Shiny 包

网页开发尤其是交互式动态网页的开发，有一定的开发门槛。在 R 软件中，我们可以使用 Shiny 包便捷地构建 Web 应用程序（ShinyApp），降低开发难度。使用 Shiny 包开发无需前、后端支持，也无需编程人员精通 HTML、CSS 或者 JavaScript 等网页开发语言。

4.4.1 Shiny 简介

Shiny 是由 R 驱动的交互式 Web 应用程序。其包有多个内置示例，每个示例都是一个独立的 Shiny 应用程序。

下面使用 "Hello Shiny" 探索 Shiny 应用程序的结构，并创建第一个 Shiny 应用程序：

```
library(Shiny)
runExample("01_hello")
```

"Hello Shiny" 示例（见图4.32）绘制了 R 的 "old faithful" 数据集的直方图，其中包含可配置的 bin 数量。

用户可以使用滑动条更改 bin 的数量，应用程序将立即响应并更新直方图。

4.4.2 Shiny 应用程序的结构

Shiny 应用程序结构基本相同，由一个包含 ui（用户界面）和 sever 的 app.R 文件组成。一般通过创建一个新目录并在其中保存一个 app.R 文件来创建 Shiny 应用程序。

app.R 文件从加载 Shiny 包开始，并以调用 shinyApp 结束，例如：

```
library(shiny)
# 有关 ui 和 server的定义，参见上文
ui <- ...
server <- ...
shinyApp(ui = ui, server = server)
```

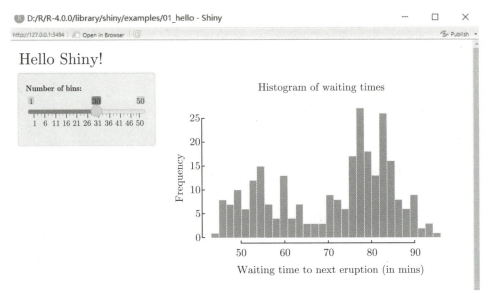

图 4.32　Hello Shiny 示例

可以看出，app.R 具有三个组件：

1）ui。

2）server 函数。

3）调用 ShinyApp 函数。

ui 对象控制应用程序的布局和外观。server 函数包含构建应用程序所需的指令。最后，ShinyApp 函数根据 ui 和 server 创建 Shiny 应用程序对象。

下面是 "Hello Shiny" 示例的 ui 对象：

```r
library(shiny)
# 为绘制直方图的APP定义ui:  ----
ui <- fluidPage(
  # App title ----
  titlePanel("Hello Shiny!"),
  # 具有输入和输出定义的侧边栏布局  ----
  sidebarLayout(
    # 用于输入的侧边栏面板  ----
    sidebarPanel(
      # 输入: bin 数量的slider ----
      sliderInput(inputId = "bins",
                  label = "Number of bins:",
                  min = 1,
                  max = 50,
                  value = 30)
    ),
```

```
    # 显示输出的主面板 ----
    mainPanel(
      # 输出: 直方图 ----
      plotOutput(outputId = "distPlot")
    )
  )
)
```

"Hello Shiny" 示例的 server 函数如下:

```
# 定义绘制直方图所需的 server 函数
# ----
server <- function(input, output) {
  # 使用指定组距个数绘制 Old Faithful Geyser 数据直方图 ----
  # 表达式生成的直方图被包裹在renderPlot函数的调用中
  # 1.它是反应性的(reactive), 在输入(input$ bins)更改时会自动重新执行
  # 2.它的输出类型是一个图
  output$distPlot <- renderPlot({
    x <- faithful$waiting
    bins <- seq(min(x), max(x), length.out = input$bins +1)
    hist(x, breaks = bins, col = "#75AADB", border = "white",
      xlab = "Waiting time to next eruption (in mins)",
      main = "Histogram of waiting times")
  })
}
```

这里，"Hello Shiny" 的 server 函数非常简单，使用 ui 中传递的 bin 数量绘制直方图。可以看出，Shiny 的动态输出需要 ui 和 server 两部分共同完成:

1) server 向 ui 提供输出内容，ui 一般使用不同类型的 Output 函数（如 dataTableOutput、htmlOutput、plotOutput、tableOutput、textOutput）处理输出。

2) server 对数据的处理结果通过 output 列表参数传递给 ui，server 使用不同的函数完成不同类型的数据输出，如 renderText 负责输出文本，renderPlot 输出图像，renderTable 输出表格等。

4.4.3 编写简单的 Shiny 应用

首先，编辑 app.R，处理后的代码如下:

```
library(shiny)
# 定义用户界面
ui <- fluidPage(
```

```
)
# 定义 server 函数
server <- function(input, output) {

}
# 运行应用
shinyApp(ui = ui, server = server)
```

上面的代码是创建 Shiny 应用所需的最低代码,是一个具有空白界面的空应用程序,运行结果如图4.33所示。

图 4.33 空白界面 Shiny 应用程序

1. 布局

Shiny 使用 fluidPage() 创建显示,可根据用户浏览器窗口的尺寸自动调整 ui。在 fluidPage() 函数中放置元素(如文本、图片或者其他 HTML),可以修改 ui 的布局。

如果想为这个空白界面加上标题和侧边栏,可以将上方代码 ui 部分修改如下:

```
ui <- fluidPage(
  titlePanel("标题面板"),

  sidebarLayout(
    sidebarPanel("侧边栏"),
    mainPanel("主面板")
  )
)
```

运行结果如图4.34所示。

图 4.34 Shiny 面板

其中 sidebarLayout() 一般包含侧边栏面板函数 sidebarPanel() 和主面板函数 mainPanel()。侧边栏面板默认显示在应用界面的左边,可通过参数 position="right" 调整为右边显示。

titlePanel() 和 sidebarLayout() 是 Shiny 的基本布局。要创建更高级的布局,可以使用 navbarPage() 函数提供包含导航栏的多页界面,以便用 fluidRow() 和 column() 函数构建 grid 布局。

2. HTML 内容

Shiny 支持 HTML 格式,只需把相应 tag 内容(文本、图片等)放到 sidebarPanel()、mainPanel() 等面板函数中即可。

```r
ui <- fluidPage(
  titlePanel("标题面板"),

  sidebarLayout(
    sidebarPanel("侧边栏"),
    mainPanel(
      h1("一级标题"),
      img(src = "rshiny.png", height = 140, width = 400),
      h6("六级标题")
    )
  )
)
```

3. 添加控件

Shiny 应用程序的许多功能都是通过一个个控件(widget)实现的,用户通过控件向应用程序传递信息,如利用 actionButton 控件创建动作按钮,利用 sliderInput 控件创建滑块等。

添加控件,就是将这些控件对应的函数像添加 HTML 内容一样添加到 sidebarPanel() 或 mainPanel(),例如:

```r
ui <- fluidPage(
  titlePanel("标题面板"),

  sidebarLayout(
    sidebarPanel(
      helpText("侧边栏显示"),
      selectInput("checkBox1",
                  label = "显示需要展示的变量",
                  choices = list("A"=1,
                                 "B"=2)
      ),
      sliderInput("sliderInput",
                  label = "取值范围",
```

```
                    min = 0, max=100, value = c(0,100), step=10)
    ),
    mainPanel(
      h1("一级标题"),
      textOutput("selected_var"),
      h6("六级标题")
    )
  )
)
```

上面的 textOutput 参数是 "selected_var"。其实，每个以 Output 结尾的函数都需要一个字符串参数作为反应元素。此时，得到的 Shiny 界面如图4.35所示。

图 4.35　Shiny 界面示例

上面的 ui 对象中，已经初步确定了输入的用户界面（selectInput、sliderInput）和输出用户界面（textOutput）。现在我们使用 server 函数将考虑如何处理这些输入，并形成输出。

server 函数在 Shiny 中起着特殊作用，它处理 input 列表中的对象，并生成 output 列表对象。在下面的 server 函数中，output$selected_var 匹配 ui 中的 textOutput（"selected_var"）部分：

```
server <- function(input, output) {
  output$selected_var <- renderText({
    paste("取值是", input$sliderInput[1])
  })

}
```

Shiny 代码会时刻监视输出 selected_var 对应的控件 sliderInput 的值，当用户更改 sliderInput 控件值时，Shiny 会自动更新该控件关联的所有输出，从而实现对特定对象的响应（reactivity），对应的界面如图4.36所示。

图 4.36　Shiny 响应示例

有时实时响应会导致程序运行缓慢，为此，我们可以使用 `observeEvent` 来延迟响应（如按下某个按钮）。

这里，我们只介绍了简单的 Shiny 应用，读者可以访问 Shiny 的官方库 `https://shiny.rstudio.com/gallery/`，来了解更多复杂的 Shiny 应用代码。

4.4.4　运行 Shiny 应用程序

本地运行 Shiny 应用程序比较简单，只需将本地目录名称提供给 `runApp()` 函数即可。假设 Shiny 应用程序位于工作目录下的 "my_app" 的目录中，则运行代码为：

```
library(shiny)
runApp("my_app")
```

除了可以在本地运行 Shiny 应用程序外，Shiny 还提供了 `runUrl()`、`runGitHub()` 和 `runGist()` 等多种方式运行在线的 Shiny 应用程序。

要使用 `runUrl()` 函数通过网址运行 Shiny 应用程序，首先将 Shiny 应用程序目录压缩为 `zip`、`tar` 或 `tar.gz` 文件，再上传到指定网址，Shiny 应用程序文件（包含 server 函数和 ui 函数的 R 文件）应保存在文档的根目录或子目录中，如 `shinyapp/server.r`、`shinyapp/ui.r`。

假设 Shiny 应用程序压缩文件为 `main.zip`，对应文件包含在 `inst/shinyapp/` 子目录中，对应的代码如下：

```
library(shiny)
runUrl("https://github.com/rstudio/shiny_example/archive/main.zip",
  subdir = "inst/shinyapp/")
```

此时，RStudio 将首先下载指定网站的压缩文件，解压缩于本地临时文件夹（或 `destdir` 参数指定的文件夹）后，再运行对应的 Shiny 应用程序。

函数 runGitHub() 和 runGist() 实际上是基于 runUrl() 函数开发的，它们分别调用来自 GitHub（https://github.com）和 Gist（https://gist.github.com）的 URL。

如果 Shiny 应用程序已经上传到 Github，则可以用下面的方法运行：

```
library(shiny)
runGitHub("<your repository name>", "<your user name>")
```

GitHub 提供了粘贴板服务，该服务用于在 gist.github.com 中共享文件，可以用匿名的方式在线发布文件。用户上传文件，创建 gist 成功后，也可以使用 runGist("<gist number>") 启动应用程序，其中 gist number 是出现在 Gist 网址末尾的数字，例如：

```
library(shiny)
runGist("eb3470beb1c0252bd0289cbc89bcf36")
```

如果希望没有安装 R 的用户也可以访问该 Shiny 应用程序，那么必须将文档部署到服务器上或使用 RStudio 提供的托管服务（https://shinyapps.io），这里不再详述。

4.5 本章小结

本章是关于 R 的图形可视化的讨论，主要介绍了 R 语言基本绘图知识、ggplot2 绘图包、plotly 绘图增强包和交互式网页 Shiny 包的基本用法。

为方便读者，现汇总本章涉及的主要 R 函数，见表4.2。

表 4.2 本章涉及的主要 R 函数

函数名	功能
plot()	R 基本绘图
par()	设置图形参数
stem()	绘制茎叶图
boxplot()	绘制箱线图
hist()	绘制直方图
density	核密度估计函数
barplot()	绘制条形图
dotchart()	绘制点图
star()	绘制星图
ggplot()	ggplot2 核心绘图函数
ggsave()	保存 ggplot2 图形函数
plotly()	plotly 绘图函数
ggplotly()	绘图转换函数

4.6 练习题

1. 用 plot() 函数探索不同类型的线和点的可能性。尝试变化图形的符号、线型、线宽和颜色。

2. 怎样把两个 qqnorm 图绘制在同一绘图区域上？如果试着用 type="1" 生成一幅图，将出现什么错误？如何避免这个错误？

4.7 实验题

1. 绘制数据 JSdata.csv 身高、体重、薪资的散点图，数据点形状为实心三角形，数据点颜色为黄色。

2. 绘制数据 JSdata.csv 身高、体重、薪资的箱线图（要求指定颜色和缺口）。

3. 绘制数据 JSdata.csv 身高、体重、薪资的直方图、柱状图、饼图、茎叶图、Q-Q 图。

4. 用 Shiny 实现对 JSdata.csv 的展示，展示两个图(图形类型自选)和一个表格。

第 5 章 R 语言随机抽样和随机数

随机化太重要了，不能任凭运气。

——*James D. Petruccelli*（统计学家）

随机变量的相关计算与随机抽样都是统计学中常用的工具和方法。无论是在理论推导中还是在实际应用中，都常常需要对数据的分布进行假定，产生已知分布的随机数或者验证观测样本的分布情况。这都离不开随机抽样的方法。在统计分析和统计计算中，随机抽样和生成随机数是非常重要的环节。

本章首先介绍 R 语言生成常用分布数据和计算概率的方法。接着介绍常用的随机抽样方法，其中针对仅知道分布函数的情形，还介绍了逆变换法、取舍法等随机抽样方法。最后作为随机数生成的应用，本章利用随机模拟的方法进行了参数估计，并验证了统计学中的一些基础结论。

5.1 随机变量分布

要对数据的总体情况做全面的描述，就要研究随机变量的分布。常见随机变量分布包括两点分布、二项分布、泊松（Poisson）分布、均匀分布、正态分布、指数分布、卡方（χ^2）分布、t 分布和 F 分布等。R 语言提供了计算典型分布的分布函数、分布列或概率密度函数，以及分布函数的反函数。常见分布和对应的 R 函数见表5.1。

上述各类表示分布的函数前分别加 d、p、q、r 前缀可实现对应功能，其中：d 表示密度函数（density）；p 表示分布函数（生成相应分布的累积概率密度函数）；q 表示分位数函数，能够返回特定分布的分位数（quantile）；r 表示随机函数，可生成特定分布的随机数（random）。

下面举几个例子简单说明分布函数、密度函数等的用途。

例如，假设 X 服从二项分布，参数为 $n = 20, p = 0.2$，计算 $X = 5$ 的概率，代码如下：

```
# X~B(20,0.2),P(X=5)
dbinom(5, 20, 0.2)   # 前缀d表示目的为求分布列，后缀binom确定
# 分布为二项分布，组合成二项分布对应的分布列
## [1] 0.1746
```

表 5.1 常见分布和对应的 R 函数

分布	R 函数
二项分布	binom(size, prob)
泊松分布	pois(lambda)
几何分布	geom(prob)
多项分布	multinom(size, prob)
超几何分布	hyper(N, m, n)
负二项分布	nbinom(size, prob)
均匀分布	unif(min, max)
正态分布	norm(mean, sd)
指数分布	exp (rate)
伽马分布	gamma(shape, scale)
贝塔分布	beta(shape1, shape2,ncp)
t 分布	t(df, ncp)
Pearson 分布	chisq(df,ncp)
Weibull 分布	weibull(shape, scale)
Cauchy 分布	cauchy(location, scale)

如果想要计算 $P(X \leqslant 5)$ 的概率，那么就要利用分布函数了，代码如下：

```
# X~B(20,0.2), P(X<=5)
pbinom(5, 20, 0.2)
# p表示分布函数，binom表示二项分布，组合成二项分布对应的分布函数
## [1] 0.8042
```

对于正态分布，如 $X \sim N(0,1)$，计算 $P(X < 0)$。代码如下：

```
# 分布函数对应前缀为p，正态分布对应为norm，组合成pnorm()
pnorm(0)
## [1] 0.5
```

不同的分布对应不同的参数形式和个数，本节不再详细介绍。在 R 中输入 "?函数名" 即可查看对应函数的帮助文档，结合已知的统计知识，相信读者一定可以轻松确定每个参数的含义！

5.2 随机抽样

在绝大多数情况下收集数据过程中，并不采取普查的方式获取总体中所有样本的数据信息，而是以各类抽样方法抽取其中若干具有代表性的样本，从而进行数据获取和分析。在获得待分析数据集后，需要再次通过抽样技术选取出训练集和测试集，以便比较、选择出最优的统计模型。

这里主要介绍简单随机抽样、分层抽样、整群抽样三种基本抽样方法。其中，分层抽样也叫作类型抽样，是指将总体单位按其属性特征分成若干类型或层，然后在类型或层中随机抽取样本单位；整群抽样又称为聚类抽样，首先将总体中各单位归并成若干个互不交叉、互不重复的集合（群），然后以群为抽样单位抽取样本。

这里介绍 R 基础包中自带的简单随机抽样方法，以及 sampling 包中实现的分层抽样、整群抽样方法。

R 语言自带的简单随机抽样函数是 sample()，基本语法如下：

```
sample(x, size, replace = FALSE, prob = NULL)
```

参数 x 表示待抽取对象；size 表示想要抽取的样本数量；replace 表示是否有放回，默认为 FALSE，即无放回；prob 表示设置的抽取样本的抽样概率，默认为无取值，即等概率抽样。

下面代码实现从 100 个整数中无放回随机抽取 70 个整数：

```
x <- c(1:100)
train_index <- sample(x, 70, replace = FALSE)
# replace用于控制抽样过程是否有放回
train_index  # 抽样原始数据下标作为训练集
##  [1]  38  77  58  44  93  49  37  32  99  53  75  26
## [13]  23  18  86 100  60  35  89  45  90  55  97  15
## [25]  13  10  57  70  73   6  59  41  39  76   2  40
## [37]  19  79   1  51  81  98  34  67  12  96  85  33
## [49]  72  65  95  94  21  68  87  17  88  24  69  36
## [61]  56  66  29  83  63  74  82  54  11  28
```

以 JS 数据集为例，有放回抽取 10 个数据进行分析的代码如下：

```
# 设置随机数的种子
set.seed(1235)
JS <- read.csv("JSdata.csv")
sampleindex = sample(nrow(JS), 10, replace = TRUE)
sampleindex
## [1] 27 12  3 37 14 36 28 13 35 12
```

在统计分析中，保证随机化结果的可重复性非常重要，在 R 中，我们可以用 set.seed() 函数来实现。set.seed() 函数用于设定随机数的种子，一个特定的种子可以产生一个特定的伪随机序列。一般只需要在调用随机函数（这里是 sample() 函数）之前设置一次随机数的种子即可。

运行上面的代码后，随机抽样的数据如下：

```
JS[sampleindex, ]
##          id    name gender      birth    title height
## 27  2021A027   李明     女    1991/1/1     助教    163
## 12  2021A012 张天鸿     女    1992/3/6     讲师    174
## 3   2021A003 朱德宗     男    1995/7/18    讲师    187
## 37  2021A037 周甜甜     女   1976/10/24  副教授    169
## 14  2021A014 高甜甜     女    1993/5/12    助教    166
## 36  2021A036   孙明     男    1985/9/21    讲师    176
## 28  2021A028   高度     女    1973/5/12    讲师    165
## 13  2021A013 孙德胜     男    1985/9/21  副教授    169
## 35  2021A035 丁欣欣     女   1976/10/25    教授    167
## 12.1 2021A012 张天鸿   女    1992/3/6     讲师    174
##       weight salary
## 27        61    8.3
## 12        70   10.2
## 3         87    9.7
## 37        68   24.9
## 14        64    8.9
## 36        77    9.6
## 28        70   11.4
## 13        73   16.4
## 35        81   28.9
## 12.1      70   10.2
```

由于采用了有放回抽样，因此得到数据的行部分可能有重复。上面示例中，原数据中序号为 12 的数据重复了一次，故抽样数据中重复行的序号为 12.1。如果序号为 12 的数据重复了三次，则抽样数据中对应重复行的序号为 12.1、12.2、12.3。

对于无放回抽样（默认值），情况有所不同，代码如下：

```
set.seed(1235)
JS <- read.csv("JSdata.csv")
sampleindex = sample(nrow(JS), 10)
sampleindex
##  [1] 27 12  3 14 28 13 38  5 33 23
```

这里，sampleindex 没有重复值。在无放回抽样中，抽样的大小不能超过样本量，否则会报错，例如：

```
sampleindex = sample(nrow(JS), 50)
# sample.int(x, size, replace, prob)报错 :
# cannot take a sample larger than the population
# when 'replace = FALSE'
```

分层抽样可用 sampling 包的 strata() 函数实现，基本语法如下：

```
strata(data, stratanames = NULL, size, method = c("srswor",
 "srswr", "poisson", "systematic"), pik, description = FALSE)
```

参数 data 表示待抽样数据；stratanames 表示分层所依据的变量名称；size 表示各层中要抽出的观测样本数；method 表示选择四种抽样方法，分别为无放回、有放回、泊松、系统抽样，默认为 srswor，即无放回；pik 表示设置各层中样本的抽样概率；description 表示选择是否输出含有各层基本信息的结果。

以 JS 数据集为例，按地区，每个职称抽取三人，代码如下：

```
#载入分层抽样的包sampling
library(sampling)
set.seed(1235)
strata(JS,stratanames=("title"),size=c(3,3,3,3),method="srswor")
##       title  ID_unit  Prob    Stratum
## 15    教授    15       0.2727  1
## 17    教授    17       0.2727  1
## 39    教授    39       0.2727  1
## 13    副教授  13       0.2000  2
## 16    副教授  16       0.2000  2
## 37    副教授  37       0.2000  2
## 7     讲师    7        0.3333  3
## 9     讲师    9        0.3333  3
## 10    讲师    10       0.3333  3
## 23    助教    23       0.7500  4
## 25    助教    25       0.7500  4
## 27    助教    27       0.7500  4
```

整群抽样可用 sampling 包的 cluster() 函数实现，基本语法如下：

```
cluster(data, clustername, size, method = c("srswor", "srswr",
 "poisson", "systematic"), pik, description = FALSE)
```

其中参数 clustername 表示用来划分群的变量名称，其余参数的含义和 strata() 函数中对应的参数含义一致。

下面以 title 为分群变量，用不放回简单随机抽样方法抽两个群，代码如下：

```
library(sampling)
set.seed(1235)
cluster(JS,clustername = ("title"), size=2,method="srswor", description=TRUE)
## Number of selected clusters: 2
```

```
## Number of units in the population and number of selected units: 39 15
##    title ID_unit Prob
## 1   教授      6  0.5
## 2   教授      1  0.5
## 3   教授     18  0.5
## 4   教授     15  0.5
## 5   教授     17  0.5
## 6   教授     30  0.5
## 7   教授     35  0.5
## 8   教授     19  0.5
## 9   教授     38  0.5
## 10  教授     39  0.5
## 11  教授     29  0.5
## 12  助教     14  0.5
## 13  助教     23  0.5
## 14  助教     25  0.5
## 15  助教     27  0.5
```

5.3 生成已知分布的随机数

R 语言生成随机数的方法有许多种，但是几乎所有产生随机变量的技术都是从生成一个或多个 [0,1] 区间均匀分布的伪随机数开始的，随后通过应用某种转换方法即可从 [0,1] 均匀分布随机数中生成非均匀分布的随机数。这里介绍利用 R 语言函数生成常用分布随机数的方法，并简单介绍如何利用逆变换法和舍选法生成给定分布下的随机数。

5.3.1 R 语言函数生成随机数

用 R 语言生成服从特定分布的随机数，可以直接调用对应的 R 语言函数来实现，即以 r 开头并加上对应分布作为后缀。

R 语言生成均匀分布随机数的函数是 runif()（随机数对应前缀为 r，均匀分布后缀为 unif，组合成 runif()），基本语法如下：

```
runif(n, min = 0, max = 1)    # 默认生成[0,1]均匀分布
```

参数 n 表示生成的随机数的数量，min 表示均匀分布的下限，max 表示均匀分布的上限。例如：

```
set.seed(123)
# 生成5个[2,10]均匀分布的随机数
runif(5, 2, 10)
# 默认生成5个[0,1]均匀分布的随机数
runif(5)
## [1] 4.301 8.306 5.272 9.064 9.524
## [1] 0.04556 0.52811 0.89242 0.55144 0.45661
```

生成二项分布随机数的函数是 `rbinom()`（随机数对应前缀 r, 正态分布为 binom, 组合成 `rbinom()`），基本语法如下：

```
rbinom(n, size, prob)
```

参数 n 表示生成的随机数的数量；size 表示进行伯努利试验的次数；prob 表示一次伯努利试验成功的概率。

正态分布随机数的生成函数是 `rnorm()`（随机数对应前缀为 r, 正态分布为 norm, 组合成 `rnorm()`），基本语法如下：

```
rnorm(n, mean = 0, sd = 1)
```

参数 n 表示生成的随机数的数量；mean 是正态分布的均值；sd 是正态分布的标准差，默认为标准正态分布。例如：

```
set.seed(123)
# 生成一个长度为3的向量，向量中的每个值都服从标准正态分布
rnorm(3)
# 产生5个N(150,6^2)的随机数
rnorm(5, 150, 6)
## [1] -0.5605 -0.2302  1.5587
## [1] 150.4 150.8 160.3 152.8 142.4
```

R 语言生成其他常见分布的随机数函数还包括：`rexp()`，即指数分布；`rgamma()`，即 Gamma 分布；`rmultinom()`，即多项分布；`rt()`，即 t 分布；`rchisq()`，即卡方分布；等等。读者可以根据需要选用。

▲ 注意：利用 `set.seed()` 设置随机数种子，保证试验的可重复性，这在统计分析中非常重要。

未设定随机数种子的结果如下：

```
x <- rnorm(10)   #随机生成10个随机数
x
x <- rnorm(10)   #再次随机生成10个随机数
```

```
x
##  [1] -0.6869 -0.4457  1.2241  0.3598  0.4008  0.1107
##  [7] -0.5558  1.7869  0.4979 -1.9666
##  [1]  0.7014 -0.4728 -1.0678 -0.2180 -1.0260 -0.7289
##  [7] -0.6250 -1.6867  0.8378  0.1534
```

设定随机数种子后的运行结果如下：

```
set.seed(10)   #设定种子
x <- rnorm(10) #随机生成10个随机数
x
set.seed(10)   #设定种子
y <- rnorm(10) #再次随机生成10个随机数
y
##  [1]  0.01875 -0.18425 -1.37133 -0.59917  0.29455
##  [6]  0.38979 -1.20808 -0.36368 -1.62667 -0.25648
##  [1]  0.01875 -0.18425 -1.37133 -0.59917  0.29455
##  [6]  0.38979 -1.20808 -0.36368 -1.62667 -0.25648
```

从上面的例子可以发现，未设定随机数种子时两次生成的 10 个随机数都不一样。在设定了相同的随机数种子的前提下，两次生成的 10 个随机数是相同的。

5.3.2 逆变换法生成随机数

逆变换法也称反函数法，是最常用、最简单的一种随机变量生成方法。

基于概率积分变换定理，如果 X 是分布函数为 $F(x)$ 的随机变量，且分布函数 $F(x)$ 为严格单调升函数，令 $Y = F(x)$，则 Y 为 $[0,1]$ 上均匀分布的随机变量。反之，若 Y 是 $[0,1]$ 上均匀分布的随机变量，那么 $X = F^{-1}(Y)$ 就是分布函数为 $F(x)$ 的随机变量，其中 F^{-1} 表示 F 的反函数。这就是随机变量生成的逆变换法。

下面给出连续型随机数逆变换法的生成步骤：

1）计算随机变量 X 的分布函数 $F(X)$；

2）在 X 的范围内，令 $F(X) = Y$，求分布函数的反函数 $X = F^{-1}(Y)$；

3）产生 n 个服从 $[0,1]$ 均匀分布的随机数 $y_1, y_2, \cdots, y_n$；

4）计算 $x_1 = F^{-1}(y_1), \cdots, x_n = F^{-1}(y_n)$。

则 $x_1, x_2, \cdots, x_n$ 是满足指定分布函数 $F(X)$ 的随机数。

例如，给定某指数分布的概率密度函数为

$$f(x) = \begin{cases} 3\mathrm{e}^{-3x}, & x > 0 \\ 0, & 其他 \end{cases} \tag{5.1}$$

采用逆变换法设计出该分布的随机变量的算法如下：

1）该随机变量的概率分布函数为 $F(x) = 1 - \mathrm{e}^{-3x}$。

2）令 $y = F(x)(x > 0)$，则随机变量的概率分布函数的反函数为 $x = -(1/3)\ln(1-y)$。
3）生成独立的 $U[0,1]$ 随机数 $u_1, u_2, \cdots, u_n$。
4）令 $x_i = -(1/3)\ln(1-u_i)$ 则 $x_1, x_2, \cdots, x_n$ 即所要求的随机数。

▲ **注意**：u 和 $1-u$ 同为均匀分布，因此产生 n 个参数为 lambda（此处为 3）的指数分布的 R 语言代码可以进一步简化为：

```
set.seed(123)
n = 10; lambda = 3
-log(runif(n))/lambda
## [1] 0.41542094 0.07929001 0.29803218 0.04147012 0.02045947
## [6] 1.02960066 0.21281974 0.03793983 0.19841043 0.26130509
```

逆变换法仅适用于生成分布函数具有反函数的随机数（如均匀分布、指数分布等），而不适用于生成类似于正态分布这种分布函数不具有反函数的随机数，同样也不适用于生成离散分布函数的随机数。

这里，介绍一种利用均匀分布生成满足伯努利分布的随机数的方法：
1）设伯努利分布中参数为 p（事件成功的概率）。
2）生成独立的 $U[0,1]$ 随机数 $u_1, u_2, \cdots, u_n$；
3）如果 $u_i < p$，则令 $x_i = 0$，否则 $x_i = 1, i = 1, 2, \cdots, n$。
R 语言代码如下：

```
set.seed(1234)
p <- 0.8
u <- runif(5)
x <- ifelse(u < p, 0, 1)
x
## [1] 0 0 0 0 1
```

利用上面的做法，我们可以给出离散型随机数的生成方法。假设某离散型随机变量的可能取值为 1,2,3,4，对应的概率分别是 0.2,0.15,0.25,0.4。下面给出用 R 语言生成 10 个随机数的代码：

```
set.seed(1235)
x <- rep(1, 10)
for (i in 1:10) {
  u = runif(1)
  if (u < 0.2)
    x[i] = 1 else if (u < 0.35)
    x[i] = 2 else if (u < 0.6)
    x[i] = 3 else x[i] = 4
}
```

```
x
## [1] 2 3 1 4 4 3 3 4 3 2
```

5.3.3 舍选法

由于大多数分布函数无法求反函数，因此逆变换方法的适用范围有限，为此，学者们提出了舍选法（接受-拒绝抽样，Acceptance-Rejection sampling）。

图5.1揭示了舍选法的基本思想：假设需要对分布 $\pi(x)$ 采样，但是却很难直接进行，故借助另外一个容易采样的分布 $g(x)$，用某种机制去除掉一些 $g(x)$ 生成的样本，从而使得剩下的样本就是来自于所求分布 $\pi(x)$ 的样本。

舍选法需要满足几个条件：

1) 对于任何一个 x，有 $\pi(x) \leqslant cg(x)$，c 为常数。
2) $g(x)$ 容易采样。
3) $g(x)$ 最好在形状上比较接近 $\pi(x)$。

舍选法首先必须确定常数 c，令 $c = \max(\pi(x)/g(x)), \forall x$。具体的抽样过程如下：

1) 对 $g(x)$ 采样，得到一个样本 $x_i, x_i \sim g(x)$。
2) 对均匀分布采样 $u_i \sim U(a,b)$。
3) 如果 $u_i \leqslant \pi(x_i)/[cg(x_i)]$，那么认为 x_i 是有效的样本，否则舍弃该样本。
4) 重复步骤 1) ~ 3)，直到所需样本量达到要求为止。

舍选法产生 n 个随机数所需要循环的总数依赖于接受概率 $1/c$ 的大小。如果把接受看作成功，则抽样的过程可以看作几何分布，生成每一个随机数大约需要 c 次，平均看来需要 cn 次循环，才能产生 n 个所需的随机数。

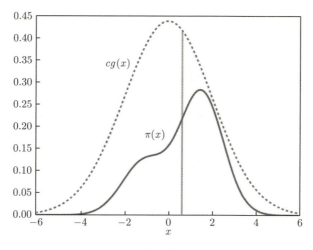

图 5.1 舍选法示意图

下面，我们用舍选法生成 1000 个概率密度函数为 $\pi(x) = 6x(1-x), 0 < x < 1$ 的随机数，取 $g(x)$ 为 $U(0,1)$ 的密度函数，显然可以取 $c = 6$。若满足 $u \leqslant \frac{\pi(x)}{cg(x)} = x(1-x)$，

则接受随机数 x,否则拒绝 x,代码如下:

```
set.seed(1235)
n <- 1000
k <- 0  # 已接受的
j <- 0  # 迭代
y <- numeric(n)
while (k < n) {
  u <- runif(1)
  j <- j + 1
  x <- runif(1)  # 从g得到的随机变量
  if (x * (1 - x) > u) {
    # 我们接受x
    k <- k + 1
    y[k] <- x
  }
}
j
## [1] 6062
```

用逆变换技术产生随机数,需要对给定分布的密度函数 $f(x)$ 进行积分求得 $F(x)$,然后再对分布函数求反函数 $F^{-1}(x)$。这些变换处理往往比较困难,有时甚至是不可能的。因为舍选法只用到密度函数 $f(x)$,所以相对简便;但其也有弊端,当函数 $g(x)$ 选择不当时,舍选法的运行效率比较低。

5.4 随机数的应用

随机数的生成在随机模拟(又称蒙特卡罗(Monte Carlo)模拟)中得到了广泛应用。随机模拟是指以统计理论为基础,利用随机数,经过对随机变量已有数据的统计进行抽样实验或随机模拟;以求得统计量的某个数字特征并将其作为待解决问题的数值解的统计计算方法。例如,科学家提出了一个新的数据分析模型,但是不知道效果如何,此时可以先用随机模拟的方法大量重复生成模拟数据,根据多次重复的总体效果来判断这种模型的性能。在统计和机器学习相关文献中,越来越多的研究人员倾向于用随机模拟的结果来说明或辅助说明模型或方法的有效性。

这里,我们用随机模拟的方法生成指定数据,用来估计参数或验证统计学中的一些基本结论。

5.4.1 估计参数

假设随机变量 X 的分布比较复杂,计算分布的某个参数如数学期望 θ 存在很大困难。根据大数定律,设随机变量序列 $X_1, X_2, \cdots$ 独立同分布,具有有限的数学期望

$E(X_i) = \mu, i = 1, 2, \cdots$，则对 $\varepsilon > 0$

$$\lim_{n \to \infty} P\left\{\left|\frac{1}{n}\sum_{i=1}^{n} X_i - \mu\right| < \varepsilon\right\} = 1 \tag{5.2}$$

观测量 X 在相同的条件下重复观测 n 次，当 n 充分大时，"观测值的算术平均值接近于期望"是一个大概率事件。

我们可以利用上述结论来估计圆周率 π。例如，随机生成 n 个坐标点 (x, y)，x 和 y 位于 $[-1, 1]$，对应于一个 2×2 的正方形 D。假设其中有 k 个点位于正方形的内切圆 C 之内。设 X 服从 D 上的均匀分布，令

$$Y = \begin{cases} 1, & \text{当} X \in C, \\ 0, & \text{其他} \end{cases}$$

则 Y 服从两点分布，Y 的期望（总体分布参数 p）为

$$E(Y) = \frac{\pi 1^2}{2^2} = \frac{\pi}{4}$$

由大数定律，当 n 足够大时，$1/n \sum_{i=1}^{n} Y_i \approx E(Y)$，$\pi$ 可以用 $4k/n$（k 表示 Y 取值为 1 的个数）即 $4p$ 近似计算。代码如下：

```r
N=2000
set.seed(1234)
x <- runif(N, -1, 1)
y <- runif(N, -1, 1)
p <- mean((x^2 + y^2) <= 1)
pi_est <- 4*p
pi_est
## [1] 3.14
```

5.4.2 验证大数定律

大数定律表明，当样本 n 无限增大时，随机变量 n 次观测结果的算术平均值依概率收敛于对应总体的数学期望。为了验证大数定律，这里选择指数分布为试验对象，代码如下：

```r
# 参数为0.2的指数分布
set.seed(1234)
a <- rexp(20000, 0.2)
llnum <- function(n, a) {
  y <- rep(0, n)
```

```r
  for (i in 1:n) {
    y[i] <- mean(sample(a, i, replace = TRUE))
  }
  data <- data.frame(size = 1:n, value = y)
  data
}
lln_data <- llnum(n = 20000, a)
colnames(lln_data) <- c("sample_size", "sample_mean")

library(ggplot2)
ggplot(lln_data, aes(x = sample_size, y = sample_mean)) +
  labs(title = "样本均值变化趋势") + geom_line(color = "darkblue") +
  geom_abline(intercept = 5, slope = 0, color = "grey")
```

从图5.2中可以看出，在小样本的情况下，样本均值非常不稳定，但随着样本量增大到 10000 时，样本均值的收敛性已经比较明显，基本收敛于期望5。

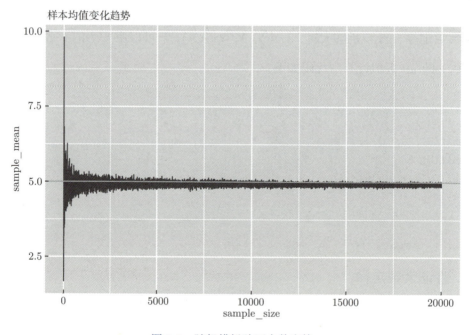

图 5.2　随机模拟验证大数定律

5.4.3　验证中心极限定理

上面，已经知道了样本均值的收敛性质，下一步我们还想知道，当样本量充分大时，样本均值分布如何？

中心极限定理表明，对于独立的随机变量序列 X_n，不管 $X_i(i=1,2,\cdots,n)$ 服从什么分布，只要它们是同分布，且具有有限的数学期望和方差，那么，当 n 充分大时，这些

随机变量之和 $\sum_{i=1}^{n} X_i$ 近似地服从正态分布 $N(n\mu, n\sigma^2)$。样本均值本身就是一个独立同分布统计量，当样本量增大时，近似服从正态分布，这个正态分布的均值就等于总体分布的均值。

这里用 R 语言对指数分布的均值进行模拟仿真，并将随机模拟结果和中心极限定理的理论结果相对比，代码如下：

```
# 生成1000个随机数，计算对应的样本均值
set.seed(1)
sample_means <- rep(NA, 1000)
for (i in 1:1000) {
  sample_means[i] <- mean(rexp(40, 0.2))
}
# 计算以上样本均值的均值
mean(sample_means)
# 指数分布期望的理论值
1/0.2
## [1] 4.99
## [1] 5
```

可以看出，样本均值的均值和总体均值的理论值非常接近。

绘制密度函数图，代码如下：

```
hist(sample_means, main = "", xlab = "样本均值", prob = TRUE,
  col = "darkred")
lines(density(sample_means), col = "darkblue", lwd = 2)
```

从密度函数图（见图5.3）可以看出，指数分布样本均值的抽样分布非常接近正态分布。

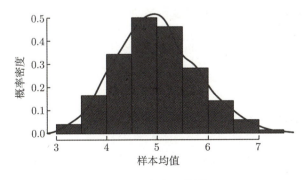

图 5.3　密度函数图

5.5 本章小结

本章介绍了常见的随机变量及其分布,它们是统计研究中的非常重要的概念。在实际科研中,有时我们不仅需要计算随机变量的分布函数取值,还需要对观测数据集合或者模拟数据集进行随机分割,将数据集分为训练集和测试集,这就需要使用随机抽样函数。本章介绍了简单随机抽样、分层抽样、整群抽样三种抽样方法。此外,本章还详细介绍了在 R 中生成随机数的方法。最后,本章展示了如何使用 R 语言进行随机模拟,对参数进行估计,并对大数定律与中心极限定理进行验证。

为方便读者,现汇总本章涉及的主要 R 函数,见表5.2。

表 5.2 本章涉及的主要 R 函数

函数名	功能
dbinom()	二项分布对应分布列
pbinom()	二项分布对应分布函数取值
rnorm()	产生正态分布随机数
qt()	返回 t 分布分位数
sample()	简单随机抽样函数
strata()	分层抽样函数
set.seed()	设置随机种子

5.6 练习题

1. $X \sim N(170, 6^2)$,求 $P(160 \leqslant X \leqslant 184)$ 的概率。
2. 选择一个数据集,把数据随机分割成 $3:3:4$ 三个部分。
3. 写出使用逆变换方法生成概率密度函数为 $f(x) = 3x^2 (0 < x < 1)$ 的随机数的 R 代码。

5.7 实验题

1. 写出使用逆变换方法生成概率密度函数为

$$f(x) = \begin{cases} x, & 0 \leqslant x < 1 \\ 2-x, & 1 \leqslant x \leqslant 2 \end{cases}$$

的随机数的 R 代码。

2. 利用舍选法生成概率密度为 $\pi(x) = \frac{2}{\sqrt{2\pi}} e^{-x^2/2} (x \geqslant 0)$ 的随机数,给出对应的 R 代码。(提示:考虑 $g(x) = e^{-x}$)

3. 模拟产生统计学专业学生名单 (以学号区分),并记录回归分析、多元统计、统计软件三科成绩,要求如下:

1) 假设有 110 名学生,起始学号为 1303160001,结束学号为 1303160110。

2）回归分析成绩为均匀分布随机数，都在 70 分以上，最高 100 分；多元统计成绩为正态分布，平均分为 81，标准差为 6；统计软件成绩为正态分布，平均分为 75，标准差为 15。

3）各科成绩取整，把正态分布中超过 100 分的成绩变成 100 分。

第 6 章 R 语言基本统计推断

数据科学家是比任何软件工程师更擅长统计学，比任何统计学家更擅长软件工程的人。

——*Josh Wills*（数据科学家）

统计推断是指根据观测到的样本信息，去推测出总体的理论信息的过程。本章介绍 R 语言常用统计推断方法，包括常见汇总统计量函数、参数估计、假设检验以及非参数统计推断等方法。

6.1 R 语言汇总统计量函数

在统计分析中，我们经常用一些简单、明了的汇总统计量（summary statistic）来概括性地描述研究对象总体或样本（随机变量）分布的特征。下面我们介绍 R 语言中常见的汇总统计量函数。

1. 均值

均值 (mean) 是数据的平均数，均值描述数据取值的平均位置。

R 语言中用 mean() 函数计算样本的均值，基本语法是：

```
mean(x, trim = 0, na.rm = FALSE)
```

其中 x 是对象 (如向量、矩阵、数组或数据框)；trim 参数是计算均值前去掉与均值相差较大数据（异常值）的比例，缺省值为 0，即包括全部数据；当 na.rm = TRUE 时，将剔除缺失数据后再求均值。

下面利用 mean() 函数求解某年级学生体重数据（单位：kg）的均值：

```
w <- c(75.0, 64.0, 47.4, 66.9, 62.2, 62.2,58.7, 63.5,
       66.6, 64.0, 57.0, 69.0,56.9, 50.0, 72.0)
mean(w)
## [1] 62.36
```

得到学生体重的均值为 62.36kg。如果某些数据可能存在异常值，就不能直接用 mean() 函数。

例如，如果第一个学生的体重少输入一个点，变为 750kg，此时代码如下：

```
w1 = w
w1[1] <- 750    # 改变向量w第一个分量的值
mean(w1)
## [1] 107.4
```

学生的平均体重为 107.36kg，显然是不合理的。此处，可以选用参数 `trim` 减少输入误差对计算的影响代码如下：

```
mean(w1, trim = 0.1)
## [1] 62.54
```

其中，`trim` 的取值在 0 至 0.5 之间，表示在计算均值前需要去掉异常值的比例。这里选择 `trim = 0.1`，即表明去掉 10% 的异常值，这里去掉了输入错误的数据 750，得到的计算结果趋于合理。

2. 中位数

中位数 (median) 是按大小顺序排列的 n 个数据中居于中间位置的数，定义如下：

$$m_e = \begin{cases} x_{(n+1)/2}, & \text{当}n\text{为奇数时}, \\ \frac{x_{(n/2)}+x_{(n/2+1)}}{2}, & \text{当}n\text{为偶数时}. \end{cases}$$

R 语言中用 `median()` 函数计算样本的中位数，基本语法是：

```
median(x, na.rm = FALSE)
```

其中，`x` 是数值型向量。例如，求上述学生体重数据的中位数，代码如下：

```
median(w)
## [1] 63.5
```

中位数为 63.5kg。针对包含异常值的数据 w1（即第一个学生体重错误输入为 750kg），计算中位数代码如下：

```
median(w1)
## [1] 63.5
```

学生体重中位数仍为 63.5kg，基本不受异常值的影响，具有一定稳健性。

3. 百分位数

百分位数 (percentile) 是中位数的推广。将 n 个数据按从小到大排序后，则百分位数为

$$m_p = \begin{cases} x_{[np]+1}, & \text{当}np\text{不是整数时}, \\ \frac{x_{np}+x_{np+1}}{2}, & \text{当}np\text{是整数时}. \end{cases}$$

其中，p 为小数表示的百分位数，$[np]$ 表示 np 的整数部分。0.5 分位数 (第 50 百分位数) 就是中位数，0.75 分位数与 0.25 分位数 (第 75 百分位数与第 25 百分位数) 分别称为上、下四分位数。

在 R 软件中，用 quantile() 函数计算观测量的百分位数，基本语法是：

```
quantile(x, probs = seq(0, 1, 0.25), na.rm = FALSE,
names = TRUE, type = 7, …)
```

其中，x 是由数值构成的向量；probs 设置相应的百分位数。如计算上述体重数据，计算百分位数代码如下：

```
quantile(w)
##     0%    25%    50%    75%   100%
## 47.40  57.85  63.50  66.75  75.00
```

改变 probs 参数的默认值，可以得到不同位置的分位数，例如：

```
# 给出0%, 20%, 40%, 60%, 80%和100%的百分位数
quantile(w, probs = seq(0, 1, 0.2))
##     0%    20%    40%    60%    80%   100%
## 47.40  56.98  62.20  64.00  67.32  75.00
```

4. 方差、标准差

方差函数 var() 和标准差函数 sd() 的基本语法为：

```
var(x, y = NULL, na.rm = FALSE, use)
sd(x, na.rm = FALSE)
```

其中，x 是数值向量、矩阵或数据框。

例如，15 名学生体重数据的方差和标准差分别为：

```
var(w)
sd(w)
## [1] 56.47
## [1] 7.515
```

5. 极差

样本极差是描述样本分散性的数字特征，样本极差 (记为 R) 的定义如下：

$$R = x_n - x_1 = \max x - \min x$$

在 R 软件中，计算极差可借助 range() 函数，该函数基本语法是：

```
range(…, na.rm = FALSE)
```

该函数返回给定数值或字符型对象的最小值和最大值。对于上述体重数据，极差计算代码如下：

```
ran = range(w)
# 计算极差
ran[2] - ran[1]
## [1] 27.6
```

6. 相关系数与协方差

对于来自多元总体的数据，除了分析各个分量的取值特点外，更重要的是分析各个分量之间的相关关系，如相关系数和协方差。

R 语言中，cor() 和 cov() 函数可以计算相关系数和协方差，基本语法如下：

```
cor(x, y = NULL, use = "everything", method = c("pearson",
  "kendall", "spearman"))
cov(x, y = NULL, use = "everything", method = c("pearson",
  "kendall", "spearman"))
```

其中，x 和 y 表示数据向量；method 表示所计算相关系数的种类，默认是 pearson 相关系数。

对于 JS 数据集，计算部分数值变量的协方差矩阵代码如下：

```
JS = read.csv("JSdata.csv")
cor(JS[, 6:8])
##            height   weight   salary
## height    1.0000   0.89480 -0.13647
## weight    0.8948   1.00000 -0.09135
## salary   -0.1365  -0.09135  1.00000
```

cor() 函数在默认情况下得到的结果是一个方阵（所有变量之间两两计算相关）。cor() 函数也可以计算非方阵的相关矩阵。观察以下示例：

```
# 身高、体重两列变量与工资变量之间的相关系数
cor(JS[, 6:7], JS[, 8])
##              [,1]
## height   -0.13647
## weight   -0.09135
```

⚠ 注意：cor() 只能计算出相关系数，无法给出显著性水平 p 值。如果想计算 p 值，建议使用 psych 包中的 corr.test() 函数或 Hmisc 包里的 rcorr() 函数。

对于 JS 数据集，计算部分列的协方差矩阵代码如下：

```
JS = read.csv("JSdata.csv")
cov(JS[, 6:8])
##          height weight  salary
## height    78.88  75.37  -39.84
## weight    75.37  89.94  -28.48
## salary   -39.84 -28.48 1080.53
```

6.2 R 语言参数估计方法

参数估计是指利用从总体中抽取得到的样本信息，去估计总体的某些参数或者参数的某些函数的统计方法。从参数估计形式上看，参数估计可以分为点估计和区间估计。

6.2.1 点估计

设总体 X 的分布函数形式已知，但它的一个或多个参数未知，借助于总体 X 的一个样本来估计总体未知参数的值的问题称为参数的点估计问题。点估计问题就是要基于样本构造一个适当的统计量 $\hat{\theta}(X_1, X_2, \cdots, X_n)$，并用它的一个观察值 $\hat{\theta}(x_1, x_2, \cdots, x_n)$ 作为未知参数的近似值。

求点估计的方法有很多种，这里介绍常用的两种方法：矩估计法和极大似然估计法。

1. **矩估计法**

矩估计法是一种基于简单的"替换"思想建立起来的估计方法，基本思想是用样本矩来估计总体中相应的参数，用样本的 k 阶矩替代总体的 k 阶矩。因为总体矩总可以表示为未知参数的函数，所以如果令总体矩等于样本矩的观察值，则构建了一个等式。如果有 k 个未知参数需要估计，则一般需要 k 个包括未知参数的方程组才能求解。构建方程组一般使用原点矩，当然也可以使用中心矩，或者两者结合使用。为计算方便，一般能用低阶矩处理的不建议用高阶矩。

下面，我们举例说明矩估计的简单用法。设总体服从伽马分布，其中参数 $\lambda > 0, \alpha > 0$，易知其对应的矩估计量为 $\hat{\lambda} = \bar{X}/s^2$，$\hat{\alpha} = \bar{X}^2/s^2$。这里，我们生成一组服从伽马分布的数据，假设真实参数值 λ, α 未知，用矩估计方法估计上述参数代码如下：

```
set.seed(123)
x.gam <- rgamma(200, rate = 0.5, shape = 3.5)   #
# 伽马分布=0.5 (scale 参数), =3.5 (shape 参数)
# 首先算出样本矩
med.gam <- mean(x.gam)    ## 样本均值
var.gam <- var(x.gam)     ## 样本方差
# 使用矩估计法，把总体矩用样本矩表示出来
```

```
lambda_hat <- med.gam/var.gam    ## lambda 的矩估计量
alpha_hat <- ((med.gam)^2)/var.gam    ## alpha的矩估计量
cat("lambda估计=", lambda_hat, "alpha估计=", alpha_hat,
  "\n")
## lambda估计= 0.544 alpha估计= 3.609
```

矩估计法的优点是简单易行,并不需要事先知道总体是什么分布,缺点是当总体类型已知时,没有充分利用分布提供的信息,且矩估计量不具有唯一性。

2. 极大似然估计法

极大似然估计法是在总体类型已知条件下使用非常广泛的参数估计方法。极大似然估计法的直观想法是:一个随机试验有若干个可能的结果 $A, B, C, \cdots$;若在一次试验中,结果 A 出现,则一般认为试验条件对 A 出现有利,也即 A 出现的概率很大。在任一次随机抽取中,样本观测值都以一定的概率出现。当从模型总体随机抽取 n 组样本观测值后,最合理的参数估计量应该使 n 组样本观测值的发生概率最大。

设某组数据来自包含参数向量 θ 的已知分布族(Θ 是 θ 的可能取值范围),密度函数为 $f(x_i; \theta), i = 1, 2 \cdots, n$。当固定参数 θ 时,$f(x_i; \theta)$ 可以看作得到样本观察值 x_i 的可能性,这样,当把参数 θ 看作变动时,也就得到"在不同的 θ 值下能观察到 $x = (x_1, x_2, \cdots, x_n)$ 的可能性大小,即 $L(x; \theta)$"。

$$L(\hat{\theta}) = \sup\nolimits_{\theta \in \Theta} L(x; \theta) = \sup\nolimits_{\theta \in \Theta} \prod_{i=1}^{n} f(x_i; \theta)$$

$$\log L(\hat{\theta}) = \sup\nolimits_{\theta \in \Theta} \log L(\theta) = \sup\nolimits_{\theta \in \Theta} \sum_{i=1}^{n} \log f(x_i; \theta)$$

由于我们已经观察到了 x,所以使得 x 出现可能性 $L(x; \theta)$ 最大的 $\hat{\theta}$ 值,应该是 θ 最合理的估计。$\hat{\theta}$ 就是 θ 的极大似然估计值(MLE)。

求极大似然估计值相当于求似然函数的极大值,一般情况下,处理似然函数的对数 $\log L(\theta)$(即对数似然函数)更方便。

例如,对于正态分布总体,似然函数如下:

$$f(x_1, \cdots, x_n | \mu, \sigma^2) = \prod_{i=1}^{n} f(x_i | \mu, \sigma^2) = \prod_{i=1}^{n} \frac{1}{\sqrt{2\pi\sigma^2}} \exp\left(-\frac{1}{2\sigma^2}(x_i - \mu)^2\right)$$

易知,参数 μ 的极大似然估计值为 $\hat{\mu}^{\mathrm{MLE}} = \bar{x}$。

由于似然函数是正数的乘积(其中许多可能非常小),因此使用对数似然函数更方便、更稳定:

$$\log f(x_1, \cdots, x_n | \mu, \sigma^2) = \log \left(\prod_{i=1}^{n} f(x_i | \mu, \sigma^2) \right) = \sum_{i=1}^{n} \log f(x_i | \mu, \sigma^2)$$

下面，我们首先生成一组服从正态分布的数据，再用这里介绍的极大似然估计法对未知参数进行估计，代码如下：

```r
set.seed(123)
x <- rnorm(25, mean = 5, sd = 1)
u_hat <- mean(x)
u_hat
## [1] 4.967
```

因此，μ 的极大似然估计值为 4.967。为了直观地了解极大似然估计法的原理，可以针对不同的 μ 绘制似然曲线，代码如下：

```r
# 设定取值范围
index <- seq(3, 7, by = 0.01)
Ran <- length(index)
loglike <- double(Ran)
for (r in 1:Ran) {
  # 为了计算每个 xi 的对数似然函数，我们可以使用dnorm()函数
  loglike[r] <- sum(dnorm(x, mean = index[r], sd = 1,
    log = TRUE))
}

plot(index, loglike, type = "l")
abline(v = index[which.max(loglike)], col = 2, lty = 2)
points(index[which.max(loglike)], loglike[which.max(loglike)])
text(index[which.max(loglike)], loglike[which.max(loglike)],
  paste("使得似然函数最大的mu值为", index[which.max(loglike)]))
```

绘制的似然曲线如图 6.1 所示。

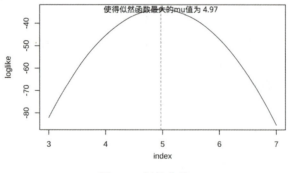

图 6.1　似然曲线

6.2.2　区间估计

由于点估计不能说明估计值与真实值的偏差到底有多大，也不能说明这个估计有多大的可行性，这些问题需要使用区间估计来解决。区间估计是依据抽取的样本，根据一定

的正确度与精确度要求，构造出适当的区间，作为总体分布的未知参数或参数的函数的真值所在范围的估计。

设总体 X 的分布中含有未知参数 θ，α 是任意给定的正数 $(0 < \alpha < 1)$，如果能从样本确定出两个统计量 $\hat{\theta}_1(x_1, x_2, \cdots, x_n), \hat{\theta}_2(x_1, x_2, \cdots, x_n)$ 使得

$$P\left\{\hat{\theta}_1 < \theta < \hat{\theta}_2\right\} = 1 - \alpha$$

成立，我们称 $1 - \alpha$ 为置信度或置信概率，区间 $\hat{\theta}_1, \hat{\theta}_2$ 为参数 θ 的置信度为 $1 - \alpha$ 的置信区间，分别称 $\hat{\theta}_1, \hat{\theta}_2$ 为置信上限和置信下限。

我们可以利用 R 中相应假设检验函数得到置信区间，如可用 t.test() 函数得到单正态总体均值的置信区间，可用 var.test() 函数得到双正态总体方差比的置信区间，可用 binom.test() 函数得到单样本的总体比率 p 的置信区间，要得到两样本的总体比率差的置信区间则可采用 prop.test() 函数等。

假设方差未知，要估计 JS 数据中身高均值的置信区间，置信水平为 95%，可以使用 t.test() 函数，代码如下：

```
JS = read.csv("JSdata.csv")
t.test(JS$height)
##
##   One Sample t-test
##
## data:  JS$height
## t = 117, df = 38, p-value <2e-16
## alternative hypothesis: true mean is not equal to 0
## 95 percent confidence interval:
##  163.6 169.3
## sample estimates:
## mean of x
##     166.4
```

可以得出，身高的 95% 置信区间为 (163.6, 169.3)。

当然，也可以自己编写 R 函数得到置信区间。这里我们以单正态总体均值的置信区间为例讨论如何用 R 计算置信区间。

我们知道，σ^2 已知时，$\bar{X}$ 的 $1-\alpha$ 置信区间为 $\bar{X} \pm z_{\alpha/2}\sigma/\sqrt{n}$，而 σ^2 未知时，$\bar{X}$ 的 $1-\alpha$ 置信区间为 $\bar{X} \pm t_{n-1,\alpha/2}s/\sqrt{n}$。

这里，我们需要计算出 $z_{\alpha/2}$ 或 $t_{n-1,\alpha/2}$，即找到一个随机变量的临界值，使得 $\alpha/2$ 的面积位于其右侧。这个临界值可用分位数函数 qnorm() 或 qt() 求出。

若 $\alpha = 0.1$，可用 qnorm() 来求出 $z_{0.05}$ 的值，代码如下：

```
qnorm(0.05, mean = 0, sd = 1, lower.tail = FALSE)
## [1] 1.645
```

例如，葡萄酒进口商需要报告智利葡萄酒酒瓶中酒的平均度数。根据以往葡萄酒度数的经验，进口商认为酒的度数呈正态分布，总体标准差为 1.2%。进口商随机抽取了 60 瓶新酒，得出样本均值 $\bar{X} = 9.3\%$。下面利用 R 语言给出所有新酒酒瓶中酒的度数的 95% 置信区间：

```
xbar <- 0.093
sigma <- 0.012
alpha <- 0.05
n <- 60
z_half_alpha <- qnorm(0.025, mean = 0, sd = 1, lower.tail = FALSE)
z_half_alpha
cri_value <- z_half_alpha * (sigma/sqrt(n))
deg_upp <- xbar + cri_value
deg_low <- xbar - cri_value
cat("置信区间为[", deg_low * 100, "%,", deg_upp * 100, "%]\n")
## [1] 1.96
## 置信区间为[ 8.996 %, 9.604 %]
```

6.3 假设检验

统计上对总体的假设，就是对一个或多个总体参数具体数值或总体分布所做的陈述。假设检验是先对总体的某种规律 (参数、分布等) 提出假设，然后利用样本信息判断假设是否成立的过程。

假设检验的思想包含概率的反证法。我们知道，小概率事件在一次试验中基本上不会发生，在原假设（零假设，H_0）正确的前提下，检验统计量的样本观测值出现属于小概率事件，据此判定原假设是否可信，从而判定是否接受备择假设（H_1）。

假设检验的一般步骤为：

1）提出原假设和备择假设。

2）确定检验统计量。

3）确定显著性水平 α。

4）根据数据计算检验统计量。

5）根据统计量值计算 p 值。

6）如果 p 值小于或等于 α，拒绝原假设，此时犯错误的概率最多为 α；如果 p 值大于 α，就不能拒绝原假设，因为证据不足。

R 语言中将假设检验存储在称为 htest 的特殊对象类中。htest 对象包含来自假设检验、检验统计量（例如，t 检验的 t 统计量或相关性检验的相关系数）、p 值、置信区间的所有主要结果。

下面，我们用 JSdata 数据 t 检验的结果来展示如何访问 htest 对象：

```
JS <- read.csv("JSdata.csv")
# 比较男教师和女教师身高
myhtest <- t.test(formula = height ~ gender, data = JS)
myhtest
##
##   Welch Two Sample t-test
##
## data:  height by gender
## t = 1.3, df = 29, p-value = 0.2
## alternative hypothesis: true difference in means is not equal to 0
## 95 percent confidence interval:
##  -2.173  9.210
## sample estimates:
## mean in group 男 mean in group 女
##            168.2             164.6
```

要查看对象中的所有命名元素，可运行 names()，例如：

```
names(myhtest)
## [1] "statistic"    "parameter"    "p.value"
## [4] "conf.int"     "estimate"     "null.value"
## [7] "stderr"       "alternative"  "method"
## [10] "data.name"
```

就像在数据框中一样，也可以使用 $ 符号访问 htest 对象的特定元素，例如：

```
# 置信区间
myhtest$conf.int
## [1] -2.173  9.210
## attr(,"conf.level")
## [1] 0.95
```

▲ 注意：R 中没有内置的 z-test 函数，因为当处理真实数据时，我们永远不知道总体真正的方差！

下面，我们介绍 R 语言中 t 检验，二项分布、泊松分布样本比例的总体检验，方差分析等常见假设检验函数。

6.3.1 t 检验

t 检验又称为 Student t 检验，是一种使用假设检验来评估一个或两个总体均值的检验方法。常见的 t 检验包括单样本 t 检验、独立双样本 t 检验和配对样本 t 检验等。

R 语言中的 t 检验函数是 t.test()，基本语法如下：

```
t.test(x, y = NULL, alternative = c("two.sided", "less",
 "greater"), mu = 0, paired = FALSE, var.equal = FALSE,
 conf.level = 0.95, ...)
```

若仅出现参数 x，则进行单样本 t 检验；若出现数据 x 和 y，则进行双样本的 t 检验。参数 alternative 用于指定所求置信区间的类型：默认值为 two.sided，表示置信区间，less 表示求置信上限，greater 表示求置信下限。参数 mu 表示均值，默认值为零。

1. 单样本 t 检验

单样本 t 检验可用于评估某组数据均值是否与给定总体均值有差异。如果有原始数据，可直接使用上述 t.test() 函数。

▲ **注意**：单样本 t 检验要求总体方差未知，否则就可以利用正态 Z 检验；数据必选是正态数据或近似正态数据（样本量大于 30）。

例如，对于 JSdata 数据集，在显著性水平 $\alpha = 0.05$ 的条件下，能否认为学校教师平均身高超过 163cm？这里的假设检验问题就是

$$H_0 : \mu \leqslant 163 \Leftrightarrow H_1 : \mu > 163$$

对应的 R 代码和运行结果如下：

```
x <- JS$height
t.test(x, mu = 163, alternative = "greater")
##
##   One Sample t-test
##
## data:  x
## t = 2.4, df = 38, p-value = 0.01
## alternative hypothesis: true mean is greater than 163
## 95 percent confidence interval:
##  164 Inf
## sample estimates:
## mean of x
##     166.4
```

由于 p 值（0.01）小于 $\alpha = 0.05$，因此，我们拒绝原假设，不能认为学校教师平均身高小于等于 163cm。

但有时候，我们可能只有部分汇总数据，由于缺乏原始数据，此时的单样本 t 检验无法套用 t.test() 函数，需要自己编程算出统计量和对应的 p 值。

例如，已知健康成年男子脉搏均数为 72 次/min。某医生在某高原地区随机抽查健康成年男子 21 人，其脉搏均数为 73.2 次/min，标准差为 7.5 次/min。根据这个资料能否认为该高原地区健康成年男子脉搏数与一般健康成年男子的不同？

这里，t 检验统计量为 $t = \dfrac{\bar{x} - \mu_0}{s/\sqrt{n}}$，其中 μ_0 表示指定均值，s 表示样本标准差。

用 R 语言实现单样本 t 检验代码如下：

```
# 根据公式算出t值
x <- 73.2
mu <- 72
sigma <- 7.5
n <- 21
t <- (x - mu)/(sigma/sqrt(n))   # 或者用n-1代替n
# 用pt()函数，输入t值和自由度df（n-1），得到p值# 单侧
p <- pt(t, df = 20, lower.tail = FALSE)
# 双侧
p <- 2 * pt(-abs(t), df = 20)
```

检验结果为 $t = 0.7332$，显著性 p 值 $= 0.4705 > 0.05$，不能拒绝原假设，说明该高原地区健康成年男子脉搏数与一般健康成年男子的无显著差异。

2. 两独立样本 t 检验

两独立样本 t 检验用于检验两组相互独立数据均值间有无显著差异。如果因变量和自变量在数据框中，可以使用 $y \sim x$ 形式的公式表示法，并在 `data` 中指定数据集名称。如果要比较的两组数据位于不同的向量中（而不是同一个数据框），则可以使用向量表示法。

▲注意：两独立样本 t 检验要求两样本所代表的总体服从正态分布，且两总体方差相等，即方差齐性。

对应正态性检验，可以使用 `shapiro.test()` 函数；方差齐性检验，则可以使用 `var.test()` 函数或 `bartlett.test()` 函数。

对于有原始数据的两独立样本 t 检验，如 JSdata 数据中性别不同的两组教师体重均值是否相同的检验问题，对应步骤和代码如下：

第一步：正态性检验。

```
# Shapiro-Wilk正态性检验-男老师
with(JS, shapiro.test(weight[gender == "男"]))
# Shapiro-Wilk正态性检验-女老师
with(JS, shapiro.test(weight[gender == "女"]))
##
##  Shapiro-Wilk normality test
##
## data:  weight[gender == "男"]
## W = 0.98, p-value = 1
##
##
```

```
##  Shapiro-Wilk normality test
## 
## data:  weight[gender == "女"]
## W = 0.97, p-value = 0.7
```

两组数据 Shapiro-Wilk 正态性检验的 p 值均远大于 0.05，说明可以认为两组数据服从正态分布。

第二步：方差齐性检验。

```
# var.test方差齐性检验
var.test(weight ~ gender, data = JS)
## 
##  F test to compare two variances
## 
## data:  weight by gender
## F = 1.8, num df = 19, denom df = 18, p-value =
## 0.2
## alternative hypothesis: true ratio of variances is not equal to 1
## 95 percent confidence interval:
##  0.6913 4.5344
## sample estimates:
## ratio of variances
##              1.781
```

var.test() 方差齐性检验中的结果 p 值大于 0.05，说明两组数据基本满足方差齐性要求。

第三步：t 检验。

```
t.test(weight ~ gender, data = JS, paired = FALSE, var.equal = TRUE)
## 
##  Two Sample t-test
## 
## data:  weight by gender
## t = 0.52, df = 37, p-value = 0.6
## alternative hypothesis: true difference in means is not equal to 0
## 95 percent confidence interval:
##  -4.616  7.816
## sample estimates:
## mean in group 男 mean in group 女
##             68.6             67.0
```

t 检验中 p 值大于 0.05，不能拒绝原假设，即不能认为两组教师体重均值存在显著差异。

如果数据满足正态性假设,但不满足方差齐性要求,则进行修正的 Welch t 检验。

例如,JSdata 数据中性别不同的两组教师身高均值是否相同的检验问题,对应步骤和代码如下:

第一步:正态性检验。

```
# Shapiro-Wilk正态性检验-男老师
with(JS, shapiro.test(height[gender == "男"]))
# Shapiro-Wilk正态性检验-女老师
with(JS, shapiro.test(height[gender == "女"]))
## 
##  Shapiro-Wilk normality test
## 
## data:  height[gender == "男"]
## W = 0.98, p-value = 0.9
## 
## 
##  Shapiro-Wilk normality test
## 
## data:  height[gender == "女"]
## W = 0.96, p-value = 0.6
```

两组数据 Shapiro-Wilk 正态性检验的 p 值均远大于 0.05,说明可以认为两组数据服从正态分布。

第二步:方差齐性检验。

```
# var.test方差齐性检验
var.test(height ~ gender, data = JS)
## 
##  F test to compare two variances
## 
## data:  height by gender
## F = 3.5, num df = 19, denom df = 18, p-value =
## 0.01
## alternative hypothesis: true ratio of variances is not equal to 1
## 95 percent confidence interval:
##  1.377 9.030
## sample estimates:
## ratio of variances
##             3.547
```

var.test() 方差齐性检验结果 p 值小于 0.05,说明两组数据不满足方差齐性要求。

第三步:方差不等的 Welch t 检验。

```
t.test(height ~ gender, data = JS, paired = FALSE, var.equal = FALSE)
##
##  Welch Two Sample t-test
##
## data:  height by gender
## t = 1.3, df = 29, p-value = 0.2
## alternative hypothesis: true difference in means is not equal to 0
## 95 percent confidence interval:
##  -2.173  9.210
## sample estimates:
## mean in group 男 mean in group 女
##             168.2            164.6
```

t 检验中 p 值大于 0.05，不能拒绝原假设，即不能认为两组教师平均身高存在显著差异。

对于无原始数据的两样本 t 检验，需依据下列公式计算 t 统计量

$$t = \frac{(X-Y)-\delta}{S_w\sqrt{\frac{1}{n_1}+\frac{1}{n_2}}}, \text{其中} S_w^2 = \frac{(n_1-1)S_1^2 + (n_2-1)S_2^2}{n_1+n_2-2}$$

并利用该统计量，计算出 p 值并进行统计推断。

例如，测量某两个地区水中碳酸钙的含量，分别从两个地区随机抽取 20 份样品进行碳酸钙检测，分别得到两个地区碳酸钙含量的均值（20.95, 21.79）和标准差（5.89, 3.43）。试判断两个地区水中碳酸钙的含量是否有差异？

对应的 R 代码如下：

```
# 输入两组均值x1, x2; 组数n1, n2; 方差s1, s2
x1 <- 20.95
x2 <- 21.79
n1 <- 20
n2 <- 20
s1 <- 5.89
s2 <- 3.43
# 计算两独立样本共同的标准差
sc <- sqrt((1/n1 + 1/n2) * ((n1 - 1) * s1^2 + (n2 - 1) *
    s2^2)/(n1 + n2 - 2))
# t值，自由度df，p值
t <- (x2 - x1)/sc
# t=0.5511
df <- n1 + n2 - 2
p <- 2 * pt(-abs(t), df = df)
```

```
p
## [1] 0.5848
```

t 检验计算的 p 值 0.5848>0.05，不能拒绝原假设，即不能认为两个地区水中碳酸钙的含量有显著差异。

3. 配对 t 检验

配对 t 检验用于分析配对的定量数据之间的差异和关系。与两独立样本 t 检验相比，配对样本 t 检验要求样本是配对的，即两组数据的样本量要相同且样本先后的顺序是一一对应的。

配对 t 检验在医学研究中得到比较普遍应用。常见的情形有：

1）配对的受试对象分别接受不同的处理（如将小白鼠配对为两组，分别接受不同的处理，检验处理结果的差异）。

2）同一受试对象的两个部分接受不同的处理（如对于一批血清样本，将其分为两个部分，利用不同的方法接受某种化合物的检验，检验处理结果的差异）。

3）同一受试对象自身前后对照（如检验癌症患者术前、术后的某种指标的差异）。

⚠ **注意**：配对 t 检验要求两组样本的差值近似服从正态分布，且差值数据中不存在离群点。

对于有原始数据的配对 t 检验，可直接用 t.test() 函数。

例如，判断简便法和常规法测定尿铅含量的差别有无统计意义，对 12 份人尿同时用两种方法测定，分别为向量 x 和向量 y，试分析两种测定方法的测量结果是否不同。

首先，进行正态性检验，代码如下：

```
# 输入两组值
x <- c(2.41, 2.9, 2.75, 2.23, 3.67, 4.49, 5.16, 5.45, 2.06,
  1.64, 1.06, 0.77)
y <- c(2.8, 3.04, 1.88, 3.43, 3.81, 4, 4.44, 5.41, 1.24,
  1.83, 1.45, 0.92)
# Shapiro-Wilk正态性检验
shapiro.test(x - y)
##
##  Shapiro-Wilk normality test
##
## data:  x - y
## W = 0.92, p-value = 0.3
```

由于 p 值均大于 0.05，正态性检验通过。下面是配对样本 t 检验代码及运行结果：

```
t.test(x, y, paired = T)
##
```

```
## Paired t-test
##
## data:  x and y
## t = 0.16, df = 11, p-value = 0.9
## alternative hypothesis: true difference in means is not equal to 0
## 95 percent confidence interval:
##  -0.3559  0.4125
## sample estimates:
## mean of the differences
##                 0.02833
```

可知，p 值大于 0.05，因此不能拒绝原假设，故说明不能认为两种方法测定尿铅含量的结果不相同。

原始数据缺失的配对 t 检验，可利用下面公式计算统计量

$$t = \frac{\bar{d}}{s/\sqrt{n}}$$

式中，$\bar{d}$ 表示差值的均值；s 表示标准差。

例如，已知慢性支气管炎病人血液中胆碱酯酶活性常常偏高。某校药理教研室将同性别同年龄的病人与健康人配成 8 对，测量该值并加以比较，配对两组人差值的均值为 0.625，标准差为 0.78。可否通过这一资料得出较明确的结论？

配对 t 检验的 R 代码如下：

```r
# 依次输入配对样本的差值d、标准差s、配对数n
d <- 0.625
s <- 0.78
n <- 8
# 算t值
t <- d/(s/sqrt(n))
# 输入自由度n-1, pt()函数得到p值
df <- n - 1
p <- 2 * pt(-abs(t), df = df)
p
## [1] 0.05779
```

结果中 p 值大于 0.05，不能拒绝原假设，因此不能认为慢性支气管炎病人与健康人血液中胆碱酯酶活性显著不同。

6.3.2 二项分布的总体检验

二项分布检验是用来检验样本是否来自参数为 (n,p) 的二项分布总体的检验方法，其中 n 为样本量，p 为成功比例。二项分布检验中原假设一般为 $p = \pi_0$，π_0 是给定 0 到 1 的某个数。

R 中用于二项分布检验的函数是 binom.test()，基本语法如下：

```
binom.test(x, n, p=0.5, conf.level=0.95,
           alternative =c("two.sided","less","greater"))
```

其中，参数 x 为指定成功的次数；参数 n 为实验的总次数；参数 p 为每次实验成功的概率，默认为 0.5。

例如，有一批蔬菜种子的发芽率 $p_0 = 0.85$，现随机抽取 500 粒，用种衣剂进行浸泡种处理，结果有 445 粒发芽，试检验种衣剂对种子发芽率有无影响。此时，检验问题为

$$H_0 : p = \pi_0 = 0.85; \quad H_1 : p \neq \pi_0$$

对应的 R 代码为：

```
binom.test(445, 500, p = 0.85)
##
##  Exact binomial test
##
## data:  445 and 500
## number of successes = 445, number of trials =
## 500, p-value = 0.01
## alternative hypothesis: true probability of success is not equal to 0.85
## 95 percent confidence interval:
##  0.8592 0.9161
## sample estimates:
## probability of success
##                   0.89
```

由于 p 值小于 0.05，故拒绝原假设，即可以认为种衣剂对种子发芽率有显著影响。

6.3.3 泊松分布的总体检验

泊松分布描述的是单位时间 (或空间) 内随机事件发生的次数，如每个小时进入银行办理业务的人数、报纸上每一页的错别字数量、某个网页的点击量等。泊松分布检验可以用来检验样本中单位时间（或空间）内随机事件发生的速率参数或两个速率参数之间的比率。

R 中用于泊松分布检验的函数是 poisson.test()，基本语法如下：

```
poisson.test(x, T = 1, r = 1, conf.level = 0.95, alternative = c("two.sided",
  "less", "greater"))
```

其中，参数 x 为事件数量，参数 T 为事件计数的时间基准，参数 r 为假设的比率。

例如，假设某网站推广活动中前一小时有 50 人注册，后一小时有 60 人注册，能否认为后一小时的注册人数是否明显高于前一小时？

这里的假设检验问题是

$$H_0: r = 1; \quad H_1: r > 1$$

H_0 表示后一小时注册用户数量与前一小时无差异 (因为后一小时注册人数明显比前一小时多，所以无小于符号)；H_1 表示后一小时注册用户数量显著多于前一小时。

对应的 R 代码如下：

```
poisson.test(x = 60, T = 50, r = 1, alternative = "greater",
  conf.level = 0.95)
##
##  Exact Poisson test
##
## data:  60 time base: 50
## number of events = 60, time base = 50, p-value =
## 0.09
## alternative hypothesis: true event rate is greater than 1
## 95 percent confidence interval:
##  0.957   Inf
## sample estimates:
## event rate
##       1.2
```

上述结果中，由于 p 值大于 0.05，可以认为后一小时注册人数与前一小时无显著差异。

6.3.4 样本比例的总体检验

样本比例指的是随机试验中某种指定事件出现的概率。随机试验中某种指定事件出现叫作 "成功"，把一次试验成功的概率叫作 p。样本比例检验主要包含单样本比例检验和双样本比例检验。

R 中用于样本比率检验的函数是 `prop.test()`，可用于检验多个组中的比例（成功概率）是否相同，或者检验它们是否等于某些给定值。基本语法如下：

```
prop.test(x, n, p)
```

其中，参数 x 为样本成功次数，参数 n 是样本量，参数 p 为成功的比例。

单样本比例检验是检验 n 次独立重复试验中，事件 A 出现的频率与给定频率之间是否存在显著差异的统计分析方法。

例如，某培训机构的女性学员比例较少，只有 20%。为了增加女性学员比例，该机构设计了专门的促销措施。半年后抽查了 400 名学员，其中 100 名是女性学员，能否认为女性学员比例有显著增加。

设女性学员比例为 p，这里的假设检验问题是

$$H_0: p \leqslant 0.20; \quad H_1: p > 0.20$$

对应的单样本比例检验代码如下：

```
prop.test(100, 400, p=0.20, alternative = "greater")
##
##  1-sample proportions test with continuity
##  correction
##
## data:  100 out of 400, null probability 0.2
## X-squared = 5.9, df = 1, p-value = 0.007
## alternative hypothesis: true p is greater than 0.2
## 95 percent confidence interval:
##  0.215 1.000
## sample estimates:
##    p
## 0.25
```

检验 p 值为 0.007，小于显著性水平 $\alpha = 0.05$，可以认为女性学员比例已经显著地高于过去的 20% 了。

双样本比例检验有两个总体，它们含有某种性质的个体的比率分别为 p_1 和 p_2，检验的依据来自这两个总体的独立样本，检验关于两个总体比例是否有显著差异。

例如，某高校随机抽取了 102 个男学生与 135 个女学生，调查其家中有无平板电脑，调查结果为 23 个男学生与 25 个女学生家中有平板电脑。问在 $\alpha = 0.05$ 水平上，能否认为男、女学生家中拥有平板电脑的比例一致。

对应的双样本比例检验代码如下：

```
success <- c(23, 25)
total <- c(102, 135)
prop.test(success, total)
##
##  2-sample test for equality of proportions with
##  continuity correction
##
## data:  success out of total
## X-squared = 0.36, df = 1, p-value = 0.5
## alternative hypothesis: two.sided
## 95 percent confidence interval:
##  -0.07256  0.15317
## sample estimates:
```

```
## prop 1 prop 2
## 0.2255 0.1852
```

检验 p 值为 0.5，大于显著性水平 $\alpha = 0.05$，无法拒绝原假设，故该大学的男、女学生家中拥有平板电脑的比例无显著差异。

6.3.5 方差分析

在统计试验中，考察的指标被称为试验指标，影响试验指标的条件称为因素（factor）。因素可分为两类：一类是人为可控的测量数据，比如温度、治疗方案等；另一类是不可控的随机因素，比如测量误差、气象条件等。因素所处的状态称为因素的水平（level）。

方差分析（analysis of variance，ANOVA）的基本思想是：通过分析研究不同因素的变异对总变异的贡献大小，确定控制因素对研究结果影响力的大小。通过方差分析，分析不同水平的控制因素是否对结果产生了显著影响。如果控制因素的不同水平对结果产生了显著影响，那么它和随机变量共同作用，必然使结果有显著的变化；如果控制因素的不同水平对结果没有显著影响，那么结果的变化主要是随机变量在发挥作用，和控制因素关系不大。根据控制变量的个数，可以将方差分析分成单因素方差分析、多因素方差分析以及协方差分析。单因素方差分析测试某一个控制因素的不同水平是否对观察变量造成了显著变动。多因素方差分析不仅需要分析多个控制因素的独立作用对观察变量的影响，还要分析多个控制因素的交互作用对观察变量的影响，以及其他随机变量对结果的影响。

▲ 注意：进行方差分析需满足三个假定，即每个样本的值服从正态分布，每个样本的方差相同，每个样本中的个体相互独立。对于不符合假设的情况，可用非参数方法进行检验。

这里，我们以单因素方差分析为例，进行说明。

单因素方差分析中，方差分析问题就变成了研究不同水平下各个总体的均值是否有显著差异的问题，对应的原假设和备择假设如下

$$H_0: \mu_1 = \mu_2 = \mu_3 = \cdots = \mu_n (\text{自变量对因变量没有显著影响})$$

$$H_1: \mu_1, \mu_2, \mu_3, \cdots, \mu_n \text{不全相等 (自变量对因变量有显著影响)}$$

多个总体均值是否相等未知，但是可以通过样本均值是否有显著差异来检验总体均值是否相等。这是因为，如果 H_0 为真，则可以期望样本均值很接近；否则，当样本均值相距较远时，就可以认为总体均值相等的证据不充分，从而拒绝 H_0，接受 H_1。

样本均值之间距离的远近是相对的，是通过假定的共同方差的两个点估计值比较得出的。第一个点估计值是组内方差，用各个样本方差估计得到，只与每个样本内部的方差有关，反映各个水平内部随机性变动。第二个点估计值是组间方差，在 H_0 为真的前提下，由均值抽样平均误差计算得到，这样得到的方差包含两部分的变动：一是各个水平内部的随机性变动，二是各个水平之间的变动。将组间均方差与组内均方差相比，可以得到一个 F 统计量（$F=$ 组间均方差/组内均方差），据此证明该统计量服从 F 分布。

R 中用于方差分析的函数是 `aov()`，基本语法如下：

```
aov(formula, data = NULL, projections = FALSE, qr = TRUE,
  contrasts = NULL, …)
```

其中，formula 是 R 语言公式，data 是数据框。

例如，某医院要研究 A、B、C 三种降血脂药物对家兔血清肾素 ACE（血管紧张素转化酶）的影响，将家兔随机分为三组，均喂以高脂饮食，分别给予不同的降血脂药物。一定时间后测定家兔血清 ACE 浓度（U/mL）。试问三组家兔血清 ACE 浓度是否相同？

三组家兔血清 ACE 浓度用 R 语言表示如下：

```
a <- c(45, 44, 43, 47, 48, 44, 46, 44, 40, 45, 42, 40, 43,
  46, 47, 45, 46, 45, 43, 44)
b <- c(45, 48, 47, 43, 46, 47, 48, 46, 43, 49, 46, 43, 47,
  46, 47, 46, 45, 46, 44, 45, 46, 44, 43, 42, 45)
c <- c(47, 48, 45, 46, 46, 44, 45, 48, 49, 50, 49, 48, 47,
  44, 45, 46, 45, 43, 44, 45, 46, 43, 42)
dfCRp <- data.frame(value = c(a, b, c), group = factor(c(rep("1",
  20), rep("2", 25), rep("3", 23))))
```

在 aov() 函数中，类别变量（水平）需要转化为因子变量。

下面检验方差分析的前提条件，代码如下：

```
# 检查是否正态分布
shapiro.test(dfCRp$value)
# 检查方差齐性
bartlett.test(value ~ group, data = dfCRp)
##
##  Shapiro-Wilk normality test
##
## data:  dfCRp$value
## W = 0.97, p-value = 0.2
##
##
##  Bartlett test of homogeneity of variances
##
## data:  value by group
## Bartlett's K-squared = 0.76, df = 2, p-value =
## 0.7
```

上述正态性检验和方差齐性检验的 p 值均大于 0.05，可以认为数据满足正态性和方差齐性的要求。

aov() 函数默认的输出对解释检验结果不是特别有帮助，因此我们将 aov() 函数的输出命名为 aovCRp，并调用 summary() 命令得到详细的检验结果，代码如下：

```
aovCRp <- aov(value ~ group, data = dfCRp)
summary(aovCRp)
##             Df Sum Sq Mean Sq F value Pr(>F)
## group        2   26.3   13.15    3.24  0.045 *
## Residuals   65  263.4    4.05
## ---
## Signif. codes:
## 0 '***' 0.001 '**' 0.01 '*' 0.05 '.' 0.1 ' ' 1
```

如果三组家兔血清 ACE 浓度均值相差很小，即组间方差中的各个水平之间的变动很小，F 值会接近于 1。反之，则 F 值会显著地大于 1。根据上面计算得到的 F 值（3.24）或 p 值（0.045），在显著性水平 $\alpha = 0.05$ 给定的情况下，就可以做出拒绝三组家兔血清 ACE 浓度均值相等的假设。

单因素方差检验也可以用 oneway.test() 函数实现，对应的 R 代码如下：

```
oneway.test(value ~ group, data = dfCRp, var.equal = TRUE)
##
##  One-way analysis of means
##
## data:  value and group
## F = 3.2, num df = 2, denom df = 65, p-value =
## 0.05
```

可以看出，上面的检验结果与 aov() 得到的结果一致。

6.4 非参数统计推断

在许多实际问题中，人们往往对总体的分布知之甚少，很难对总体的分布做出正确的假定，最多只能对总体的分布做出诸如连续分布、关于某点对称分布等一般性假定。这种不假定总体分布的具体形式，尽量从数据本身来获得所需信息的统计检验方法称为非参数（或无分布）假设检验。

常见的非参数检验有 Kolmogorov-Smirnov(K-S) 检验、Mann-Whitney U 检验、Wilcoxon Signed Rank 检验、Kruskal Wallis 和 Friedman 检验等。这里我们介绍 R 语言中的 K-S 检验、Wilcoxon 秩和检验和卡方检验函数。

6.4.1 K-S 检验

K-S（Kolmogorov-Smirnov）统计量可以量化样本的经验分布函数与参考分布的累积分布函数（CDF）之间的距离，或两个样本的经验分布函数之间的距离。K-S 检验可以检验某样本是否符合特定分布，以及两个不同样本的分布是否一致。

R 语言中，ks.test() 函数的基本语法如下：

```
ks.test(x, y, …, alternative = c("two.sided", "less",
 "greater"), exact = NULL)
```

x 表示数值向量，y 表示数值向量或 CDF 或类似 pnorm() 函数在 R 中的累积分布函数，这里只允许连续变量的 CDF。

下面，我们分别看两个小例子，代码如下：

```
x <- c(420, 500, 920, 1380, 1510, 1650, 1760, 2100, 2300,
 2350)
# 检验是否服从指数分布
ks.test(x, "pexp", 1/1500)

set.seed(123)
x <- runif(100)
y <- runif(100)
# 检验两个样本分布是否相同
ks.test(x, y)
##
##  One-sample Kolmogorov-Smirnov test
##
## data:  x
## D = 0.3, p-value = 0.3
## alternative hypothesis: two-sided
##
##
##  Two-sample Kolmogorov-Smirnov test
##
## data:  x and y
## D = 0.09, p-value = 0.8
## alternative hypothesis: two-sided
```

上述两个 K-S 检验中，p 值均大于 0.05，因此，不能拒绝原假设（x 分布和指定指数分布一致，x 和 y 样本分布相同）。

6.4.2 Wilcoxon 符号秩检验

设 X 为一总体，将容量为 n 的样本观察值按从小到大的次序编号排列成 $X_1 < X_2 < \cdots < X_n$，称 X_i 的下标 i 为 X_i 的秩，$i = 1, 2, \cdots, n$。R 中 rank() 函数可以返回向量对应的秩。

Wilcoxon 符号秩检验是一种基于秩的非参数统计假设检验。当对总体均值不感兴趣时，Wilcoxon 检验可以很好地替代 t 检验。符号秩检验有两种变体：单样本检验，配对样本检验。从理论上讲，单样本检验更为基础，因为配对样本检验是通过将数据转换为单样本检验的情况来进行的。但是，符号秩检验的大多数实际应用都来自配对数据。

给定一组数据 $X_1, \cdots, X_n$，假设样本具有不同的绝对值并且没有样本等于零。Wilcoxon 符号秩检验过程如下：

1）计算 X 的绝对值：$|X_1|, \cdots, |X_n|$。

2）将 $|X_1|, \ldots, |X_n|$ 排序，并使用这个排序列表来计算 $R_1, \cdots, R_n$：最小观测值的秩是 1，次小观测值的秩是 2，依此类推。

3）令 sgn 表示符号函数：$\text{sgn} = \begin{cases} 1, & x > 0, \\ -1, & x < 0. \end{cases}$

4）检验统计量是带符号的秩和，即

$$T = \sum_{i=1}^{N} \text{sgn}(X_i) R_i$$

5）通过将 T 与其在原假设下的分布进行比较来生成 p 值。

在 R 中，`wilcox.test()` 函数可以用来做 Wilcoxon 符号秩检验，也可以用来做 Wilcoxon 秩和检验（Mann-Whitney U 检验）。当参数为单个样本，或者是两个样本且参数 `paired = TRUE` 时，做 Wilcoxon 符号秩检验。当参数是两个样本且 `paired = FALSE` 时，做 Wilcoxon 秩和检验。

`wilcox.test()` 基本语法如下：

```
wilcox.test(x, y = NULL, alternative = c("two.sided", "less",
  "greater"), mu = 0, paired = FALSE, exact = NULL, correct = TRUE,
  conf.int = FALSE, conf.level = 0.95, …)
```

单样本 Wilcoxon 符号秩检验可用于检验数据是否来自具有指定中位数的对称总体。如果总体中位数已知，则可以使用它来检验数据是否关于其中心对称。

例如，假定某电池厂宣称该厂生产的某种型号电池寿命的中位数为 $140 \text{A} \cdot \text{h}$，为了检验该厂生产的电池是否符合其规定的标准，现从新近生产的一批电池中随机抽取 20 个样本，并对这 20 个样本的寿命进行了测试。试用 Wilcoxon 符号秩检验分析该厂生产的电池是否符合其标准。

这里，原假设和备择假设如下：

$$H_0: M \geqslant 140; \quad H_1: M < 140$$

对应的单样本 Wilcoxon 符号秩检验代码如下：

```
X <- c(137, 140, 138.3, 139, 144.3, 139.1, 141.7, 137.3,
  133.5, 138.2, 141.1, 139.2, 136.5, 136.5, 135.6, 138,
  140.9, 140.6, 136.3, 134.1)
```

```
wilcox.test(X, mu = 140, alternative = "less", exact = FALSE,
  correct = FALSE, conf.int = TRUE)
##
##  Wilcoxon signed rank test
##
## data:  X
## V = 34, p-value = 0.007
## alternative hypothesis: true location is less than 140
## 95 percent confidence interval:
##   -Inf 139.2
## sample estimates:
## (pseudo)median
##           138.2
```

上述检验结果中 p 值 =0.007<0.05，故拒绝原假设，认为中位数达不到 140。

此外，Wilcoxon 符号秩检验还可用于配对样本差值的中位数和 0 比较。下面，我们使用 MASS 包中的 UScrime 数据集对检验进行阐述。该数据集包含了 1960 年美国 47 个州的刑罚制度影响犯罪率的信息，其中变量 U1 表示 14~24 岁年龄段城市男性失业率，U2 表示 35~39 岁年龄段城市男性失业率。

下面，我们利用 Wilcoxon 配对秩和检验对两个年龄段的失业率是否存在显著差异问题进行统计检验，对应的 R 代码如下：

```
library(MASS)
with(UScrime, wilcox.test(U1, U2, paired = TRUE))
##
##  Wilcoxon signed rank test with continuity
##  correction
##
## data:  U1 and U2
## V = 1128, p-value = 2e-09
## alternative hypothesis: true location shift is not equal to 0
```

检验结果中 p 值小于 0.05，可以认为两个年龄段的失业率存在显著差异。

6.4.3　Wilcoxon 秩和检验

Wilcoxon 秩和检验也称 Mann–Whitney U 检验，这里的秩和（rank sum）检验表示是选用秩和而非均值作为检验统计量的。

设 $X_1,\cdots,X_n$ 和 $Y_1,\cdots,Y_m$ 分别是来自总体 X 和 Y 的简单随机样本，它们彼此独立。Wilcoxon 秩和检验统计量 U 定义为

$$U = \sum_{i=1}^{n}\sum_{j=1}^{m} S(X_i, Y_j),$$

其中

$$S(X, Y) = \begin{cases} 1, & X > Y, \\ \dfrac{1}{2}, & X = Y, \\ 0, & X < Y. \end{cases}$$

Wilcoxon 秩和检验一般用来检测两组数据是否来自于相同分布的总体。例如，测得 10 名非铅作业工人和 7 名铅作业工人的血铅值。试用 Wilcoxon 秩和检验分析两组工人血铅值有无显著差异。

对应的 R 代码如下：

```r
# 非铅作业组
nonlead <- c(24, 26, 29, 34, 43, 58, 63, 72, 87, 101)
# 铅作业组
lead <- c(82, 87, 97, 121, 164, 208, 213)
wilcox.test(nonlead, lead, alternative = "less", exact = FALSE,
  correct = FALSE)
##
##  Wilcoxon rank sum test
##
## data:  nonlead and lead
## W = 4.5, p-value = 0.001
## alternative hypothesis: true location shift is less than 0
```

上述检验结果的 p 值小于 0.05，因此拒绝原假设，认为两组工人血铅值不是来自同一总体的，存在显著差异。

6.4.4 Pearson 卡方检验

Pearson 卡方（χ^2）检验由著名统计学家 Karl Pearson 提出，广泛应用于分类变量（categorical data）的独立性检验中，也可用于分类变量的比较检验中。

Pearson 卡方检验一般适用下面三种情形：拟合优度（goodness of fit）检验、同质性（homogeneity）检验和独立性（independence）检验。其中，拟合优度检验用于确定观察到的频率分布是否与理论分布相同，即检验理论分布与观察结果的"拟合优度"；同质性检验使用相同的分类变量比较两个或多个组的计数分布；独立性检验评估 $R \times C$ 列联表（contingency table）中不同变量观测结果的"独立性"。

卡方检验过程如下：

1）计算卡方检验统计量 χ^2，它类似于观测频率和理论频率之间的偏差平方和。

2）确定该统计量的自由度 df。对于拟合优度检验，df = Cats − Parms，其中 Cats 是模型中观测类别的数量，Parms 是为了使模型最适合观测数据而调整的模型参数数量；对于同质性检验，df = (Rows − 1) × (Cols − 1)，其中 Rows 对应于水平数（即列联表中的行），Cols 对应于独立组数（即列）；对于独立性检验，df = (Rows − 1) × (Cols − 1)，在这种情况下，Rows 对应于第一个变量中的水平数，而 Cols 对应于第二个变量中的水平数。

3）为测试结果选择所需的置信水平（p 值或相应的显著性水平 α）。

4）将 χ^2 与自由度为 df 的卡方分布和所选置信度的临界值进行比较。

5）根据检验统计量是否超过 χ^2 的临界值，接受或拒绝观察到的频率分布与理论分布相同的原假设。

在拟合优度卡方检验中，假设 $Y_1, Y_2, \cdots, Y_n$ 为一个容量为 n 的样本，那么该样本是否服从离散分布 $p_1, p_2, \cdots, p_k$？

这里的原假设和备择假设为：

$$H_0: 样本 Y_1, Y_2, \cdots, Y_n 的总体分布为 p_1, p_2, \cdots, p_k$$

$$H_1: 样本 Y_1, Y_2, \cdots, Y_n 的总体分布不是 p_1, p_2, \cdots, p_k$$

采用的检验统计量为

$$\chi^2 = \sum_{i=1}^{k} \frac{(O_i - E_i)^2}{E_i} = n \sum_{i=1}^{k} \frac{(O_i/n - p_i)^2}{p_i}$$

式中，O_i 是水平 i 的观测数；n 是观测总数；$E_i = np_i$，即水平 i 的预期（理论）计数；$k =$ 列联表中的单元格数。已经证明，当 H_0 成立且 n 充分大的情况下，$\chi^2 \approx \chi^2_{k-1}$。

在 R 中进行 Pearson 卡方检验可以用 chisq.test() 函数，基本语法如下：

```
chisq.test(x, y = NULL, correct = TRUE, p = rep(1/length(x),
  length(x)), rescale.p = FALSE, simulate.p.value = FALSE,
  B = 2000)
# p默认取均匀分布的概率
```

例如，假设一个总体取值包括 1,2,3,4,5 等 5 个数值。现从该总体中抽取 50 个数据，经过整理各观测数 O_1, O_2, O_3, O_4, O_5 分别为 12,5,19,7,7。试问这批数据的总体是否服从均匀分布？

Pearson 卡方检验的 R 代码如下：

```
y <- c(12, 5, 19, 7, 7)
chisq.test(y)
##
##  Chi-squared test for given probabilities
##
## data:  y
## X-squared = 13, df = 4, p-value = 0.01
```

因为检验结果 p 值小于 0.05，所以拒绝原假设，不能认为这批数据服从均匀分布。

我们也可以用 Pearson 卡方检验对连续数据进行拟合优度检验，但需要先把连续数据变成分组的频数数据。

例如，对于学生成绩是否服从正态分布的检验问题。首先，利用 cut() 函数把连续数据分组，并统计每组数据的频数，对应的 R 代码如下：

```r
X <- c(25, 45, 50, 54, 55, 61, 64, 68, 72, 75, 75, 78, 79,
 81, 83, 84, 84, 84, 85, 86, 86, 86, 87, 89, 89, 89,
 90, 91, 91, 92, 100)
# 分组计数
A <- table(cut(X, br = c(0, 69, 79, 89, 100)))
A
##
##   (0,69]  (69,79]  (79,89] (89,100]
##        8        5       13        5
```

计算当 H_0 成立时，即总体服从正态分布的每个分组的理论概率值，对应的 R 代码如下：

```r
p <- pnorm(c(70, 80, 90, 100), mean(X), sd(X))
pnew <- c(p[1], p[2] - p[1], p[3] - p[2], 1 - p[3])
pnew
## [1] 0.3439 0.2342 0.2089 0.2130
```

用 chisq.test() 函数进行拟合优度检验，对应的 R 代码如下：

```r
chisq.test(A, p = pnew)
##
##  Chi-squared test for given probabilities
##
## data:  A
## X-squared = 8.3, df = 3, p-value = 0.04
```

因为检验结果 p 值小于 0.05，所以拒绝原假设，不能认为学生成绩服从正态分布。

Pearson 卡方独立性检验用于确定给定总体中两个分类变量是否独立，即验证列联表的行和列是否在统计上显著相关。这里的原假设和备择假设为

H_0：列联表的行变量和列变量是独立的

H_1：列联表的行变量和列变量是相关的

对应的统计量如下

$$\chi^2 = \sum_{i=1}^{c} \frac{(O_i - E_i)^2}{E_i}$$

式中，c 是列数；O_i 是给定单元格中实际观测到的计数；E_i 是期望计数：$E_i = np_i$，n 是所有单元格的总计数，而 p_i 是给定单元格的理论期望概率。

下面，我们以某个吸烟和患肺癌的数据集为例，介绍 Pearson 卡方独立性检验的 R 语言实现。

```
# 列联表数据
x <- c(60, 5, 32, 11)
dim(x) <- c(2, 2)
row.names(x) <- c("smoker", "non-smoker")
colnames(x) <- c("cancer", "non-cancer")
x
chisq.test(x)
##                cancer non-cancer
## smoker            60        32
## non-smoker         5        11
##
##  Pearson's Chi-squared test with Yates'
##  continuity correction
##
## data:  x
## X-squared = 5.2, df = 1, p-value = 0.02
```

因为检验结果 p 值小于 0.05，所以拒绝原假设，认为吸烟与患肺癌有关。

Pearson 卡方同质性检验一般检验两个或两个以上总体的某一特性分布，也就是各"类别"的比例是否统一或相近。

例如，某咨询公司想了解 A 和 B 两城市的市民对最低生活保障的满意程度是否相同。它从 A 城市抽取 600 位居民，从 B 城市抽取 600 位居民，每位居民任选且仅能选择一种满意程度类别（"非常满意""满意""不满意""非常不满意"）。统计数据和对应的 R 代码如下：

```
xdata <- c(100, 110, 150, 160, 180, 170, 170, 160)
x = matrix(xdata, nrow = 4, byrow = TRUE)
row.names(x) <- c("非常满意", "满意", "不满意", "非常不满意")
colnames(x) <- c("A城市", "B城市")
x
chisq.test(x)
##              A城市  B城市
## 非常满意       100    110
## 满意           150    160
## 不满意         180    170
## 非常不满意     170    160
```

```
## 
##  Pearson's Chi-squared test
## 
## data:  x
## X-squared = 1.4, df = 3, p-value = 0.7
```

因为检验结果 p 值大于 0.05，所以不能拒绝原假设，可以认为两城市居民对最低生活保障满意程度的比例相同。

卡方分布本身是连续分布，但是在分类资料的统计分析中，显然频数只能以整数形式出现，因此计算出的统计量是非连续的。只有在样本量比较充足时，才可以忽略两者间的差异，否则可能导致较大的偏差。使用 Pearson 卡方检验时，我们假定所有单元的频数不为 0，且频数大于或等于 5。如果此假设不成立，则应使用 `chisq.test()` 函数中的 `correct=TRUE`(默认值) 选项进行校正或采用确切概率法进行检验。

6.4.5 Fisher 精确检验

样本数较小的列联表独立性检验，可以用 Fisher 精确检验（Fisher's exact test）。与 Pearson 卡方检验的思想不同，Fisher 精确检验考虑的是超几何分布：固定边际频数不变后，每次抽样就相当于从边际频数中抽取数字填进列联表中，因此得到的样本服从超几何分布。之所以叫精确检验，是因为 Fisher 检验的 p 值可以由原假设服从的超几何分布直接计算得出，而无须借由足够的样本数逼近特定的概率分布来估算概率。

在 R 中进行 Fisher 精确检验，可以使用 `fisher.test()` 函数。这里我们结合某新生儿感染率数据进行介绍，代码如下：

```
# 列联表数据
x <- c(4, 5, 18, 6)
dim(x) <- c(2, 2)
row.names(x) <- c("injection", "ref")
colnames(x) <- c("positive", "negative")
x
fisher.test(x)
##           positive negative
## injection        4       18
## ref              5        6
## 
##  Fisher's Exact Test for Count Data
## 
## data:  x
## p-value = 0.1
## alternative hypothesis: true odds ratio is not equal to 1
```

```
## 95 percent confidence interval:
##  0.03974 1.76726
## sample estimates:
## odds ratio
##     0.2791
```

因为检验结果 p 值大于 0.05,因此无法拒绝原假设,说明两个变量是独立的,即认为两组新生儿的感染率无差别。

6.5 本章小结

本章我们介绍了常用的统计推断方法,包括参数估计、假设检验以及非参数统计推断。首先,我们分别介绍了参数估计中的点估计与区间估计。接着介绍了一些常见的假设检验方法,如 t 检验、二项分布检验等。在实际中,我们遇到的数据常常并不满足特定的假设(正态分布),此时可以使用 K-S 检验、Wilcoxon 秩和检验等非参数检验方法。对于分类或计数数据,我们还介绍了卡方检验和 Fisher 精确检验的使用方法。

为方便读者,现将本章涉及的主要 R 函数进行汇总,见表6.1。

表 6.1 本章涉及的主要 R 函数

函数名	功能
mean( )	均值函数
median( )	中位数函数
var( )	方差函数
sd( )	标准差函数
cor( )	相关系数函数
t.test()	t 检验
var.test()	方差齐性检验
bartlett.test()	Bartlett 方差齐性检验
binom.test()	二项分布的总体检验
poisson.test()	泊松分布的总体检验
prop.test()	样本比率的总体检验
aov()	方差分析函数
shapiro.test()	正态分布检验
ks.test()	K-S 检验(检验是否满足指定分布)
wilcox.test()	Wilcoxon 秩和检验
chisq.test()	Pearson 卡方检验
fisher.test()	Fisher 精确独立检验

6.6 练习题

1. 一位经济学家想要估计给定地区银行储蓄账户的平均金额。据统计,200 个账户的样本均值 $\bar{X} = 3501.60$,样本标准差 $s = 140.00$。试给出给定地区银行任何储蓄账户

中的平均金额 μ 的 95% 置信区间。

2. R 中的 EuStockMarkets 数据集提供 4 个主要欧洲股票指数的每日收盘价：德国 DAX (Ibis)、瑞士 SMI、法国 CAC 和英国 FTSE。使用此数据集，检验瑞士 SMI 和法国 CAC 指数的收盘价是否存在差异。假定 $\alpha = 0.05$，且不假设方差相等。

6.7 实验题

一名教师为两个班级授课，授课时感觉两个班级的成绩存在差距，为了验证这一想法，请帮助教师完成实验。假定两个班级的学生成绩服从正态分布 $N(10, 0.3^2)$ 和 $N(8, 0.2^2)$，从两个班级分别抽取 43 人和 39 人，在方差未知和方差已知的条件下，使用 p 值估计两个班级的教学质量，检验两个班级的成绩是否存在显著差异。（设 α 为 0.05）

第 7 章 R 语言回归分析

回归分析是统计武器库中的"氢弹"。

——Charles Wheelan(专栏作家、Dartmouth 大学教师)

回归分析(regression analysis)指的是确定两个或两个以上变量间相互依赖的定量关系的一种统计分析方法。回归分析可以用来选择与响应变量相关的解释变量,可以描述两者的关系,也可以生成一个等式,通过解释变量来预测响应变量。目前,回归分析模型依然是统计学的核心方法之一,是简单有效且广泛使用的统计工具。

在回归分析中,一般用 X 表示解释变量(又称暴露变量、预测变量或自变量),用 Y 表示我们感兴趣的结果,即响应变量(又称因变量)。在简单线性回归中,只有一个自变量和一个因变量,故又称一元线性回归。当自变量个数不止一个时,我们称之为多元回归。在线性回归中,一般假定因变量 Y 是连续的,即不能是分类变量,而自变量 X 既可以是连续变量,也可以是分类变量。由于回归分析在现代统计学中非常重要,本章我们将结合 R 语言介绍回归分析模型中的模型拟合、参数估计、模型解释、模型诊断和变量选择等问题。

7.1 一元回归模型

下面我们主要结合最简单的一元回归模型介绍 R 语言中的线性回归函数。

7.1.1 R 语言回归函数

假设 Y 和 X 两者之间的关系由线性函数给出

$$Y = \beta_0 + \beta_1 X$$

当解释变量 X 取某固定值时(条件),Y 的值不确定,Y 的不同取值形成一定的分布,即 Y 的条件分布。对于每一个 X_i 的取值,都有 Y 的条件期望 $E(Y|X_i)$ 与之对应。回归分析关心的是根据解释变量的已知或给定值 $X = x$,考察响应变量的 Y 的条件期望(或条件均值,条件平均),即

$$E[Y|X=x] = \beta_0 + \beta_1 x$$

如果回归方程对样本拟合得较好,能较好地反映客观规律,模型预测出来的值和真实值的距离应该比较接近。在回归分析中,一般采用残差平方和(residual sum of squares,

RSS）来度量距离，即

$$\arg\min_{\beta_0,\beta_1} \text{RSS} = \frac{1}{2}\sum_i [y_i - (\beta_0 + \beta_1 x_i)]^2$$

式中，β_0 称为截距项；β_1 称为回归系数。β_1 的大小表示 x_i 变化 1 个单位，y 的值平均变换 β_1 个单位。

利用最小二乘法，我们可以给出 β_0 和 β_1 的估计，即

$$\hat{\beta}_1 = \frac{\sum_{i=1}^n (y_i - \overline{y})(x_i - \overline{x})}{\sum_{i=1}^n (x_i - \overline{x})^2} = \frac{\text{cov}(y,x)}{\text{var}(x)}$$

$$\hat{\beta}_0 = \overline{y} - \hat{\beta}_1 \overline{x}$$

在 R 语言中，进行回归分析的函数是 lm() 函数，基本语法如下：

```
lm(formula, data, subset, weights, na.action, method = "qr",
   model = TRUE, x = FALSE, y = FALSE, qr = TRUE, singular.ok = TRUE,
   contrasts = NULL, offset, …)
```

lm() 函数比较复杂。输入 "?lm" 调出对应的帮助文件，可以发现需要指定的参数很多，其实大部分参数对初学者来说意义不大。目前，我们只需关注两个参数：formula 和 data。这里的 data 参数比较简单，表示指定回归模型使用的数据框形式的数据。formula 是 R 语言模型公式（形如 $y \sim x1 + x2$）。由于模型公式使 R 语言编程显得非常简洁，因此在回归分析及各种统计分析模型中其使用得很普遍。

表7.1列出了常见 R 语言公式中的符号含义及使用示例。

表 7.1　R 语言公式符号含义及使用示例

符号	含义及使用示例
~	分隔符。左边为响应变量，右边为解释变量。例：通过 x1 预测 y，公式为 y~x1
+	变量连接符号。例：通过 x1、x2 预测 y，公式为 y~x1+x2
:	交互项。例: 要通过 x1、x2 以及 x1 与 x2 的交互项预测 y，代码为 y~x1+x2+x1:x2
*	所有可能交互项。例：y~x1*x2*x3 和 y~x1+x2+x3+x1:x2+x2:x3+x1:x3+x1:x2:x3 意义相同
^	交互项次数。例：y~(x1+x2+x3)^2 和 y~x1+x2+x3+x1:x2+x2:x3+x1:x3 意义相同
.	包含除响应变量外的所有变量，可在解释变量数量时较多使用。例：y~. 表示用所有变量对 y 建模
-	移除对应变量。例：y~(x1+x2)^2-x2 和 y~x1+x1:x2 意义相同
-1	移除截距项。例：y~x1-1
+0	移除截距项。例：y~x1+0
I()	括号内部是算术运算符而不是 R 语言公式符号。例：y~x1+I(x2*x3)，* 表示乘法而不是交互项
|	指定条件变量。例：y1|y2~x1+x2

在 R 中，lm() 函数的返回值是一个模型拟合结果对象，实质上就是结果列表，包含了所拟合模型的信息，部分返回对象见表7.2。

表 7.2 lm() 函数部分返回对象

列表对象	功能或内容描述
coefficients	返回系数向量
residuals	残差，即用响应变量真实值减去拟合值
fitted.values	拟合的均值
call	返回 lm 调用本身

7.1.2 一元回归分析示例

下面以 forbes 沸点及大气压数据的数据集为例进行说明。

物理学家 James. D. Forbes 试图通过水的沸点来估计海拔高度，他知道通过气压计测得的大气压可用于估计海拔高度，气压越低，海拔高度越高。由于在当时运输精密的气压计相当困难，因此测量沸点给旅行者提供了一个快速估计海拔高度的方法。他测量了阿尔卑斯山及苏格兰等 17 个地方水的沸点 F（单位：华氏度）及大气压数据 h（单位：英寸汞柱）[一]，并且对数据做了简单处理，得到了较为明确的数学关系，即

$$\log h \approx \beta_0 + \beta_1 F$$

相关数据如下：

```
X <- matrix(c(194.5, 20.79, 1.3179, 131.79, 194.3, 20.79,
  1.3179, 131.79, 197.9, 22.4, 1.3502, 135.02, 198.4,
  22.67, 1.3555, 135.55, 199.4, 23.15, 1.3646, 136.46,
  199.9, 23.35, 1.3683, 136.83, 200.9, 23.89, 1.3782,
  137.82, 201.1, 23.99, 1.38, 138, 201.4, 24.02, 1.3806,
  138.06, 201.3, 24.01, 1.3805, 138.05, 203.6, 25.14,
  1.4004, 140.04, 204.6, 26.57, 1.4244, 142.44, 209.5,
  28.49, 1.4547, 145.47, 208.6, 27.76, 1.4434, 144.34,
  210.7, 29.04, 1.463, 146.3, 211.9, 29.88, 1.4754, 147.54,
  212.2, 30.06, 1.478, 147.8), ncol = 4, byrow = T, dimnames = list(1:17,
  c("F", "h", "log", "log100"))))

forbes <- as.data.frame(X)   # 强制类型转换为数据框
```

这里，由于气压的对数值变化不大，最小值为 1.318，最大值为 1.478，因此可以将所有气压的对数值乘以 100，在不改变分析的主要性质的同时，也避免研究非常小的数字。

首先，画出解释变量和响应变量之间关系的散点图，进行数据探索分析。代码如下：

```
plot(x = forbes$F, y = forbes$log100)
```

绘制出的散点图如图 7.1 所示。

[一] 英寸汞柱为非法定计量单位。1 英寸汞柱 =25.4 毫米汞柱

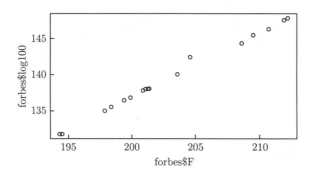

图 7.1 气压和沸点之间关系的散点图

从图7.1上发现解释变量和响应变量的排列基本上在一条直线附近，那么我们可以假设两者的关系是线性的。

这里假设之前的数据框名为 forbes，以下三种 R 语言代码都可以完成回归模型的拟合：

```
lm(forbes$log100 ~ forbes$F)    # 1.指定X和Y
lm(log100 ~ F, data = forbes)   # 2.用R语言公式方式实现
attach(forbes)   # 3.用attach
lm(log100 ~ F)
detach(forbes)
```

本章，我们主要使用基于 R 语言公式的回归模型。

首先，用 summary() 函数来看看返回的模型信息，代码如下：

```
lm.sol <- lm(log100 ~ F, data = forbes)
summary(lm.sol)
##
## Call:
## lm(formula = log100 ~ F, data = forbes)
##
## Residuals:
##     Min      1Q  Median      3Q     Max
## -0.3226 -0.1453 -0.0675  0.0211  1.3592
##
## Coefficients:
##              Estimate Std. Error t value Pr(>|t|)
## (Intercept) -42.1309     3.3390   -12.6  2.2e-09 ***
## F             0.8955     0.0164    54.5  < 2e-16 ***
## ---
## Signif. codes:
## 0 '***' 0.001 '**' 0.01 '*' 0.05 '.' 0.1 ' ' 1
```

```
## 
## Residual standard error: 0.379 on 15 degrees of freedom
## Multiple R-squared:  0.995,  Adjusted R-squared:  0.995
## F-statistic: 2.96e+03 on 1 and 15 DF,  p-value: <2e-16
```

下面，结合 summary() 函数的返回结果，我们逐行进行解释说明。

1) call 返回拟合回归模型使用的 R 代码。

2) Residuals 可以快速查看残差的分布。如果模型拟合效果较好，那么残差的均值应为 0，残差中位数不应远离 0，且最小值和最大值的绝对值应大致相等。

3) Coefficients 显示回归系数及其统计意义。第一列报告了模型系数的估计（Estimate）。第二列标准误（Stel. Error）反映系数估计的精度。第三列、第四列分别报告 t 检验统计量和对应的 p 值 (Pr 那一列)，对于给定的预测变量，t 统计量（及其关联的 p 值）检测给定的解释变量（X）与响应变量（Y）在统计学上是否显著相关，即解释变量（X）的系数是否显著不为 0。p 值旁边的不同符号（星号或点号）对应不同的置信水平。p 值越小，旁边的星号越多，对应的模型系数越显著，说明对应的解释变量对于预测或解释响应变量越重要。

4) Signif. codes 表示不同 p 值对应的符号，*** 表示 p 值 $\leqslant 0.001$，** 表示 $0.001 < p$ 值 $\leqslant 0.01$，* 表示 $0.01 < p$ 值 $\leqslant 0.05$，. 表示 $0.05 < p$ 值 $\leqslant 0.1$，空格则表示 p 值 > 0.1。

5) Residual standard error 为残差标准误（RSE），表示残差的变异度。一般来说，模型的 RSE 值越小越好，但到底多大的 RSE 是可以接受的，取决于研究问题的实际背景。在我们的示例中，RSE = 0.379，这意味着观察到的大气压的对数值水平平均偏离回归线约 0.379 个单位。

6) Multiple R-squared 和 Adjusted R-squared 则报告了回归方程对样本的拟合优度。R 平方（R^2）的取值范围是 0 到 1，代表模型可以解释实际情况的百分比。调整后的 R 平方是调整了自由度后的 R 平方。

7) F-statistic 提供了回归方程 F 检验的结果，常用于判断回归方程整体的显著性。在一元回归中，此检验并不具有真正的意义，因为它只是复制了系数表中的 t 检验给出的信息。实际上，F 检验与 t 检验的平方相同（$2965 \approx 54.45^2$）。在使用多个解释变量的多元线性回归中，F 检验将变得更加重要。如果 F 检验拒绝原假设，意味着解释变量与响应变量之间的线性关系是显著的，但具体是哪个解释变量与响应变量之间关系显著则需要通过 t 检验来进一步验证；若 F 检验接受原假设，则意味着所有的 t 检验均不显著。

根据上面的结果，我们可以写出如下回归方程

$$\hat{y} = -42.13087 + 0.89546x$$

下面，将得到的回归直线方程添加到散点图上，代码如下：

```
plot(x = X[, 1], y = X[, 4], xlab = "forbes$F", ylab = "forbes$log100")
abline(lm(log100 ~ F, data = forbes))
```

绘制的散点图如图 7.2 所示。

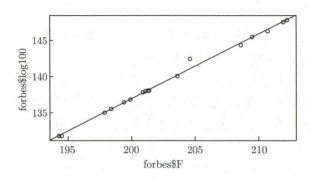

图 7.2 带回归直线方程的散点图

7.2 多元回归模型

上面的讨论中，我们一般假定只有一个解释变量，但是在实际问题中，我们更多遇到的是包含多个解释变量的情形。例如，研究大学教师的工资收入和什么因素相关的问题，我们发现影响大学老师工资收入的因素并不是单一的，年龄、职称、工龄、学位都可能对工资收入产生影响。如果用工资收入作为响应变量，用只有一个解释变量的简单回归模型很难分析大学教师的收入水平，必须借助可处理多个解释变量情况的多元回归模型。

多元回归模型一般采用以下形式表示

$$E[Y|X=x] = \beta_0 + \beta_1 x_1 + \beta_2 x_2 + \cdots + \beta_p x_p$$

式中，$x_i(i = 1, \cdots, p)$ 值表示解释变量；$\beta_i(i = 0, 1, \cdots, p)$ 值表示回归系数。β_i 的大小表示当其他变量保持不变或控制其他变量不变时，每改变 x_i 一个单位时响应变量 Y 的平均变化量。和一元回归的参数估计相同，我们可以通过最小化残差平方和估计多元回归模型的参数。

在 R 语言中，多元回归和一元回归模型的拟合类似，也可以用 lm() 函数实现，只是公式的写法稍微复杂一些。

7.2.1 多元回归分析示例

下面，我们首先考虑解释变量均为连续变量的情况。我们以 R 语言 MASS 包中的 cement 数据为例，简要介绍 R 语言中多元回归分析过程。

cement 数据包括美国波特兰市某种水泥产生的热量数据，共 13 组。每组数据包括水泥凝固时放出的热量 y（响应变量）和水泥混合物中的四种化学成分：x1（铝酸三钙），x2（硅酸三钙），x3（铁铝酸四钙），x4（硅酸二钙）的含量。部分数据如下：

```
data(cement, package = "MASS")
head(cement)
##    x1 x2 x3 x4     y
## 1   7 26  6 60  78.5
## 2   1 29 15 52  74.3
## 3  11 56  8 20 104.3
## 4  11 31  8 47  87.6
## 5   7 52  6 33  95.9
## 6  11 55  9 22 109.2
```

如果我们想用全部的变量来解释热量 y，对应的多元回归 R 代码如下：

```
data(cement, package = "MASS")
mlm_f <- lm(y ~ ., data = cement)
summary(mlm_f)
## 
## Call:
## lm(formula = y ~ ., data = cement)
## 
## Residuals:
##     Min     1Q Median     3Q    Max
## -3.175 -1.671  0.251  1.378  3.925
## 
## Coefficients:
##             Estimate Std. Error t value Pr(>|t|)
## (Intercept)   62.405     70.071    0.89    0.399
## x1             1.551      0.745    2.08    0.071 .
## x2             0.510      0.724    0.70    0.501
## x3             0.102      0.755    0.14    0.896
## x4            -0.144      0.709   -0.20    0.844
## ---
## Signif. codes:
## 0 '***' 0.001 '**' 0.01 '*' 0.05 '.' 0.1 ' ' 1
## 
## Residual standard error: 2.45 on 8 degrees of freedom
## Multiple R-squared:  0.982,  Adjusted R-squared:  0.974
## F-statistic:  111 on 4 and 8 DF,  p-value: 4.76e-07
```

和一元回归类似，它们的 lm() 函数中都假定模型中含有截距项（如果确实不需要，可以对模型公式进行调整）。

多元回归模型 summary() 函数返回的结果和一元回归的类似，不过多元回归方程的 F 检验和单个系数的 t 检验之间不再是等价的关系。从 cement 数据的返回结果中可以发现，F 检验的 p 值很小，说明回归方程是显著的，但在各个系数的 t 检验中，p 值均大于 0.05，说明每个系数都是不显著的，回归方程可能包括不重要的变量或存在共线性等问题，这样的模型不能直接应用，从而需要进行回归诊断和模型选择。

7.2.2 处理类别变量

上面，我们假定回归模型中的解释变量都是连续型的数值变量，但是在很多情况下，解释变量很有可能是类别变量（categorical variable），如 carDataR 包 Salaries 数据集中的 rank 变量就是包括 Prof、AssocProf、AsstProf 等三个类别（水平）的类别变量。对于回归模型中的类别变量，我们可通过哑变量法处理，一般 k 个类别需要设置 $k-1$ 个哑变量（也称虚拟变量）。

lm() 函数内置了对类别变量的支持。下面，我们以 Salaries 数据集为例，探索工作年限、职称、性别等解释变量和响应变量工资收入之间的关系，该数据集包含 2008 年—2009 年度某大学助理教授、副教授和教授的 9 个月工资情况，数据分布如下：

```
data(Salaries, package = "carData")
summary(Salaries)
##       rank       discipline yrs.since.phd
##   AsstProf : 67   A:181    Min.   : 1.0
##   AssocProf: 64   B:216    1st Qu.:12.0
##   Prof     :266            Median :21.0
##                            Mean   :22.3
##                            3rd Qu.:32.0
##                            Max.   :56.0
##    yrs.service         sex          salary
##   Min.   : 0.0    Female: 39    Min.   : 57800
##   1st Qu.: 7.0    Male  :358    1st Qu.: 91000
##   Median :16.0                  Median :107300
##   Mean   :17.6                  Mean   :113706
##   3rd Qu.:27.0                  3rd Qu.:134185
##   Max.   :60.0                  Max.   :231545
```

如果用全部的解释变量解释响应变量，得到的回归方程如下：

```
lmmodel <- lm(salary ~ ., data = Salaries)
summary(lmmodel)
##
## Call:
## lm(formula = salary ~ ., data = Salaries)
##
## Residuals:
##     Min      1Q  Median      3Q     Max
```

```
## -65248 -13211   -1775   10384   99592
## 
## Coefficients:
##                Estimate Std. Error t value Pr(>|t|)
## (Intercept)      65955       4589   14.37  < 2e-16 ***
## rankAssocProf    12908       4145    3.11    0.002 **
## rankProf         45066       4238   10.63  < 2e-16 ***
## disciplineB      14418       2343    6.15  1.9e-09 ***
## yrs.since.phd      535        241    2.22    0.027 *
## yrs.service       -490        212   -2.31    0.021 *
## sexMale           4784       3859    1.24    0.216
## ---
## Signif. codes:
## 0 '***' 0.001 '**' 0.01 '*' 0.05 '.' 0.1 ' ' 1
## 
## Residual standard error: 22500 on 390 degrees of freedom
## Multiple R-squared:  0.455,  Adjusted R-squared:  0.446
## F-statistic: 54.2 on 6 and 390 DF,  p-value: <2e-16
```

上面的输出中，哑变量 rankAssocProf 和 rankProf 的 p 值很小，表明不同职称的教师的平均工资存在显著差异。哑变量 sexMale 的 p 值大于 0.1，说明没有证据表示不同性别之间的平均工资存在差异。

使用 contrasts() 函数可以返回 R 创建的哑变量编码：

```
contrasts(Salaries$rank)
##           AssocProf Prof
## AsstProf          0    0
## AssocProf         1    0
## Prof              0    1
```

可以看出，在进行回归建模中，R 创建了 rankAssocProf 和 rankProf 两个哑变量：

1）如果 rank 为 AssocProf，那么哑变量 rankAssocProf 为 1，rankProf 为 0。

2）如果 rank 为 Prof，那么哑变量 rankProf 为 1，rankAssocProf 为 0。

3）如果 rank 为 AsstProf，那么两个哑变量 rankAssocProf、rankProf 均为 0。

将 AsstProf 编码为 00（基线）的决定虽然是任意的，并且对回归计算没有影响，但是会改变系数的解释方向。

当然，我们也可以利用第 3 章介绍的 ifelse 函数和 R 内置的 model.matrix() 函数来定义哑变量，有兴趣的读者可以通过 R 帮助获得有关信息。

7.2.3 回归系数的置信区间

我们可以使用置信区间来评估系数估计的可靠性。置信区间越宽，估计值越不精确。要对回归系数进行区间估计，需要知道它们服从什么概率分布。由于这里假定误差项服从正态分布，解释变量 X 是确定量，响应变量 Y 服从正态分布，而回归系数与 Y 是线性关系，因此回归系数也服从正态分布。因为总体方差未知，所以适用 t 分布，可得回归系数 β 的置信区间为

$$\mathrm{CI}(\beta) = \hat{\beta} \pm \left(t_{\mathrm{crit}} \times \mathrm{SE}(\hat{\beta}) \right)$$

式中，β 是回归系数的估计值；$\mathrm{SE}(\hat{\beta})$ 是回归系数的标准误；t_{crit} 是对应 t 分布的临界值。

R 语言提供了 `confint()` 函数计算系数的置信区间，代码如下：

```
confint(object = lmmodel, parm = "sexMale", level = 0.95)
##              2.5 % 97.5 %
## sexMale    -2803  12370
```

其中，`object` 参数为拟合的回归模型；`parm` 参数表示计算置信区间的变量名称，如果没有指定，则返回所有变量的置信区间；`level` 表示置信水平。

7.2.4 标准化的回归系数

在构建多元回归模型时，一般方程中呈现的是未标准化的回归系数，它是方程中不同解释变量对应的原始回归系数。它反映了在其他因素不变的情况下，某解释变量每变化一个单位对响应变量的作用大小。通过未标准化回归系数和常数项构建的方程，可以对响应变量进行预测，并得出结论，例如：

```
# 提取未标准化的回归系数
coef(mlm_f)
## (Intercept)        x1           x2           x3
##    62.4054       1.5511       0.5102       0.1019
##         x4
##    -0.1441
```

标准化回归系数是在同时标准化处理解释变量和响应变量后所得到的回归系数，数据经过标准化处理后消除了量纲、数量级等差异的影响，使得不同变量具有可比性，因此可以用标准化回归系数来比较不同解释变量对响应变量的作用大小。

标准化回归系数 $\hat{\beta}^{\mathrm{std}}$ 和未标准化回归系数 $\hat{\beta}^{\mathrm{org}}$ 换算方法如下：

$$\hat{\beta}_i^{\mathrm{std}} = \hat{\beta}_i^{\mathrm{org}} \times \frac{\sigma_{x_i}}{\sigma_Y}$$

式中，σ_{x_i} 表示该解释变量的标准差，σ_Y 表示响应变量的标准差。

通常我们主要关注标准化回归系数的绝对值大小，绝对值越大，可认为它对响应变量的影响就越大。

下面，我们用 `scale()` 函数给出标准化回归系数的回归模型，代码如下：

```
sca_model <- lm(scale(y) ~ scale(x1) + scale(x2) + scale(x3) +
  scale(x4), data = cement)

coef(sca_model)
## (Intercept)    scale(x1)    scale(x2)    scale(x3)
##   2.587e-16    6.065e-01    5.277e-01    4.339e-02
##   scale(x4)
##  -1.603e-01
```

未标准化回归系数体现了解释变量变化对响应变量的绝对作用大小；标准化回归系数体现了不同解释变量对响应变量的相对作用大小，可以显示出不同解释变量对响应变量影响的重要性。

如果用标准化回归系数构建方程，那么得到的结论是有偏的，因为此时解释变量和响应变量的数据都发生了转化，成为标准化数据，所以标准化回归系数不能直接用于回归方程预测。

7.3 回归模型的拟合优度

上面我们通过最小二乘法或 lm() 函数给出了回归模型的参数估计，回归模型拟合的优劣需要通过拟合优度（goodness of fit）来衡量。

7.3.1 R^2

在回归模型中，拟合优度是指回归直线对观测值的拟合程度。目前，使用最广泛的拟合优度是可决系数（coefficient of determination）R^2。R^2 的定义如下

$$R^2 = 1 - \frac{\text{SSE}}{\text{SST}}$$

式中，SST（总平方和）为 $\sum(y_i - \bar{y})^2$，残差平方和（可简写为 SSE 或 RSS）为 $\sum(y_i - \hat{y})^2$。R^2 表示的是响应变量方差中可被当前模型解释的比例，R^2 值接近 1 表示大部分变异已通过回归模型进行了解释，R^2 接近 0 则表示回归模型无法解释大部分变异。

▲ 注意：R^2 的最小值没有下限，R^2 的理论取值范围是 $(-\infty, 1]$，因此 R^2 并不是某个数的平方，它可以是负值。

对于简单线性回归，R^2 等于 Pearson 相关系数的平方，例如：

```
# 针对forbes沸点及大气压数据，计算Pearson相关系数
r = cor(forbes$log100, forbes$F)
# Pearson相关系数的平方
print(r^2)
# 回归模型的R平方
```

```
print(summary(lm.sol)$r.squared)
## [1] 0.995
## [1] 0.995
```

但是在多元线性回归模型中,只要增加解释变量的个数(无论这些解释变量是否和响应变量 Y 相关),R^2 就可能增大,导致 R^2 无法反映真实的拟合水平。因此,我们在评估模型的拟合优度时,主要考虑使用调整后的 R^2。

7.3.2 调整后的 R^2

调整后的 R^2 计算公式为

$$\text{adj. } R^2 = 1 - \left(\frac{\text{SSE}}{\text{SST}} \times \frac{n-1}{n-k-1}\right)$$

式中,k 是模型中解释变量的个数,n 是样本量。引入解释变量的个数 k,相当于对解释变量个数多的回归模型做了一个惩罚,如果增加更多无意义的变量,那么 R^2 有可能增大或保持不变,调整后的 R^2 则会下降,但是如果加入的变量是显著的,那么调整后的 R^2 会上升。

7.4 回归模型诊断

拟合好的一个回归模型并不能直接使用,而是先要对回归分析中的假设,即高斯–马尔可夫(Gauss-Markov)条件以及数据进行检验与分析。通常包含两方面的内容:

1)检验回归分析中的假设是否合理。如果这些假设不合理,那么对数据做怎样的修正,才能使它们满足或近似满足这些假设?

2)对数据做诊断,检验观测值中是否有异常数据,思考有异常数据时如何处置。

7.4.1 残差的分类

回归诊断方法大都围绕残差展开,因此,这里先介绍三种不同类型的残差(普通残差、标准化残差和学生化残差)的定义,再结合 forbes 数据拟合的回归模型介绍对应的 R 语言函数。

普通残差是最简单的残差,也就是原始残差,即 Y 的观测值减去 Y 的拟合值的差值($\epsilon_i = Y_i - \hat{Y}_i$)。在 R 软件中,可以通过模型残差提取函数 residuals() 提取,例如:

```
#提取forbes数据拟合的lm.sol模型的普通残差
residuals(lm.sol)
##            1         2         3         4         5
## -0.246590 -0.067498 -0.061163  0.021106  0.035643
##            6         7         8         9        10
## -0.042088  0.052450  0.053357 -0.155282 -0.075735
```

```
##       11        12        13        14        15
## -0.145299  1.359238  0.001472 -0.322612 -0.243083
##       16        17
## -0.077638 -0.086277
```

标准化残差又叫作学生化内残差，是普通残差的标准化形式。其计算公式为

$$\epsilon_i' = \frac{\epsilon_i}{\hat{\sigma}\sqrt{1-h_i}}$$

式中，$\hat{\sigma}$ 为残差标准差；h_i 为帽子矩阵（hat matrix）的对角线元素。

R 语言中可利用 rstandard() 函数提取回归模型的标准化残差，例如

```
#提取forbes数据拟合的lm.sol模型的标准化残差
rstandard(lm.sol)
##        1         2         3         4         5
## -0.724685 -0.199161 -0.170819  0.058649  0.098218
##        6         7         8         9        10
## -0.115585  0.143297  0.145662 -0.423474 -0.206608
##       11        12        13        14        15
## -0.395459  3.707950  0.004188 -0.907110 -0.705024
##       16        17
## -0.230491 -0.257820
```

学生化残差又叫作 jackknife 残差或学生化外残差。由于残差计算基于样本数据，因此普通残差标准化后并不服从标准正态分布而是服从 t 分布，学生化残差实质上是删除第 i 个样本数据后由余下的数据计算的残差。其计算公式为

$$\epsilon_i^* = \frac{\epsilon_i}{\hat{\sigma}_{(-i)}\sqrt{1-h_i}}$$

式中，$\hat{\sigma}_{(-i)}$ 为删除第 i 个数据后所拟合回归模型的残差标准差。

R 语言中可利用 rstudent() 函数调用回归模型的学生化残差，例如：

```
#提取forbes数据拟合的lm.sol模型的学生化残差
rstudent(lm.sol)
##        1         2         3         4         5
## -0.712699 -0.192663 -0.165187  0.056667  0.094918
##        6         7         8         9        10
## -0.111716  0.138533  0.140822 -0.411583 -0.199886
##       11        12        13        14        15
## -0.384057 12.403693  0.004046 -0.901425 -0.692692
##       16        17
## -0.223071 -0.249632
```

7.4.2 线性假设诊断

线性回归中，一般假设响应变量和解释变量之间的真实关系在系数上是线性的，这要求回归模型必选满足 $\beta f(x)$ 的形式，但这并不意味着响应变量和解释变量一定是线性关系，回归分析可以处理形如 $y = \beta_0 + \beta_1 x + \beta_2 x^3$ 的模型。

判断线性假设，可以对 lm() 函数返回的模型对象使用 plot() 函数。该函数可以生成评价模型拟合情况的多个图形，默认返回四个图形。我们可以通过 which 参数（取值为 1 到 6 的整数）指定显示的模型。

用散点图可直观显示解释变量和响应变量之间的线性关系，这里使用 plot() 函数中的残差-拟合值（residual vs fitted）图判断 forbes 数据回归模型中线性关系是否成立，代码如下：

```
plot(lm.sol, which = 1)
```

绘制散点图如图 7.3 所示。

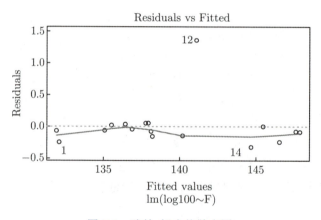

图 7.3 残差-拟合值散点图

在图7.3中，横轴是 $\hat{y}$ 值（fitted value），纵轴是残差（residuals）。在这幅图中，我们希望看到残差的分布是比较均匀的，这样就代表误差分布符合高斯-马尔可夫条件。如果残差随着 $\hat{y}$ 值的增大而有增大或减小或具有某种曲线趋势，那么就意味着原始数据可能并不是线性关系。这时候可以对解释变量进行对数、指数、平方根等变换，然后再进行线性回归。

在上面的 forbes 数据例子中，残差与预测值的变化之间不存在明显的规律，我们可以认为基本满足线性关系。

7.4.3 残差分析和异常点检测

高斯-马尔可夫条件中涉及随机误差项的假设较多，而误差是无法被观测的，因此无法直接利用误差检验模型假设是否成立。但是，如果回归模型正确，则可将残差看作误差的观测值。我们可以通过判断残差是否符合误差项的某些性质，检验模型是否符合相应假设。在 R 语言中，我们可以使用 plot() 函数中的正态 Q-Q 图（normal Q-Q plot）判断 forbes 数据残差是否服从正态分布。正态 Q-Q 图的横轴是理论分位数（theoretical quantiles），纵横是标准化残差（standardized residuals），例如：

```
plot(lm.sol, which = 2)
```

绘制的正态 Q-Q 图如图 7.4 所示。

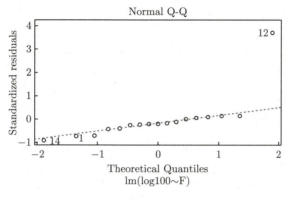

图 7.4　正态 Q-Q 图

Q-Q（quantile-quantile）图把两个分布的分位数放在一起进行比较，来判断这两个分布是不是相似的，进而检验残差是否服从正态分布。如果服从正态分布，那么这张图上的点将会贴近直线 $y = x$。在图7.4中，除了 12 号样本点外，其他数据点的分布趋于一条直线，这说明残差近似服从正态分布。

在 R 语言中，我们还可以使用 plot() 函数中的尺度-位置（scale-location）图显示残差分布情况，判断残差的同方差性，例如：

```
plot(lm.sol, which = 3)
```

绘制的尺度-位置图如图 7.5 所示。

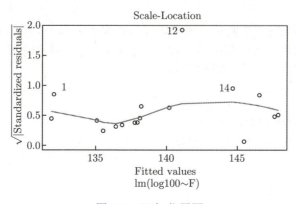

图 7.5　尺度-位置图

尺度-位置图的作用和残差-拟合值图差不多，只不过纵轴换成了标准化残差的平方根，可以更方便地看出误差分布的范围。尺度图7.5中大部分数据点呈现出随机的分布，但部分数据（如 12 号点）的标准化残差平方根过大，这说明原数据集不满足同方差的假设。

通过 plot() 函数中的残差-杠杆（residuals vs leverage）图，我们可以鉴别出离群点，高杠杆值点和强影响点，例如：

```
plot(lm.sol, which = 5)
```

绘制的残差-杠杆图如图 7.6 所示。

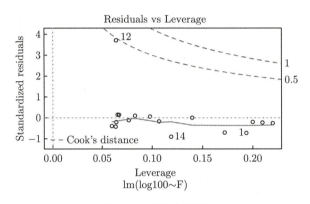

图 7.6 残差-杠杆图

图7.6中横轴是杠杆值（leverage），通常该值大于 $4/n$（n 是样本点的数目）的就算作杠杆点。纵轴是残差，通常小样本时大于 2，大样本时大于 4 的算作离群点。一般说来，杠杆值和残差都很高的点视为高杠杆点，用图上的 Cook 距离（Cook's distance）来判定。一般来说，小样本的 Cook 距离大于 1，大样本的 Cook 距离大于 $4/n$ 算作高杠杆点。图7.6中 12 号样本点的标准化残差较大，属于离群点，但该点杠杆值和 Cook 距离不大，故不是高杠杆点。

我们可以用 plot() 函数中的 Cook 距离图进一步观察各点的 Cook 距离，例如：

```
plot(lm.sol, which = 4)
```

绘制的 Cook 图如图 7.7 所示，图中横轴为样本点编号（obj.number）

对于离群点的处理，可以简单地去掉 12 号样本点，再用剩余的 16 个数据重新拟合一个改进的回归模型，对应的代码和结果如下：

```
i <- 1:17
forbes12 <- as.data.frame(X[i != 12, ])
lm12 <- lm(log100 ~ F, data = forbes12)
summary(lm12)
##
## Call:
```

```
## lm(formula = log100 ~ F, data = forbes12)
## 
## Residuals:
##      Min       1Q   Median       3Q      Max
## -0.2117  -0.0619   0.0159   0.0908   0.1304
## 
## Coefficients:
##               Estimate Std. Error t value Pr(>|t|)
## (Intercept) -41.30180    1.00038   -41.3    5e-16 ***
## F             0.89096    0.00493   180.7   <2e-16 ***
## ---
## Signif. codes:
## 0 '***' 0.001 '**' 0.01 '*' 0.05 '.' 0.1 ' ' 1
## 
## Residual standard error: 0.113 on 14 degrees of freedom
## Multiple R-squared:      1,    Adjusted R-squared:      1
## F-statistic: 3.27e+04 on 1 and 14 DF,  p-value: <2e-16
```

可以看出，去掉 12 号样本点后回归方程系数没有太大的变化，但是系数的标准误和残差标准误有明显的减少，大约变成了原来的 $1/3$，R 平方的值也有提高。

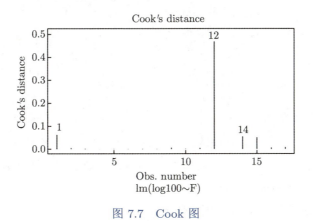

图 7.7　Cook 图

这里，我们利用 plot() 函数绘制的图形实现了图形化模型诊断，进一步的模型诊断方法可以用 car 包的有关函数实现。

7.4.4　多重共线性检测

多重共线性是指在多元回归模型中，自变量（解释变量）之间存在一定的线性相关关系从而使模型估计失真或估计精度不高。在高斯–马尔可夫条件满足的情况下，多重共线性不改变估计量的无偏性，但各共线变量参数的最小二乘法估计值的精度很低，容易使结果变得不显著，进而无法正确判断各自变量对因变量的影响。

这里介绍 R 软件中常见的验证变量之间是否存在共线性的方法。

1. 条件数法

由线性代数知识可知，当矩阵 $\boldsymbol{X}^\mathrm{T}\boldsymbol{X}$ 至少有一个特征根为 0 时，$\boldsymbol{X}$ 的列向量间必存在多重共线性，也就是说 $\boldsymbol{X}^\mathrm{T}\boldsymbol{X}$ 有多少个特征根接近于 0，设计阵 $\boldsymbol{X}$ 就有多少个多重共线性。

在 R 语言中，可用 eigen() 函数计算特征值和特征向量。但上述的特征值法中，特征根近似为 0 这个标准并不明确，因此，我们常常利用方阵 $\boldsymbol{X}^\mathrm{T}\boldsymbol{X}$ 的条件数 κ 度量多重共线性的严重程度，即

$$\kappa = \frac{\lambda_{\max}(\boldsymbol{X}^\mathrm{T}\boldsymbol{X})}{\lambda_{\min}(\boldsymbol{X}^\mathrm{T}\boldsymbol{X})}$$

式中，$\lambda_{\max}(\boldsymbol{X}^\mathrm{T}\boldsymbol{X}), \lambda_{\min}(\boldsymbol{X}^\mathrm{T}\boldsymbol{X})$ 分别表示 $\boldsymbol{X}^\mathrm{T}\boldsymbol{X}$ 的最大、最小的特征值。条件数在 $(0, 10)$，通常表明变量之间没有多重共线性；条件数在 $[10, 100]$，则表示变量之间有较强多重共线性；条件数大于等于 100，则意味着变量之间有严重的多重共线性。

考虑一个有 6 个回归自变量的线性回归问题，原始 collinear 数据如下：

```r
collinear <- data.frame(y = c(10.006, 9.737, 15.087, 8.422,
  8.625, 16.289, 5.958, 9.313, 12.96, 5.541, 8.756, 10.937),
  x1 = rep(c(8, 0, 2, 0), c(3, 3, 3, 3)), x2 = rep(c(1,
  0, 7, 0), c(3, 3, 3, 3)), x3 = rep(c(1, 9, 0), c(3,
  3, 6)), x4 = rep(c(1, 0, 1, 10), c(1, 2, 6, 3)),
  x5 = c(0.541, 0.13, 2.116, -2.397, -0.046, 0.365, 1.996,
  0.228, 1.38, -0.798, 0.257, 0.44), x6 = c(-0.099,
  0.07, 0.115, 0.252, 0.017, 1.504, -0.865, -0.055,
  0.502, -0.399, 0.101, 0.432))
```

这里共有 12 个样本，可以发现除第 1 个样本外，其余 11 个样本的自变量 $x_1, \cdots, x_4$ 数据满足线性关系：$x_1 + x_2 + x_3 + x_4 = 10$。试用求矩阵条件数的方法，分析出 collinear 数据自变量间是否存在多重共线性。

先计算出对应矩阵的特征值，代码如下：

```r
# scatter matrix的特征值可用相关矩阵替代
xx <- cor(collinear[2:7])
e <- eigen(xx)
e$values
## [1] 2.428787 1.546152 0.922078 0.793985 0.307892
## [6] 0.001106
```

然后可以利用定义计算条件数，代码如下：

```
e$values[1]/e$values[6]
## [1] 2196
```

我们也可直接用 kappa() 函数计算条件数,代码如下:

```
kappa(xx, exact = TRUE)
## [1] 2196
```

这里得到的条件数大于 100,表示数据变量之间有严重的多重共线性。

2. 方差膨胀因子

对于给定的预测变量,可以通过计算方差膨胀因子 (variance inflation factor,VIF) 来评估多重共线性,该指标衡量回归系数中的方差由于模型中的多重共线性而膨胀的程度。

变量 x_j 的方差膨胀因子的计算方法如下

$$\text{VIF}_j = \frac{1}{1-R_j^2}$$

式中 R_j^2 是指以 x_j 作为因变量,其他全部 $x_i(i=1,2,\cdots,p;i\neq j)$ 作为自变量进行回归以后得到的可决系数。

方差膨胀因子量化了共线性对回归估计方差的影响。当 R_j^2 很大,即接近 1 时,其他自变量可以很好地解释 x_j。R_j^2 越大,方差膨胀因子就越大。这告诉我们,当 x_j 与其他自变量高度相关时,β_j 的估计方差很大。方差膨胀因子的最小可能值为 1(不存在多重共线性)。根据经验,方差膨胀因子超过 5 表示存在共线性问题,超过 10 表示存在严重的共线性问题。

当面临多重共线性时,一般可删除相关变量,因为多重共线性的存在意味着该自变量提供的有关响应的信息在其他自变量存在的情况下是多余的。

这里,我们用 car 包的 vif() 函数计算上述 collinear 例子中的方差膨胀因子,代码如下:

```
lmcoliner <- lm(y ~ ., data = collinear)
car::vif(lmcoliner)
##       x1       x2       x3       x4       x5       x6
## 182.052  161.362  266.264  297.715    1.920    1.455
```

$x_1,\cdots,x_4$ 的方差膨胀因子都远大于 10,说明,这些变量之间可能存在较强的共线性。

3. Farrar-Glauber 方法

Farrar-Glauber 检验是用于检测多重共线性的统计检验之一。它包括三个检验:

1）χ^2 检验，检查系统中是否存在多重共线性。这里把多重共线性问题看作对变量之间正交性问题的判断。偏离正交性越强（或标准化简单相关系数的行列式的值越接近于 0），多重共线性程度越高；反之越低。

2）F 检验，确定哪些回归量或自变量共线。先计算自变量之间的多重相关系数，并使用 F 检验来检验这些多重相关系数的统计显著性。

3）t 检验，确定多重共线性的类型或模式。先计算所有偏相关系数，再通过使用一个 t 检验统计量检验它们的统计显著性。

这里，我们用 mctest 包的 omcdiag() 函数对 collinear 数据进行检验，代码如下：

```
mctest::omcdiag(lmcoliner)
## 
## Call:
## mctest::omcdiag(mod = lmcoliner)
## 
## 
## Overall Multicollinearity Diagnostics
## 
##                         MC Results detection
## Determinant |X'X|:          0.001           1
## Farrar Chi-Square:         56.951           1
## Red Indicator:              0.359           0
## Sum of Lambda Inverse:    910.767           1
## Theil's Method:             0.045           0
## Condition Number:          92.253           1
## 
## 1 --> COLLINEARITY is detected by the test
## 0 --> COLLINEARITY is not detected by the test
```

其中标准化行列式的值为 0.001，这是非常小的。x^2 检验统计量的计算值为 56.951，它非常显著，这表明模型中存在多重共线性。这促使我们对多重共线性的位置进行下一步 Farrar-Glauber 检验（F 检验），代码如下：

```
mctest::imcdiag(lmcoliner)
## 
## Call:
## mctest::imcdiag(mod = lmcoliner)
## 
## 
## All Individual Multicollinearity Diagnostics Result
## 
##        VIF    TOL    Wi    Fi Leamer    CVIF Klein
```

```
## x1 182.052 0.005 217.262 316.841  0.074 -374.509       1
## x2 161.362 0.006 192.434 280.633  0.079 -331.946       1
## x3 266.264 0.004 318.316 464.211  0.061 -547.745       1
## x4 297.715 0.003 356.058 519.251  0.058 -612.445       1
## x5   1.920 0.521   1.104   1.610  0.722   -3.950       0
## x6   1.455 0.687   0.546   0.797  0.829   -2.994       0
##      IND1  IND2
## x1 0.005 1.250
## x2 0.005 1.249
## x3 0.003 1.252
## x4 0.003 1.253
## x5 0.434 0.602
## x6 0.573 0.393
##
## 1 --> COLLINEARITY is detected by the test
## 0 --> COLLINEARITY is not detected by the test
##
## x1, x2, x3, x4, coefficient(s) are non-significant may be due to multicollinearity
##
## R-square of y on all x: 0.946
##
## * use method argument to check which regressors may be the reason of collinearity
## ===================================
```

VIF、TOL 和 Wi 列分别为方差膨胀因子、容差和 Farrar-Glauber F 检验的结果。根据结果，F 检验表明变量 "x1" 或 "x2" 或 "x3" 或 "x4" 可能是造成多重共线性的根本原因。

最后，为了检验多重共线性的模式，需要对相关系数进行 t 检验。由于有 6 个自变量，因此将有 $C_6^2 = 15$ 对偏相关系数。在 R 软件中，有几个软件包可用于获取偏相关系数以及用于检查其显著性水平的 t 检验。我们将使用 ppcor 包来计算偏相关系数以及 t 统计量和相应的 p 值，代码如下：

```
library(ppcor)
pcor(collinear[2:7], method = "pearson")
## $estimate
##            x1       x2       x3      x4       x5
## x1   1.00000 -0.99369 -0.99381 -0.9963 -0.10376
## x2  -0.99369  1.00000 -0.99290 -0.9951 -0.09407
## x3  -0.99381 -0.99290  1.00000 -0.9965 -0.16467
## x4  -0.99629 -0.99515 -0.99649  1.0000 -0.13704
## x5  -0.10376 -0.09407 -0.16467 -0.1370  1.00000
```

```
## x6 -0.07008 -0.08086 -0.02156  -0.0583  0.25291
##              x6
## x1 -0.07008
## x2 -0.08086
## x3 -0.02156
## x4 -0.05830
## x5  0.25291
## x6  1.00000
##
## $p.value
##           x1        x2        x3        x4       x5
## x1 0.000e+00 6.239e-07 5.912e-07 1.277e-07  0.8068
## x2 6.239e-07 0.000e+00 8.910e-07 2.848e-07  0.8247
## x3 5.912e-07 8.910e-07 0.000e+00 1.075e-07  0.6968
## x4 1.277e-07 2.848e-07 1.075e-07 0.000e+00  0.7462
## x5 8.068e-01 8.247e-01 6.968e-01 7.462e-01  0.0000
## x6 8.690e-01 8.490e-01 9.596e-01 8.909e-01  0.5456
##         x6
## x1 0.8690
## x2 0.8490
## x3 0.9596
## x4 0.8909
## x5 0.5456
## x6 0.0000
##
## $statistic
##           x1        x2         x3        x4       x5
## x1    0.0000 -21.7082 -21.90627  -28.3413  -0.2555
## x2  -21.7082   0.0000 -20.44211  -24.7706  -0.2314
## x3  -21.9063 -20.4421   0.00000  -29.1711  -0.4089
## x4  -28.3413 -24.7706 -29.17110    0.0000  -0.3389
## x5   -0.2555  -0.2314  -0.40893   -0.3389   0.0000
## x6   -0.1721  -0.1987  -0.05283   -0.1430   0.6403
##         x6
## x1 -0.17210
## x2 -0.19873
## x3 -0.05283
## x4 -0.14305
## x5  0.64032
## x6  0.00000
##
```

```
## $n
## [1] 12
##
## $gp
## [1] 4
##
## $method
## [1] "pearson"
```

正如预期的那样，"x1"和"x2, x3, x4"之间高度偏相关，具有统计显著性。因此，Farrar-Glauber 检验指出这几个变量是所有多重共线性问题的根本原因。

下面，我们去掉"x2, x3, x4"，只保留"x1"，计算对应的 VIF 指标代码如下：

```
lmcoliner2 <- lm(y ~ . - x2 - x3 - x4, data = collinear)
car::vif(lmcoliner2)
##    x1    x5    x6
## 1.241 1.214 1.041
```

可以发现，VIF 的值较小，这说明剩余变量中不存在共线性问题。

新的回归模型基本信息如下：

```
summary(lmcoliner2)
##
## Call:
## lm(formula = y ~ . - x2 - x3 - x4, data = collinear)
##
## Residuals:
##    Min     1Q  Median    3Q    Max
## -1.309 -0.435 -0.117  0.204  1.863
##
## Coefficients:
##             Estimate Std. Error t value Pr(>|t|)
## (Intercept)   8.4441     0.3632   23.25  1.2e-08 ***
## x1            0.2633     0.0936    2.81   0.0227 *
## x5            0.9775     0.2626    3.72   0.0058 **
## x6            5.2604     0.5198   10.12  7.8e-06 ***
## ---
## Signif. codes:
## 0 '***' 0.001 '**' 0.01 '*' 0.05 '.' 0.1 ' ' 1
##
## Residual standard error: 0.954 on 8 degrees of freedom
```

```
## Multiple R-squared:  0.938,    Adjusted R-squared:  0.915
## F-statistic: 40.4 on 3 and 8 DF,  p-value: 3.54e-05
```

与使用全部变量的回归模型相比,模型的残差标准误变小了,调整后的 R^2 也得到了提升,此外,纳入模型的三个变量都是显著的。

除了去掉 VIF 超过 10 的变量的方法外,还有其他几种方法可以改善多重共线性问题,例如主成分回归、岭回归、逐步回归等,有兴趣的读者可以参考相关书籍。

7.5 模型选择

当预测模型中有许多预测变量(即自变量)时,模型选择方法允许自动选择预测变量的最佳组合以构建最佳的回归模型。在模型中删除不相关的变量后,可以使模型更易解释,也更简单。在组学、基因等高维数据中,预测变量的数量通常远大于样本的数量,不进行模型选择而得到的回归模型很容易过拟合,出现预测精度差等问题。

一种很自然的模型选择策略是穷举所有可能的预测变量组合,然后从中选择最佳的回归模型。这种方法称为最佳子集回归或全子集回归。另外一种比较成熟的策略是逐步回归,即按顺序比较包含不同个数预测变量组合的线性回归模型。除此之外,Lasso、岭回归等惩罚回归和主成分分析法等降维方法也可以用于模型选择。

这里,结合 R 语言 MASS 包中 cement 数据,分别介绍最佳子集回归和逐步回归两种模型选择方法。

7.5.1 最佳子集回归

最佳子集回归会检测所有可能的模型。在 R 中,可以选择展示所有可能的结果,也可以展示 n 个不同子集大小 (一个、两个或多个预测变量) 的最佳模型。一般可通过 R^2、调整后 R^2 和 Cp 统计量等指标来选择"最佳"模型。

最佳子集回归可用 leaps 包中的 regsubsets() 函数实现。参数 nvmax 的值表示模型中包含的最大预测变量的个数。例如,如果 nvmax=5,则该函数最多返回最佳 5 变量模型,即返回最佳 1 变量模型、最佳 2 变量模型、最佳 3 变量模型、最佳 4 变量模型、最佳 5 变量模型。

在我们的示例中,数据中只有 4 个预测变量。因此,我们将使用 nvmax = 4,代码如下:

```
library(leaps)
lm.sol1 <- regsubsets(y ~ x1 + x2 + x3 + x4, data = cement,
  nvmax = 4)
summary(lm.sol1)
## Subset selection object
## Call: regsubsets.formula(y ~ x1 + x2 + x3 + x4, data = cement, nvmax = 4)
```

```
## 4 Variables  (and intercept)
##     Forced in Forced out
## x1    FALSE      FALSE
## x2    FALSE      FALSE
## x3    FALSE      FALSE
## x4    FALSE      FALSE
## 1 subsets of each size up to 4
## Selection Algorithm: exhaustive
##           x1  x2  x3  x4
## 1  ( 1 )  " " " " " " "*"
## 2  ( 1 )  "*" "*" " " " "
## 3  ( 1 )  "*" "*" " " "*"
## 4  ( 1 )  "*" "*" "*" "*"
```

函数 summary() 报告同一模型大小的最佳变量集。在上面的输出中，星号（*）表示对应的变量包含在相应的模型中。例如，可以看出最好的 2 变量模型只包含 x1 和 x2（y~x1+x2），最好的 3 变量模型为（y~x1+x2+x4）。

但这些最佳模型中究竟哪个最好呢？我们需要一些统计指标来比较模型的整体性能并选择预测误差较低的模型。

summary() 函数提供了调整后 R^2、Cp 和 BIC 等指标，我们可以据此进行模型选择，例如：

```
models <- summary(lm.sol1)
data.frame(Adj.R2 = which.max(models$adjr2), CP = which.min(models$cp),
  BIC = which.min(models$bic))
##   Adj.R2 CP BIC
## 1      3  2   2
```

在这里，调整后的 R^2 告诉我们最好的模型是第 3 个模型即具有 3 个预测变量的模型 (y~x1+x2+x4)。但是，使用 BIC 和 Cp 标准，则应该选择具有 2 个变量的模型（y~x1+x2）。我们可根据实际情况，选择"最佳"的模型。毕竟"所有模型都是错的，但其中有些是有用的"（All models are wrong, but some are useful）。

7.5.2 逐步回归

逐步回归 (stepwise regression) 根据不同的逐步搜索模式，迭代地添加那些能够减少信息准则的预测变量或删除那些能够增加信息准则的预测变量或者两者策略兼而有之。在逐步回归中，两个常见的信息准则是贝叶斯信息准则 (BIC) 和赤池信息准则 (AIC)。两者都是基于平衡模型拟合程度及其复杂度提出的，其中 BIC 准则定义如下

$$\text{BIC} = \underbrace{-2\ell}_{\text{拟合程度}} + \underbrace{k\log n}_{\text{复杂度}} \tag{7.1}$$

式中 ℓ 是模型的对数似然（模型拟合数据的程度），k 是模型中考虑的参数个数（模型的复杂程度）。AIC 将 $\log n$ 因子替换为 2，因此与 BIC 相比，它对更复杂模型的惩罚更少。BIC 和 AIC 的数值越小越好。

首先，考虑将所有可用预测变量的模型作为初始模型，并使用 R 中自带的 step 函数，代码如下：

```
lm.solall <- lm(y ~ ., data = cement)
lm.step <- step(lm.solall)   # 逐步回归
## Start:  AIC=26.94
## y ~ x1 + x2 + x3 + x4
##
##        Df Sum of Sq   RSS  AIC
## - x3    1      0.11  48.0 25.0
## - x4    1      0.25  48.1 25.0
## - x2    1      2.97  50.8 25.7
## <none>              47.9 26.9
## - x1    1     25.95  73.8 30.6
##
## Step:  AIC=24.97
## y ~ x1 + x2 + x4
##
##        Df Sum of Sq  RSS  AIC
## <none>              48   25.0
## - x4    1       10   58   25.4
## - x2    1       27   75   28.7
## - x1    1      821  869   60.6
```

得到的回归模型如下：

```
summary(lm.step)
##
## Call:
## lm(formula = y ~ x1 + x2 + x4, data = cement)
##
## Residuals:
##    Min     1Q Median     3Q    Max
## -3.092 -1.802  0.256  1.282  3.898
##
## Coefficients:
##              Estimate Std. Error t value Pr(>|t|)
## (Intercept)    71.648     14.142    5.07  0.00068 ***
## x1              1.452      0.117   12.41  5.8e-07 ***
```

```
## x2                0.416       0.186     2.24   0.05169 .
## x4               -0.237       0.173    -1.37   0.20540
## ---
## Signif. codes:
## 0 '***' 0.001 '**' 0.01 '*' 0.05 '.' 0.1 ' ' 1
##
## Residual standard error: 2.31 on 9 degrees of freedom
## Multiple R-squared:  0.982,  Adjusted R-squared:  0.976
## F-statistic:  167 on 3 and 9 DF,  p-value: 3.32e-08
```

我们通过 add1() 与 drop1() 函数,可观察到添加或去掉一个变量后 AIC 取值的变化情况,这里使用 drop1() 函数进行改进:

```
drop1(lm.step)
## Single term deletions
##
## Model:
## y ~ x1 + x2 + x4
##          Df Sum of Sq  RSS   AIC
## <none>                  48  25.0
## x1        1       821  869  60.6
## x2        1        27   75  28.7
## x4        1        10   58  25.4
```

不难发现,去掉任何一个变量,AIC 都有所增加,但去掉 x4 后 AIC 增加最小(和删除该变量前的 AIC 值比较接近)。因此,为提高预测变量的显著性,考虑删除 x4。这样就得到了如下逐步回归后的最终回归模型形式:

```
newsol <- lm(y ~ x1 + x2, data = cement)
summary(newsol)
##
## Call:
## lm(formula = y ~ x1 + x2, data = cement)
##
## Residuals:
##     Min      1Q  Median      3Q     Max
##   -2.89   -1.57   -1.30    1.36    4.05
##
## Coefficients:
##             Estimate Std. Error t value Pr(>|t|)
## (Intercept)  52.5773     2.2862    23.0  5.5e-10 ***
## x1            1.4683     0.1213    12.1  2.7e-07 ***
```

```
## x2            0.6623    0.0459    14.4  5.0e-08 ***
## ---
## Signif. codes:
## 0 '***' 0.001 '**' 0.01 '*' 0.05 '.' 0.1 ' ' 1
##
## Residual standard error: 2.41 on 10 degrees of freedom
## Multiple R-squared:  0.979,  Adjusted R-squared:  0.974
## F-statistic:  230 on 2 and 10 DF,  p-value: 4.41e-09
```

在 MASS 包中，stepAIC() 函数可以实现逐步回归模型，基本语法如下：

```
stepAIC(object, scope, scale = 0, direction = c("both",
  "backward", "forward"), trace = 1, keep = NULL, steps = 1000,
  use.start = FALSE, k = 2, ...)
```

参数 direction 可以控制模型逐步搜索模式，其中："backward" 表示从给定模型中依次删除预测变量，这样会产生一系列复杂性递减的模型，直到获得最佳模型；"forward" 表示使用数据集中的所有可用变量，将预测变量按顺序添加到给定模型中，会产生一系列复杂性递增的模型，直到获得最佳模型；"both"（默认）表示向前-向后搜索，在每一步，决定是包含还是排除预测变量，与之前的模式不同，先前被排除/包括的预测变量可以稍后被包括/排除。

▲ 注意：在选择 "forward" 或 "both" 时，还需要正确定义 scope 参数。

stepAIC 将要改进的初始模型作为输入，并有几个变体，参数 k 的值默认为 2，即默认考虑 AIC 作为度量准则，若设置为 $k = \log n$，则使用 BIC 作为度量准则。

这里，我们继续使用 cement 数据集进行说明，代码如下：

```
# 使用AIC准则
lmAIC <- MASS::stepAIC(lm.solall, k = 2)
summary(lmAIC)
# 使用BIC准则
lmBIC <- MASS::stepAIC(lm.solall, k = log(nrow(cement)))
summary(lmBIC)
## Start:  AIC=26.94
## y ~ x1 + x2 + x3 + x4
##
##        Df Sum of Sq   RSS  AIC
## - x3    1      0.11  48.0 25.0
## - x4    1      0.25  48.1 25.0
## - x2    1      2.97  50.8 25.7
## <none>              47.9 26.9
```

```
## - x1    1     25.95 73.8 30.6
##
## Step:  AIC=24.97
## y ~ x1 + x2 + x4
##
##        Df Sum of Sq  RSS  AIC
## <none>              48 25.0
## - x4    1     10   58 25.4
## - x2    1     27   75 28.7
## - x1    1    821  869 60.6
##
## Call:
## lm(formula = y ~ x1 + x2 + x4, data = cement)
##
## Residuals:
##    Min     1Q Median     3Q    Max
## -3.092 -1.802  0.256  1.282  3.898
##
## Coefficients:
##             Estimate Std. Error t value Pr(>|t|)
## (Intercept)   71.648     14.142    5.07  0.00068 ***
## x1             1.452      0.117   12.41  5.8e-07 ***
## x2             0.416      0.186    2.24  0.05169 .
## x4            -0.237      0.173   -1.37  0.20540
## ---
## Signif. codes:
## 0 '***' 0.001 '**' 0.01 '*' 0.05 '.' 0.1 ' ' 1
##
## Residual standard error: 2.31 on 9 degrees of freedom
## Multiple R-squared:  0.982,  Adjusted R-squared:  0.976
## F-statistic:  167 on 3 and 9 DF,  p-value: 3.32e-08
##
## Start:  AIC=29.77
## y ~ x1 + x2 + x3 + x4
##
##        Df Sum of Sq  RSS  AIC
## - x3    1     0.11 48.0 27.2
## - x4    1     0.25 48.1 27.3
## - x2    1     2.97 50.8 28.0
## <none>              47.9 29.8
## - x1    1    25.95 73.8 32.8
```

```
## 
## Step:  AIC=27.23
## y ~ x1 + x2 + x4
## 
##        Df Sum of Sq  RSS  AIC
## - x4    1        10   58 27.1
## <none>              48 27.2
## - x2    1        27   75 30.4
## - x1    1       821  869 62.3
## 
## Step:  AIC=27.11
## y ~ x1 + x2
## 
##        Df Sum of Sq  RSS  AIC
## <none>              58 27.1
## - x1    1       848  906 60.3
## - x2    1      1208 1266 64.6
## 
## Call:
## lm(formula = y ~ x1 + x2, data = cement)
## 
## Residuals:
##    Min     1Q Median     3Q    Max
##  -2.89  -1.57  -1.30   1.36   4.05
## 
## Coefficients:
##             Estimate Std. Error t value Pr(>|t|)
## (Intercept)  52.5773     2.2862    23.0  5.5e-10 ***
## x1            1.4683     0.1213    12.1  2.7e-07 ***
## x2            0.6623     0.0459    14.4  5.0e-08 ***
## ---
## Signif. codes:
## 0 '***' 0.001 '**' 0.01 '*' 0.05 '.' 0.1 ' ' 1
## 
## Residual standard error: 2.41 on 10 degrees of freedom
## Multiple R-squared:  0.979,  Adjusted R-squared:  0.974
## F-statistic:  230 on 2 and 10 DF,  p-value: 4.41e-09
```

这里，我们以 BIC 准则的结果为例观察 `stepAIC()` 函数是如何选择的。第一步返回的结果是 "Step: AIC=29.77"，第二步移除了 "x3"，因为它给出了最低的 BIC，此时 BIC 变为 "Step: AIC=27.23"。同理，最后一步移除了 "x4"，BIC 值进一步减少，改进为 "Step: AIC=27.11"。可以看出，`stepAIC` 函数所选模型 lmBIC 和我们之前最优子集选择方法得到的最佳模型 newsol 是一致的。

7.6 模型的预测

回归模型经过诊断和选择后，就可以应用于预测领域了。在此之前，我们简要介绍下训练集（training set）和测试集（test set）。一般来说，训练集用来估计回归模型中的参数，使模型能够反映现实，进而预测未来或其他未知的信息；测试集用来评估回归模型的预测性能。

对于回归模型而言，我们不仅要求它对训练数据集有很好的拟合（训练误差），也希望它可以对未知数据集（测试集）有很好的拟合结果（泛化能力）。

在回归预测中，评估回归模型泛化能力最常见的指标是均方误差（mean squared error，MSE）：

$$\text{MSE} = \frac{1}{n}\sum_{i=1}^{n}(y_i - \hat{f}(x_i))^2$$

式中，y_i 是第 $i(i = 1, 2 \cdots, n)$ 个样本的观测值，$\hat{f}(x_i)$ 是对应的预测值。

7.6.1 回归模型的预测

对于新的预测变量 x，可用 predict() 函数对 y 进行预测，基本语法如下：

```
# object是使用lm()函数拟合得到的模型
predict(object, newdata)
```

⚠️ **注意**：newdata 必须为数据框，列变量名称必须和 lm() 函数中建模的数据变量保持一致。

以 forbes 数据集为例进行说明，lm() 函数拟合的模型为 lm.sol，代码如下：

```
# 把新数据保存在newf数据框中
newf <- data.frame(F = c(122, 123, 124))
predict(lm.sol, newdata = newf)
##     1     2     3
## 67.12 68.01 68.91
```

我们也可以给出区间预测结果，代码如下：

```
predict(lm.sol, newf, interval = "prediction", level = 0.95)
##     fit   lwr   upr
## 1 67.12 64.16 70.07
## 2 68.01 65.09 70.93
## 3 68.91 66.02 71.80
```

如果不提供新数据，则对原来的训练数据进行预测，代码如下：

```
predict(lm.sol)   #
##     1     2     3     4     5     6     7     8     9
## 132.0 131.9 135.1 135.5 136.4 136.9 137.8 137.9 138.2
##    10    11    12    13    14    15    16    17
## 138.1 140.2 141.1 145.5 144.7 146.5 147.6 147.9
```

下面，我们以 cement 数据为例，说明如何计算回归模型在测试集上的均方误差。

划分训练集和测试集的方法有很多，这里我们只是简单的把原始数据一分为二，即将一半数据作为训练集拟合回归模型，另外一半数据用来测试，计算回归模型的均方误差。对应的 R 代码如下：

```
set.seed(2023)
train <- sample(nrow(cement), size = nrow(cement) / 2, replace = F)
new_model <- lm(y~x1+x2, data = cement, subset = train)
test_predictions <- predict(new_model, cement)[-train]
test_mse <- mean((cement$y[-train] - test_predictions)^2)
test_mse
## [1] 14.2
```

7.6.2 标准化数据的预测

在标准化过程中，我们对原始数据进行缩放和平移，因此，基于标准化数据的预测和上述原始数据构建回归模型的预测有所不同。

我们仍以 cement 数据为例进行说明。首先给出不进行数据标准化的模型及其预测结果：

```
mod1 <- lm(y ~ x1 + x2, data = cement)
p1 <- predict(mod1, cement)
p1
##     1     2      3     4     5      6      7
## 80.07 73.25 105.81 89.26 97.29 105.15 104.00
##     8     9    10    11     12     13
## 74.58 91.28 114.54 80.54 112.44 112.29
```

下面，同时对自变量和因变量进行标准化，这需要对预测结果进行处理，对应的 R 代码如下：

```
mod2 <- lm(scale(y) ~ scale(x1) + scale(x2), data = cement)
# 把 scale() 函数直接添加到模型中
p2 <- predict(mod2, cement) * sd(cement$y) + mean(cement$y)
p2
```

```
##      1      2      3      4      5      6      7
##  80.07  73.25 105.81  89.26  97.29 105.15 104.00
##      8      9     10     11     12     13
##  74.58  91.28 114.54  80.54 112.44 112.29
```

可以验证，这个预测值和原始数据模型预测结果完全相同，验证代码如下：

```
all.equal(p1, p2)
## [1] TRUE
```

如果仅对自变量进行标准化，则需要对 predict() 中的 newdata 部分进行调整，代码如下：

```
scax_cement = data.frame(y = cement$y, x1 = scale(cement$x1),
    x2 = scale(cement$x2))
mod3 = lm(y ~ x1 + x2, data = scax_cement)
x_sca = data.frame(x1 = (cement$x1 - mean(cement$x1))/sd(cement$x1),
    x2 = (cement$x2 - mean(cement$x2))/sd(cement$x2))
p3 <- predict(mod3, newdata = x_sca)
all.equal(p1, p2, p3)
## [1] TRUE
```

7.7 本章小结

本章主要介绍了一元回归模型和多元回归模型以及其 R 语言实现。本章还介绍了度量模型拟合优度的指标，模型诊断、模型选择和回归预测的方法及对应的 R 语言函数。

为方便读者，现将本章涉及的主要 R 函数进行汇总，见表7.3。

表 7.3 本章涉及的主要 R 函数

函数名	功能
lm( )	线性回归函数
summary()	查看模型返回结果详情函数
residuals()	模型残差提取函数
predict()	预测函数
scale()	标准化函数
vif()	检验多重共线性函数
regsubsets()	全子集回归函数
step()	逐步回归函数
add1()	添加一个变量回归
drop1()	去掉一个变量回归
stepAIC()	基于 AIC 准则的逐步回归函数

7.8 练习题

1. 针对 collinear 数据，写出回归分析的代码，简要解释代码运行结果。
1）从 y~. 开始进行 "backward" 逐步拟合。
2）从 y~x1+x6 开始进行 "forward" 逐步拟合。
3）从 y~x1+x3 开始进行 "both" 逐步拟合。
2. 针对 cement 数据，写出回归分析的代码，简要解释代码运行结果。
1）从 y~. 开始进行 "backward" 逐步拟合。
2）从 y~x1+x4 开始进行 "forward" 逐步拟合。
3）从 y~x2+x4 开始进行 "both" 逐步拟合。

7.9 实验题

考虑如下线性模型

$$Y = \beta_0 + \beta_1 X_1 + \beta_2 X_2 + \beta_3 X_3 + \beta_4 X_4 + \beta_5 X_5 + \varepsilon,$$
$$\boldsymbol{\beta} = (0.5, -0.5, 1, 0.5, 0, 0)^{\mathrm{T}}$$

进行模拟研究，验证 BIC 变量选择的一致性和 AIC 选择的不一致性。假定 $X_j \sim N(0,1)(j=1,\cdots,5)$ 和 $\varepsilon \sim N(0,1)$，并假定只有前三个预测变量和 y 相关。

在数据足够多且候选模型列表包含真实模型时，如果依据某模型准则能够从候选模型列表中识别出真实的数据生成模型，则称该模型选择准则具有 "一致性"。

提示：对每次模拟生成的样本，在 $2^5 = 32$ 个可能的拟合模型中选择具有最小 AIC、BIC 的模型，计算真实模型被选中的概率。建议样本量大小设置为 2000 以上，整个实验重复 500 次以上。

第 8 章 R 语言大数据分析

从文明诞生到 *2003* 年，共创造了 *5EB* 的信息，但现在每两天就会创造出这么多信息。

——*Eric Schmidt*（*Google* 公司 *CEO*）

R 将所有对象都存储在虚拟内存中。对于大部分人而言，这种设计可以带来很好的交互体验，但如果要处理大型数据，这种设计就会影响程序的运行速度，并可能带来一些和内存相关的错误，例如：

1)"cannot allocate vector of size"（无法分配大小向量）的错误消息表示 R 无法获得足够内存，这可能是因为 R 对象的大小超过了进程的地址空间限制，或者更有可能是因为系统无法提供内存。

2)"cannot allocate vector of length"(无法分配长度向量) 的错误信息表示单个对象的存储空间不能超过一定地址限制。

目前 R 有 32 位和 64 位的版本，而大多数 64 位操作系统（包括 Linux、Solaris、Windows 和 macOS）都支持 32 位或 64 位的 R。在处理大型数据时，应该尽可能地用 64 位版本的 R 程序。

不少人认为 R 语言是一种慢速语言，在大数据情况下效率低下。但分析大量 R 语言代码后可以发现，很多 R 代码可以优化提速。因此，本章首先介绍提升 R 语言编程效率的常见方法，接着介绍 R 大数据处理和分析中常见的并行处理和高效读取大数据的方法及相关函数。

8.1 R 语言效率编程

这里，首先介绍 R 语言的运行效率（时间）检测函数，再介绍 R 语言中提升代码执行效率的方法。

8.1.1 检查代码运行时间

测试代码执行时间的简单方法是利用 R 自带的 `system.time()` 函数。

下面，我们用模拟数据进行说明，代码如下：

```
set.seed(1234)
X <- rnorm(1e+06)
Y <- rnorm(1e+06)
Z <- rep(NA, 1e+06)
system.time({
  for (i in 1:1e+06) {
    Z[i] <- X[i] + Y[i]
  }
})
##    user  system elapsed
##    0.10    0.00    0.09
```

system.time() 所报告的运行时间，包括用户时间、系统时间和流逝时间三个部分：

1）用户时间 (user time): 执行用户命令所需 CPU 时间。

2）系统时间 (system time): 打开或关闭文件、分配和释放内存、执行系统命令所需 CPU 时间。

3）流逝时间 (elapsed time): 实际运算时间。源程序实际所需的总运算时间，包括操作系统调度的时间。通常是用户时间与系统时间的总和。

system.time() 函数仅适用于需要更长时间（至少几秒钟）的计算。如果单次执行只需要微秒级，则 system.time() 的运行结果可能并不准确。此时，可以多次运行同一代码并查看计算时间的平均值或中值，以此进行判断。当然，我们也可以使用 microbenchmark 包和用 Rprof() 函数衡量运行时间的分布。

8.1.2 优化 R 循环

当利用 R 语言处理大型数据集时，for 循环语句的运算效率比较低，可通过以下方式优化：

1）R 语言按列处理数据要比按行处理数据更快。如果您需要遍历行，请转换数据并遍历列。

2）提前为输出对象分配内存，也会使 R 更快地处理循环。

相关示例代码如下：

```
set.seed(123)
m1 <- matrix(runif(1e+07, max = 1000), ncol = 100)

# 默认按行遍历
loopmean <- function(x) {
  v <- c()
  for (i in c(1:dim(x)[1])) {
    v[i] <- mean(x[i, ])
```

```
  }
  return(v)
}
system.time(loopmeanD <- loopmean(m1))
##    user  system elapsed
##    0.65    0.00    0.66
```

按列遍历数据,可提升运行速度,代码如下:

```
loopmeanColumn <- function(x) {
  v <- c()
  for (i in (1:dim(x)[2])) {
    v[i] <- mean(x[, i])
  }
  return(v)
}
tm <- t(m1)
system.time(loopmeanColumnD <- loopmeanColumn(tm))
# 判断两者结果是否相同
identical(loopmeanD, loopmeanColumnD)
##    user  system elapsed
##    0.54    0.00    0.55
## [1] TRUE
```

我们也可以通过提前赋值的方法,提升执行效率,代码如下:

```
vertorloopmean <- function(x) {
  v <- vector(length = dim(x)[1])
  for (i in c(1:dim(x)[1])) {
    v[i] <- mean(x[i, ])
  }
  return(v)
}
system.time(vertorloopmeanD <- vertorloopmean(m1))
# 判断两者结果是否相同
identical(loopmeanD, vertorloopmeanD)
##    user  system elapsed
##    0.60    0.00    0.59
## [1] TRUE
```

8.1.3 向量化运算

在 R 语言中,最大化地实现 R 计算过程的向量化,也可提升 R 的计算速度。例如:

```r
X <- rnorm(1e+05)
Y <- rnorm(1e+05)
system.time({
  Z <- c()
  for (i in 1:1e+05) {
    Z <- c(Z, X[i] + Y[i])
  }
})
##    user  system elapsed
##   13.51    0.08   13.75
```

通过提前赋值的方法，提升执行效率，代码如下：

```r
system.time({
  Z <- rep(NA, 1e+05)
  for (i in 1:1e+05) {
    Z[i] <- X[i] + Y[i]
  }
})
##    user  system elapsed
##    0.01    0.00    0.02
```

向量化提升 R 的计算速度最快：

```r
system.time(Z <- X + Y)
##    user  system elapsed
##       0       0       0
```

8.1.4 优先使用 base 包命令

在很多情况下，R 语言常见包尤其是 base 包的函数针对效率进行了优化，有些函数是用 C 语言写的，速度较快，例如：

```r
X <- rnorm(1e+07)
mean_r = function(x) {
  m = 0
  n = length(x)
  for (i in seq_len(n)) m = m + x[i]/n
  m
}
mean_r(X)  #0.41
mean(X)    #0.02
```

8.1.5 使用 C++ 编程

R 可以通过 Rcpp、RcppEigen、RcppArmadillo 进行 R 与 C++ 混合编程，从而产生相当快的代码。当然，要实现混合编程，我们需要了解一些 C++。

下面，我们给出两种代码实现的斐波那契数列：

```
library(Rcpp)
 cppFunction( 'int fib_cpp_0(int n){ if(n==1||n==2) return 1;
    return(fib_cpp_0(n-1)+fib_cpp_0(n-2)); }'
 )
fib_r <- function(n){
    if(n==1||n==2)      return(1)
    return(fib_r(n-1)+fib_r(n-2))
}
system.time(fib_r(30))
# 用户 系统 流逝
# 0.79 0.00 0.80
system.time(fib_cpp_0(30))
# 用户 系统 流逝
# 0.01 0.00 0.02
```

可以发现，使用 Rcpp 方法实现的程序运行速度要快得多。

8.1.6 使用 apply 族函数

apply 族函数是 base R 中的一系列函数，它允许用户对多个数据块重复执行操作。apply 函数本质上是一个循环，其底层采用 C 语言且运算向量化，因此运行速度比 for、while 循环快，而且通常所需要的代码更少。

常见的 apply 族函数有 apply()、lapply()、sapply()、mapply()、tapply() 和 vapply()。这些 apply 族函数可以对不同类型的数据进行操作。

1）apply()：用于遍历矩阵、数组中的行或列，并且使用指定函数来处理其元素。

2）lapply()：遍历列表向量内的每个元素，并且使用指定函数来处理其元素。返回列表向量。

3）sapply()：与 lapply 基本相同，只是简化了返回结果，返回的是普通向量。

4）mapply()：支持传入两个以上的列表。

5）tapply()：接入参数 INDEX，对数据分组进行运算，与 SQL 中的 by group 一样。

apply() 函数的一般形式如下：

```
apply(X, MARGIN, FUN, …)
```

其中，参数 X 表示数组或矩阵；MARGIN 取 1 或 2，取 1 表示对行操作，取 2 表示对列操作；FUN 表示使用的函数名称，如 sum、mean 和 median 等。

给定某矩阵 a 如下：

```
a = matrix(1:12, c(3, 4))
a
##      [,1] [,2] [,3] [,4]
## [1,]   1    4    7   10
## [2,]   2    5    8   11
## [3,]   3    6    9   12
```

用 apply() 可以很方便地按行或列求和或取平均，例如：

```
apply(a, 1, sum)    # 按行求和
apply(a, 2, mean)   # 按列求平均
## [1] 22 26 30
## [1]  2  5  8 11
```

可以验证，上述结果分别与 rowSums()、colMeans() 函数计算结果一致。

apply() 函数中 FUN 支持自定义函数，例如：

```
apply(a, 1, function(x) sum(x) + 2)
## [1] 24 28 32
```

上述代码实现按行求和后再加 2 的功能。

如果函数 FUN 的结果是一个标量，MARGIN 只有一个元素，则 apply() 的结果是一个向量，其长度等于 MARGIN 指定维的长度，相当于固定 MARGIN 指定的那一维的每一个值而把其他维取出作为子数组或向量送入 FUN 中进行运算。

但是，如果函数 FUN 的结果是一个长度为 N 的向量，则结果是一个维数向量等于 c(N,dim(X)[MARGIN]) 的数组，注意这时不论对哪一维计算，结果都放在第一维，例如：

```
a = matrix(1:12, c(3, 4))
a
apply(a, 1, function(x) x^2)
##      [,1] [,2] [,3] [,4]
## [1,]   1    4    7   10
## [2,]   2    5    8   11
## [3,]   3    6    9   12
##      [,1] [,2] [,3]
## [1,]   1    4    9
## [2,]  16   25   36
## [3,]  49   64   81
## [4,] 100  121  144
```

lapply() 函数的一般形式如下：

```
lapply(X, FUN, …)
```

lapply() 函数用来对 list、data.frame 数据集进行循环，并返回与 X 长度同样的列表 (list) 作为结果集，例如：

```
Names <- c("XiaoWang", "XiaoZhang", "LaoLi", "LaoHuang",
  "XiaoLiu")
Names_lower <- lapply(Names, tolower)
Names_lower
## [[1]]
## [1] "xiaowang"
##
## [[2]]
## [1] "xiaozhang"
##
## [[3]]
## [1] "laoli"
##
## [[4]]
## [1] "laohuang"
##
## [[5]]
## [1] "xiaoliu"
```

sapply() 函数类似 lapply() 函数，但其输入为列表 (list)，返回值为向量，其一般形式如下：

```
sapply(X, FUN, …,simplify )
```

其中，参数 X 表示列表、矩阵、数据框。FUN 表示自定义的调用函数。simplify=T（默认值），表示返回值的类型由计算结果决定，如果函数返回值长度为 1，则 sapply() 将列表简化为向量；如果返回的列表中每个元素的长度都大于 1 且长度相同，那么 sapply() 将其简化为一个矩阵。simplify=F 表示返回值的类型是列表，此时与 lapply() 完全相同。

例如：

```
Names_upper <- sapply(Names, toupper)
Names_upper
typeof(Names_upper)
##     XiaoWang    XiaoZhang       LaoLi    LaoHuang
```

```
##   "XIAOWANG" "XIAOZHANG"        "LAOLI"    "LAOHUANG"
##      XiaoLiu
##   "XIAOLIU"
## [1] "character"
```

这里，sapply() 函数返回的是矩阵形式的结果。

tapply() 函数将数据按照不同的方式分组，生成类似列联表形式的数据结果，其一般形式如下：

```
tapply(X, INDEX, FUN = NULL, …, default = NA, simplify = TRUE)
```

其中参数 X 表示数组、矩阵、数据框等分割型数据向量；INDEX 表示一个或多个因子的列表 (因子列表)，每个因子的长度都与 X 相同，FUN 表示自定义的调用函数，simplify 表示是否简化输入结果，类似 sapply() 对 lapply() 的简化。

这里，结合 JSdata 数据说明 tapply() 函数的用法，下面的代码计算了按性别分类的身高平均值：

```
JSdata = read.csv("JSdata.csv", header = T)
tapply(JSdata$height, JSdata$gender, mean)
##    男     女
## 168.2 164.6
```

我们还可以按职称，计算同一职称中工资的最大值，代码如下：

```
tapply(JSdata$salary, JSdata$title, max)
## 副教授   讲师   教授   助教
##  217.0   16.4   37.2    8.9
```

8.2 内存管理

在大型数据的处理过程中，复制数据变量或者创建新的变量都会占用新的内存空间，在很多时候仅依靠操作系统内存的自动管理是不够的，因此我们有必要掌握 R 语言内存管理的相关知识和函数。

8.2.1 内存使用

要了解 R 中的内存使用情况，可以使用 object.size() 函数，该函数给出了一个 R 语言对象占用多少字节内存的信息，代码如下：

```r
y <- rnorm(10000)
object.size(y)
object.size("R Hello world!")
```

```
# 80048 bytes
# 120 bytes
```

object.size() 提供单个对象的大小；在 Windows 平台下，memory.size() 则报告内存中所有对象的总大小，代码如下：

```r
# 在Windows平台下，表示R中使用malloc函数的当前或最大内存分配
# 非Windows平台，返回Inf值
memory.size()
```

```
# [1] 473.4
```

memory.size() 函数以 MB 为单位报告内存使用情况。可以通过 memory.size(max=TRUE) 检查迄今为止使用的最大内存量，代码如下：

```r
memory.size(max = TRUE)
```

函数 memory.profile() 按对象类型显示内存使用信息，代码如下：

```r
memory.profile()
```

如果在 Windows 平台上的存储空间不足，那么可以使用函数 memory.limit() 获取或设置系统上的内存限制，代码如下：

```r
memory.limit()
memory.limit(size = 1080)
memory.limit()
```

在其他平台上，此函数将返回 Inf 并打印警告消息。

▲注意：一般情况下，不必手动管理内存，R 程序和操作系统会自动根据需要分配内存。

8.2.2 内存清理

如有必要，可以使用 gc() 函数强制垃圾收集器运行，释放内存，代码如下：

```
gc()
```

如果存储空间不足，则可能需要尝试从工作区中删除对象。我们可以使用 `rm()` 函数从环境中删除一个对象（或一组对象）。默认情况下，此函数从当前环境中删除对应的数据对象，代码如下：

```
# 主动删除一个较大的R内存对象
rm(alargedat)
```

8.3 R 并行处理包

R 语言是单核单线程运算语言，在数据建模或计算过程中，常常出现循环处理的任务。如果只有一台计算机可供我们使用，而我们需要运行 n 个模型，每个模型需要 s 秒，那么总运行时间为 ns。但是，如果我们有 $k<n$ 台可以运行模型的计算机，则总运行时间理论上是 ns/k。实际上并行运算并不像看起来那么简单：虽然每增加一个 CPU，都会增加计算的吞吐量，但是也会存在一些降低效率的额外开销，例如将代码以及重要的数据复制到每个额外的 CPU 需要时间和带宽；操作系统创建新进程或线程也需要时间。这些额外开销大大降低了效率，以至于实际的性能增益值远低于理论值。如果统计分析和计算所需的时间很短，而额外开销却很大，那么使用并行处理可能花费很长的时间！

下面，我们介绍并行计算中常见的 `parallel` 包和 `foreach` 包。

8.3.1 parallel 软件包

`parallel` 包可以并行处理较大数据的计算，主要适用于各个数据块计算之间互不相关且不需要以任何方式通信的情形。我们知道，`lapply()` 和 `sapply()` 等函数可以在一定程度上提升循环的执行效率，但是这些函数在执行上不是并行的，采用 `parallel` 包则可在不同的 CPU 内核上并行执行任务，主要实施过程如下：

1）查找操作系统中的 CPU 内核。并分配所有内核或其中一部分内核以形成集群（`cluster`）。

2）使用各种函数的并行版本如 `parLapply` 和 `parSapply` 等，并把集群作为附加参数。

3）在执行步骤结束时关闭集群，释放内存。

例如：

```
# 下面利用Boston房价数据比较apply族函数和对应并行函数的效率
library(MASS)
data(Boston)
```

```r
# 拟合模型并计算均方误差
model.mse <- function(x) {
  id <- sample(1:nrow(Boston), 200, replace = T)
  mod <- lm(medv ~ ., data = Boston[id, ])
  mse <- mean((fitted.values(mod) - Boston$medv[id])^2)
  return(mse)
}
x.list <- sapply(1:5000, list)
# 单核计算
system.time(a <- lapply(x.list, model.mse))
# 使用并行
library(parallel)
# 确定当前计算机逻辑内核数量
no_cores <- detectCores()
print(no_cores)
# 启动 cluster (此操作会产生额外开销)
clust <- makeCluster(no_cores)
# 使用 lapply() 的并行版 parLapply()
system.time({
  clust <- makeCluster(no_cores)
  clusterExport(clust, "Boston")
  a <- parLapply(clust, x.list, model.mse)
})
# 关闭 cluster
stopCluster(clust)
```

```
# user  system elapsed
# 13.24  0.03  13.66
# [1] 8
# user  system elapsed
# 0.05  0.08  4.14
```

⚠ **注意**：在并行环境中进行随机模拟时，需要为随机数生成器设置种子以重现结果。但是，仅在程序开始时用 set.seed() 设置种子是不够的，因为这只会在主服务器中设置种子。

重复运行以下代码不会产生相同的结果：

```r
set.seed(123)
no_cores <- detectCores()
clust <- makeCluster(no_cores - 1)
seeds = parSapply(clust, rep(1, 30), function(x) {
```

```
  runif(1)
})
print(seeds)
stopCluster(clust)
```

如果使用 FORK 集群，情况会更糟，因为所有的 worker 将与 master 共享相同的种子，每个 worker 都将使用完全相同的伪随机数。例如：

```
set.seed(123)
no_cores <- detectCores()
# FORK在Windows平台下无法运行
clust <- makeCluster(no_cores - 1, type = "FORK")
seeds = parSapply(clust, rep(1, 30), function(x) {
  runif(1)
})
print(seeds)
stopCluster(clust)
```

为此，parallel 包提供了一个 clusterSetRNGStream() 函数，为每一个 worker 分配一个种子，确保随机模拟实验可重复，例如：

```
no_cores <- detectCores()
clust <- makeCluster(no_cores - 1)
clusterSetRNGStream(cl = clust, 123)
seeds = parSapply(clust, rep(1, 30), function(x) {
  runif(1)
})
print(seeds)
stopCluster(clust)
```

8.3.2　foreach 软件包

foreach() 函数的工作方式与 for 循环类似。当 apply 族函数不能够满足需求时，foreach() 函数就可以派上用场，在实际使用中，foreach() 的使用还需要 doParallel 包的配合。

foreach() 函数使用 %dopar% 命令并行执行循环，参数 .combine 用于指定所需的输出类型：.combine=c 则返回一个向量输出；.combine=rbind 则返回一个矩阵输出；如果需要类似于 lapply() 的列表输出，可以设置 .combine=list；我们还可以使用 .combine=data.frame 输出一个数据框。

例如：

```r
# install.packages('doParallel')
library(foreach)
library(doParallel)
no_cores <- detectCores()
registerDoParallel(makeCluster(no_cores))

# for
system.time({
  model.mse.output <- rep(NA, 10000)
  for (k in 1:10000) {
    model.mse.output[k] <- model.mse()
  }
})

# foreach
system.time({
  registerDoParallel(no_cores)
  foreach(k = 1:10000, .combine = c) %dopar% model.mse()
})
stopImplicitCluster()

##   user  system elapsed
## 23.14    0.06   23.70
##
##   user  system elapsed
##  4.25    2.09    9.99
```

虽然代码并行执行看起来比较复杂，但并行执行任务后节省的时间却是非常可观的。

需要指出的是，使用并行运算时要注意控制内存，并掌握常见错误的处理方法。一般来说，没有必要并行化每一段代码，并行化中耗时最多的部分可能是最佳选择。

8.4 R 高效读取大数据

R 中包含一些用于高效处理大数据的策略，如优化内存管理，采用不同数据结构的 `data.table`，或者把数据保存到文件或数据库等外部数据中，以及将内存数据和外部文件适时进行调度访问的 `RSQLite` 包等方法。

8.4.1 提升读取效率的函数

如果内存较大，那么可以分析或处理整个数据文件。但是，read.table() 或其变体（例如 read.csv()）读取文件缓慢，此时可以考虑使用 `data.table` 包的 `fread()` 等函数读取文件，例如：

```r
library(data.table)
# https://www.kaggle.com/wordsforthewise/lending-club
mybigcsv = "loan.csv"
# 文件大小为 MB
file.size(mybigcsv)/(1024^2)
system.time({
  dat1 = read.csv(mybigcsv, header = TRUE)
})
class(dat1)
system.time({
  dat2 = fread(mybigcsv)
})
class(dat2)
```

```
## [1] 501.4
##  user  system elapsed
## 70.33  1.61   71.96
## [1] "data.frame"
##  user  system elapsed
## 8.17   0.42   3.31
## [1] "data.table" "data.frame"
```

可以发现，fread() 函数比 read.csv() 读取速度快得多。但是，请注意 fread() 的结果是一个 data.table，而 read.csv() 的结果是 data.frame。data.table 包将 data.table 对象描述为 data.frame 的更高性能替代品，这意味着与标准 data.frame 相比，在 data.table 上选择、过滤和聚合数据要快得多。

fread() 函数读取数据子集的方法，代码如下：

```r
# 用 nrows 读取指定行
dat3 = fread(mybigcsv, nrows = 10)
dim(dat3)
# 用 select 读取指定列
dat4 = fread(mybigcsv, select = c(3, 4, 6))
dim(dat4)
# 两者同时使用
dat5 = fread(mybigcsv, nrows = 4, select = c(3, 4, 6))
dim(dat5)
```

```
## [1] 10 145
## [1] 1048575 3
## [1] 4 3
```

8.4.2 在内存外存储数据

如果文件无法轻松放入内存，那么可以考虑使用 RSQLite 或 odbc 等关系数据库包处理。

SQLite 数据库是单文件数据库，允许用户下载及存储。sqldf 包可以对数据文件运行类似 SQL 的查询。

下面，先创建一个 SQLite 数据库 (如果数据库文件已存在，则可以忽略这一步)，代码如下：

```r
library(RSQLite)
dbnametemp = tempfile()   #这里保存为临时文件，方便管理
# 当文件mydb不存在时，dbConnect命令可创建一个新数据库
mydb <- dbConnect(SQLite(), dbname = dbnametemp)
# 将内存中的dat2文件保存为dbnametemp中的一个表loan
dbWriteTable(mydb, "loan", dat2, overwrite = T)
dbDisconnect(mydb)
```

现在调用 mydb 数据库中 loan 表的数据，代码如下：

```r
# 展示db中所有表格，这里只有一个表loan
dbListTables(mydb)
# 显示loan表中term等于"60 months"的样本的部分变量信息
newdata <- dbGetQuery(conn = mydb,
    "SELECT loan_amnt, loan_status, home_ownership
     FROM loan
     WHERE term=='60 months'"
)
head(newdata)
```

```
## [1] "loan"
##   loan_amnt loan_status home_ownership
## 1     30000     Current       MORTGAGE
## 2     30000     Current       MORTGAGE
## 3     28000     Current       MORTGAGE
## 4     22000     Current       MORTGAGE
## 5     25000     Current       MORTGAGE
## 6     16000     Current       MORTGAGE
```

如果用户不习惯用 SQL 编写查询，则可以选择使用 dplyr 包。dplyr 可以连接 SQLite 数据库，也可以像数据框一样对数据库的表进行操作，例如：

```
library(dplyr)
my_db <- src_sqlite(dbnametemp, create = FALSE)
loaninfo <- tbl(my_db, "loan")
results <- loaninfo %>%
  filter(term == "60 months") %>%
  select(loan_amnt, loan_status, home_ownership)
head(results)
```

除了以数据库的方式访问外，还可考虑使用 ff 和 bigmemory 等 R 包以文件的方式辅助访问大数据文件。

8.5 本章小结

本章介绍了如何实现高效的 R 语言编程，并介绍了 R 语言的内存管理函数、常见的并行处理包，以及如何快速读取大数据文件。

其实，在任何编程语言中，处理 GB 级和 TB 级的大数据都是挑战。关于 R 中这方面的更多方法和信息，可以查看 CRAN 上的 Task View: High-Performance and Parallel Computing with R (http://cran.r-project.org/web/views/)。

为方便读者，现将本章涉及的主要 R 函数汇总，见表8.1。

表 8.1 本章涉及的主要 R 函数

函数名	功能
system.time()	测试代码执行时间
apply()	效率运算函数
object.size()	返回对象占用内存大小
memory.limit()	返回内存限制大小
gc()	清理释放内存
rm()	删除内存指定对象
detectCores()	确定逻辑内核数量
makeCluster()	启动 cluster
stopCluster()	关闭 cluster
foreach()	并行执行循环
dbConnect()	创建数据库链接
dbGetQuery()	数据库查询函数

8.6 练习题

针对下面的循环代码：

```
for (i in 1:1000) {
  sqrt(i)
}
```

分别用如下三种方式,提升其运行效率。

1）使用 `apply` 族函数。

2）使用 `parallel` 包。

3）使用 `foreach` 包。

8.7 实验题

将一个较大的 CSV 文件 (建议文件大小超过 1GB) 转换为 `SQLite` 数据库,并比较 SQL 查询和 `dplyr` 两种方式在读取效率上的差异。

第 9 章 Python 语言基础

一种不影响你思考编程方式的语言是不值得了解的。

——*Alan Jay Perlis*（首届图灵奖获得者）

我们花了 8 章的篇幅介绍了如何利用 R 语言进行统计分析，但 R 不是唯一可用的统计数据分析软件。本书后面的章节将要介绍另一种常用的统计分析软件——Python。

Python 是一种通用的解释型、交互式、面向对象的高级编程语言。与 R 一样，Python 源代码也可从 GNU 通用公共许可证 (GPL) 下获得。与 R 不同，Python 没有内置统计分析的功能。要在 Python 中进行统计分析，需要加载相应的库，库也称为模块（module）或包（package）。

9.1 在 R 中调用 Python

对于熟悉 R 和 RStudio 的人来说，reticulate 包为 Python 和 R 之间的互操作性提供了一套全面的工具，其主要功能有：

1）以多种方式从 R 调用 Python，包括 R Markdown、获取 Python 脚本、导入 Python 模块，以及在 R 会话中以交互方式使用 Python。

2）R 对象和 Python 对象之间的转换（例如，在 R 和 Pandas 数据框之间，或在 R 矩阵和 NumPy 数组之间）。

3）灵活绑定到不同版本的 Python，包括虚拟环境和 Conda 环境。

reticulate 包可以将 Python 会话嵌入 R 会话中，从而实现无缝、高性能的互操作性。如果 R 开发人员只是使用 Python 进行部分数据预处理，那么 reticulate 包可以显著简化工作流程。

reticulate 包中的 `py_config()` 函数可用于查看正在运行的 Python 版本以及其他配置细节，代码如下：

```
library(reticulate)
py_config()
## python:         C:/Users/Administrator/anaconda3/python.exe
## libpython:      C:/Users/Administrator/anaconda3/python39.dll
## pythonhome:     C:/Users/Administrator/anaconda3
## version:        3.9.13 (main, Aug 25 2022, 23:51:50) [MSC v.1916 64 bit (AMD64)]
```

```
## Architecture:      64bit
## numpy:             C:/Users/Administrator/anaconda3/Lib/site-packages/numpy
## numpy_version:     1.21.5
```

如果不太了解如何配置 Python 环境，可以安装 miniconda 环境，代码如下：

```
# 安装miniconda环境
install_miniconda()
# 显示miniconda安装地址
miniconda_path()
# 更新miniconda环境
miniconda_update()
```

之后便可在 R 中执行 Python。

在 R 中，可用 py_install() 命令把 Python 库安装到 R 的 minconda 环境中，代码如下：

```
library(reticulate)
#安装matplotlib库
py_install("matplotlib")
```

假设我们想在 R 语言环境中运行某个命名为 py_code.py 的 Python 脚本文件，可以使用 reticulate 包的 source_python() 函数来调用该文件，代码如下：

```
library(reticulate)
source_python("py_code.py")
```

在 R 命令行中加载 reticulate 包后，可使用 repl_python() 进入 Python 命令行，键入 exit 或 quit 命令即可退出 Python 命令行。

9.2 Python 入门

按照第 1 章的方法正确安装 Python 后，我们将开始 Python 语言的学习。

9.2.1 Python 版 "Hello World!"

安装 Python 后，在 Windows 等操作系统命令行中键入 "python" 将在交互模式下调用解释器。此时，可以输入 Python 代码，回车即可得到输出，例如：

```
print('Hello World!')
## Hello World!
```

和 R 一样，Python 脚本是文本文件，可以使用文本编辑器编写，然后使用.py 扩展名保存即可。

除了以命令行方式运行 Python 程序外，我们还可以使用 Python 自带的集成开发环境 IDLE 运行 Python 程序。例如，我们可以把上述 "Hello World" 代码保存为 hello.py 文件，再通过 "Run"→"Run Module" 或单击 <F5> 运行。

9.2.2 关键字和标识符

关键字是 Python 中的保留字，用于定义 Python 语言的语法和结构。我们不能使用关键字作为变量名、函数名或任何其他标识符。在 Python 中，关键字区分大小写。Python 3.10 中有 35 个关键字。随着时间的推移，这个数字可能会略有不同。

我们可以通过下述语句获取 Python 中的关键字：

```python
import keyword   # 导入关键字模块
for idx, xx in enumerate(keyword.kwlist):
    print(xx," ", end='')   # 查询所有关键字
    if ((idx+1)%8)==0:
        print("\n")
```

运行结果如下：

```
## False None True and as assert async await
##
## break class continue def del elif else except
##
## finally for from global if import in is
##
## lambda nonlocal not or pass raise return try
##
## while with yield
```

除了 True、False 和 None 之外，其他关键字都是小写的。

标识符是赋予类、函数、变量等实体的名称。它有助于将一个实体与另一个实体区分开来。编写标识符的规则如下：

1）标识符可以是小写字母（a 到 z）或大写字母（A 到 Z）或数字（0 到 9）或下划线 _ 的组合。"myClass"、"var_1" 和 "print_this_to_screen" 等都是合法的例子。

2）标识符不能以数字开头。例如，"1variable" 无效，但 "variable1" 有效。

3）关键字不能用作标识符。

9.2.3 变量和常量

在 Python 中，变量用一个变量名表示，变量名必须是大小写英文、数字和下划线的组合，且不能用数字开头。Python 的变量命名规则和 R 语言大致相同，但 Python 允许

用下划线作为开头，但不允许用英文句点作为开头或变量名的一部分，R 则恰恰相反，不允许用下划线作为开头，但允许用英文句点作为开头或变量名的一部分。

以下是合法的变量赋值例子：

```
a = 1
b = '007'
c = True
```

Python 可将多个值一次分配给多个变量，例如：

```
a, b, c = 15, 3.2, "Hello"
print(a)
## 15
print(b)
## 3.2
print(c)
## Hello
```

如果我们想一次为多个变量分配相同的值，那么可以这样做：

```
# 将相同的字符串分配给 x、y 和 z
x = y = z = "123"
print(x)
print(y)
print(z)
```

在 Python 中，等号（=）是赋值语句。和 R 一样，Python 也是动态语言，即可以把任意数据类型赋给变量，对同一个变量可以反复赋值，而且可以是不同类型的变量。例如：

```
a = 123    # a是整数
a = '123'  # a变为字符串
```

在 Python 中，常量通常在模块中声明和分配，一般用全部大写的变量名表示常量。在这里，模块是一个包含变量、函数等的新文件，它被导入主文件中。在模块内部，常量全部使用大写字母和下划线分隔单词，例如：

```
PI = 3.14
E = 2.72
print(PI, E)
## 3.14 2.72
```

▲ 注意：Python 是一种区分大小写的语言。这意味着，"Variable" 和 "variable" 是不一样的。给标识符赋予一个有意义的名字，会有助于对代码的理解。例如，虽然 "c = 10" 是一个有效的名称，但 "counter = 10" 可能更有意义，也更容易被记住。

9.2.4　Python 语句、缩进和注释

Python 解释器可以执行的指令称为语句。例如，"a = 1" 是一个赋值语句。if 语句、for 语句、while 语句等则是其他类型的语句，将在后面讨论。

在 Python 中，语句的结尾由换行符 \ 标记。我们可以使用换行符使语句扩展到多行，例如：

```
a = 1 + 2 + 3 + \
    4 + 5 + 6 + \
    7 + 8 + 9
```

这是一个显式的行延续。在 Python 中，换行符隐含在括号 ()、方括号 [] 和大括号 {} 中。例如，我们可以将上面的多行语句实现为：

```
a = (1 + 2 + 3 +
    4 + 5 + 6 +
    7 + 8 + 9)
```

此处，括号 () 隐式地执行行延续。[] 和 {} 也是如此。

我们还可以使用分号将多个语句放在一行中，例如：

```
a = 1; b = 2; c = 3
```

虽然大多数编程语言（如 C、C++ 和 R）都使用大括号 {} 来定义代码块，但是 Python 使用缩进的方法来区分代码块。代码块（函数体、循环等）均以缩进开始，以第一个未缩进的行结束。缩进量可以自行决定，但必须在整个块中保持一致。

通常，四个空格的缩进比制表符更受欢迎，例如：

```
for i in range(1, 11):
    print(i)
    if i == 5:
        break
```

Python 中的强制缩进策略使 Python 代码看起来比较简洁、整齐。

编写程序时，注释非常重要。和 R 类似，在 Python 中，也使用 # 号表示注释行。单行的注释，可以单独占一行，也可以放在语句行的末尾，例如：

```
# 打印1+1的结果
print(1 + 1)
print(1 + 1)   # 打印1+1的结果
```

多行注释则可使用连续单个单引号或者双引号，例如：

```python
print("ok!")
'''
这是第一行注释
这是第二行注释
'''
print("ok!")
"""
这是第一行注释
这是第二行注释
"""
```

除注释外,Python 中另外一个能够帮助程序员理解程序的工具是文档字符串(docstring)。文档字符串是出现在函数、方法、类或模块定义之后的字符串文字。

编写文档字符串时使用三个引号(由三个成对的单引号或三个成对的双引号组成)。例如:

```python
def doublefun(num):
    """Function to double the value"""
    return 2*num
```

文档字符串紧跟在函数、类或模块的定义之后出现。这使用三个引号将文档字符串与多行注释分开。文档字符串作为 __doc__ 属性与对象相关联。

我们可以使用以下代码访问上述函数的文档字符串:

```python
def doublefun(num):
    """Function to double the value"""
    return 2*num
print(doublefun.__doc__)

## Function to double the value
```

▲ **注意**:注释和文档字符串的作用都是说明解释,但是文档字符串是可以被调用的,注释却不行。

9.2.5 Python 数据类型

Python 中的每个值都有对应的数据类型。由于 Python 中一切都是对象,因此数据类型实际上就是类,变量则是这些类的实例(对象)。Python 中不声明具体的数据类型,解释器会根据每个变量的初始值自动确定该变量的数据类型。

下面介绍 Python 中常见的数据类型。

1. 数字

整数、浮点数和复数属于 Python 数字类别，在 Python 中分别被定义为 int、float 和 complex 类。我们可以使用 type() 函数判别变量或值属于哪个类。isinstance() 函数用于检查对象是否属于特定类。

首先介绍 int 整数。Python 可以处理任意大小的整数，当然包括负整数，在程序中的表示方法和数学上的写法一模一样，例如 1, 100, -1000, 0 等。和 C 语言类似，Python 也可以使用其他进制来表示整数。十六进制用 0x 前缀和 0~9, a~f 表示，例如 0xff00。Python 允许数字中间以下划线分隔，因此，10000000 可以写成 10_000_000，例如：

```
a = 25
a = a + 25
print("type of a is", type(a))
print("a is int?", isinstance(a, int))
## type of a is <class 'int'>
## a is int? True
```

float 浮点数也就是小数，之所以称为浮点数，是因为一个浮点数的小数点位置是可以变的，例如 1.1×10^9 和 11×10^8 是相等的。浮点数有两种写法：很小的浮点数，可以直接写成 1.23, 3.2 等；很大或很小的数，需要使用科学计数法来表示，把 10 用 e 替代，1.23×10^9 就是 1.23e9，或者 12.3e8，0.000012 可以写成 1.2e-5。

例如：

```
a = 1.23e9
print(a)
b = 1.234e-8
print(b)
## 1230000000.0
## 1.234e-08
```

complex 复数由实数部分（即实部）和虚数部分（即虚部）构成，可以用 "a + bj"，或者 complex(a,b) 表示，复数的实部 a 和虚部 b 都是浮点数。

例如：

```
a = complex(3, 2)   # 传递单个参数
b = 6.4 + 10.2j
print(a)
print(b)
## (3+2j)
## (6.4+10.2j)
```

2. 字符串

字符串是以单引号或双引号括起来的任意文本，比如'abc'，''xyz''等等。如果字符串内部既包含单引号又包含双引号，则可以用转义字符来标识，例如：

```
a = 'I\'m \"OK\"!'
print(a)
## I'm "OK"!
```

转义字符（\\）可以转义很多字符，比如"\\n"表示换行，"\\t"表示制表符，转义字符本身也要转义，所以"\\\\"表示的字符就是\\。

```
print('I\'m ok.')
print('\\\n\\')
## I'm ok.
## \
## \
```

当字符串里的比较多字符都需要转义时，Python 允许用 r'不转义字符串'表示内部的字符串默认不转义，例如：

```
print('\\\t\\')
print(r'\\\t\\')
##  \        \
## \\\t\\
```

如果字符串内部有很多换行，为阅读方便，Python 允许用三引号的格式表示多行内容，例如：

```
print('''line1
line2
line3''')
## line1
## line2
## line3
```

3. 布尔类型

在 Python 中，使用 True、False 表示布尔值（请注意大小写）。

```
4 > 3
3 > 6
## True
## False
```

布尔值经常用于条件判断，例如：

```python
age = 16
if age >= 18:
    print('adult')
else:
    print('teenager')
## teenager
```

4. 空值

空值是 Python 里一个特殊值，用 None 表示。None 不能理解为 0，因为 0 是有意义的，而 None 是一个特殊的空值，和 R 语言的 NULL 意义相同。

例如：

```python
x = None
print(x)
print("Type of None is", type(x))
## None
## Type of None is <class 'NoneType'>
```

9.2.6 数据类型转换

有时我们需要对数据内置的类型进行转换。要转换数据类型，我们只需要将数据类型作为函数名即可。关于数据的类型转换，有如下几个函数可以使用：

1）int(x) 将 x 转换为一个整数。
2）float(x) 将 x 转换为一个浮点数。
3）complex(x, y) 将 x 和 y 转换为一个复数，实数部分为 x，虚数部分为 y。x 和 y 是数字表达式。
4）函数 str() 和 bool() 分别用于将变量转换为字符串和布尔类型变量。

例如：

```python
# int(x)示例
int(12.1)
# float(x)示例
float(23.12)
float(int(123.123))
## 12
## 23.12
## 123.0
```

9.2.7 运算符和操作对象

运算符和操作对象是计算机中比较常见的，任何计算都涉及运算符和操作对象。本节将介绍 Python 中的运算符和操作对象。加（+）、减（-）、乘（*）、除（/）、地板除（//）、取余（%）等都是运算符，运算符是一些特殊符号的集合；操作对象就是由运算符连接起来的对象。

Python 支持以下运算符：

1）算术运算符。
2）比较（关系）运算符。
3）赋值运算符。
4）逻辑运算符。
5）位运算符。
6）成员运算符。
7）身份运算符。

1. 算术运算符

下面假设变量 a 为 10，变量 b 为 5，运算结果见表9.1。

表 9.1 算术运算符

运算符	描述	实例
+	加：两个对象相加	a + b 输出结果为 15
-	减：得到负数或者一个数减去另一个数	a - b 输出结果为 5
*	乘：两数相乘或字符串重复若干次	a * b 输出结果为 50
/	除：x 除以 y	a / b 输出结果为 2
%	取模：返回除法的余数	b % a 输出结果为 0
**	幂：返回 x 的 y 次幂	a**b 为 10 的 5 次方，输出结果为 100000
//	取整除（地板除）：返回商的整数部分	9.0//2.0 输出结果为 4.0

举个 32 位和 64 位操作系统支持最大内存的例子：

```
# 32位操作系统支持最大内存（GB）
2**32/1024/1024/1024
# 64位操作系统支持最大内存(GB)
2**64/1024/1024/1024
## 4.0
## 17179869184.0
```

2. 比较(关系)运算符

下面假设变量 a 为 12，变量 b 为 20，运算结果见表9.2。

表 9.2 比较运算符

运算符	描述	实例
==	等于：比较对象是否相等	(a==b) 返回 False
!=	不等于：比较两个对象是否不相等	(a!=b) 返回 True
>	大于：返回 x 是否大于 y	(a>b) 返回 False
<	小于：返回 x 是否小于 y	(a<b) 返回 True
>=	大于等于：返回 x 是否大于等于 y	(a>=b) 返回 False
<=	小于等于：返回 x 是否小于等于 y	(a<=b) 返回 True

在一些地方，会看到用 1 代表 True，用 0 代表 False，这种是正确也是合理的表示方式。大家更多会将其理解为开和关的意思，就像我们物理中所学习的电流的打开和关闭一样。后面会有更多用 1 和 0 代表 True、False 的示例。

另外，在 Python 2 中，有时可能会看到这个 <> 符号，其和!= 一样，也表示不等于，在 Python 3 中已去除，若以后看到 <> 运算符，那应当使用的是 Python 2。

3. 赋值运算符

下面假设变量 a 为 12，变量 b 为 20，运算结果见表9.3。

表 9.3 赋值运算符

运算符	描述	实例
-=	减法赋值运算符	b-=a 等效于 b=b-a，输出结果为 8
*=	乘法赋值运算符	b*=a 等效于 b=b*a，输出结果为 240
/=	除法赋值运算符	b/=a 等效于 b=b/a，输出结果为 1.6667
%=	取模赋值运算符	b%=a 等效于 b=b%a，输出结果为 8
**=	幂赋值运算符	b**=a 等效于 b=b**a，输出结果为 4096000000000000
//=	取整（地板）除赋值运算符	b//=a 等效于 b=b//a，输出结果为 1

4. 位运算符

计算机中的数在内存中都是以二进制形式存储的，位运算就是直接对整数在内存中的二进制位进行操作，因此其执行效率非常高，在程序中使用位运算，会大大提高程序的性能。

位运算符计算方法如下：

1）& (与运算)：两个位都是 1 时，结果才为 1，否则为 0。

2）| (或运算)：两个位都是 0 时，结果才为 0，否则为 1。

3）^ (异或运算)：两个位相同则为 0，不同则为 1。

4）~ (取反运算)：0 变为 1，1 则变为 0。

5）« (左移运算)：向左进行移位操作，高位丢弃，低位补 0。

6）» (右移运算)：向右进行移位操作，对无符号数，高位补 0，对于有符号数，高位补符号位。

下面假设变量 a 为 12（二进制为：00001100），变量 b 为 20（二进制为：00010100），运算结果见表9.4。

表 9.4 位运算符

运算符	描述	实例
&	按位与	(a & b) 输出 4: (00000100 为二进制，下同)
|	按位或	(a | b) 输出: 28(00011100)
^	按位异或	(a ^ b) 输出: 24(00011000)
~	按位取反	(~a) 输出: -13(11110011)
«	左移动	a « 2 输出: 48(00110000)
»	右移动	a » 2 输出: 3(00000011)

这里，整数 a 的二进制可以用 `'{:08b}'.format(a)` 的方法输出（高位补 0）。

5. 逻辑运算符

Python 语言支持逻辑运算符，下面假设变量 a 为 12，变量 b 为 20，运算结果见表9.5。

表 9.5 逻辑运算符

运算符	逻辑表达式	描述	实例
and	x and y	布尔与	(a and b) 返回 20
or	x or y	布尔或	(a or b) 返回 12
not	not x	布尔非	not(a and b) 返回 False

6. 成员运算符

Python 还支持成员运算符 (见表9.6)。

表 9.6 成员运算符

运算符	描述
in	在序列中找到给定值返回 True，否则返回 False
not in	在序列中没有找到给定值返回 True，否则返回 False

例如：

```
a = 10
b = 3
mlist = [1, 2, 3, 4]
print(a in mlist)
print(b in mlist)
## False
## True
```

7. 身份运算符

身份运算符是 Python 用来判断两个对象的存储单元是否相同的一种运算符号。下面假设变量 a 为 12，变量 b 为 20，令 c=a，运算结果见表9.7。

表 9.7　身份运算符

运算符	描述	实例
is	判断两个标识符是否来自同一对象	"a is b" 返回 False
is not	判断两个标识符是否来自不同对象	"a is not c" 返回 False

a、b 这两个变量的存储内容不一样，所以存储单元肯定不一致，但是 c 和 a 其实都是 12，这两个变量的存储单元其实是一致的。

8. 运算符优先级

一个 Python 表达式可以包含多个运算符。在这种情况下，运算符的优先级决定表达式的哪部分被处理为每个运算符的操作数。表 9.8 按最高到最低顺序列出了 Python 运算符的优先级。

表 9.8　运算符优先级

运算符	描述
**	指数（最高优先级）
~ , + , -	按位翻转
* , / , % , //	乘，除，取模，取整除
+ , -	加法，减法
>> , <<	右移，左移运算符
&	位运算符 AND
^ , |	位运算符
<= , < > >=	比较运算符
<> , == , !=	等于运算符
= , %= , /= , //= , -= , += , *= , **=	赋值运算符
is , is not	身份运算符
in , not in	成员运算符
not , or , and	逻辑运算符

Python 表达式计算时，相同优先级的运算从左到右进行，不同优先级的运算按先高后低的顺序进行。

9.3　Python 数据结构

在 Python 中，最基本的数据结构是序列 (sequence)。Python 支持 6 种序列，即列表、元组、str 字符串、Unicode 字符串、buffer 对象和 xrange 对象。这里重点讨论列表、元组、字符串和字典等最常用的几种数据结构。

9.3.1　序列

序列是 Python 中最基本的数据结构。这里先介绍 Python 中序列的通用操作，这些操作在列表、元组等数据结构中都会用到。这些操作包括：索引、分片、序列加法、序列乘法、成员资格、长度、最小值和最大值。

1. 索引

序列中每个元素都会被分配一个数字，代表它在序列中的位置，这个位置称为索引。和 R 中对象索引顺序从 1 开始不同，Python 序列中第一个元素的索引是 0，第二个元素的索引是 1，以此类推。

序列中的元素是从 0 开始从左向右依自然顺序编号的，可以通过编号访问元素。获取元素的方式为变量后面跟上中括号，中括号内输入所取元素的编号值（索引）。所有序列都可以通过这种方式访问。

下面，我们定义变量 mywords，并赋值 "Hello"，Python 中访问方式如下：

```
mywords = 'Hello'
# 根据编号取元素，使用格式为在中括号内输入所取元素编号值
mywords[0]
mywords[1]
mywords[2]
## 'H'
## 'e'
## 'l'
```

Python 的序列也可以从右边开始索引，最右边的一个元素的索引为-1，向左开始递减。在 Python 中，从左向右索引称为正数索引，从右向左索引称为负数索引。使用负数索引时，Python 会从最后一个元素开始计数。

▲注意：Python 序列中最后一个元素的位置编号是-1，而不是-0，这个跟数学中的概念一样的，-0=0，-0 和 0 都指向第一个元素。

2. 分片

索引用来访问单个元素，使用分片则可访问一定范围内的元素。分片操作既支持正数索引，也支持负数索引，对于提取序列的一部分是很方便的。分片通过冒号相隔的两个索引来实现，第一个索引的元素是包含在分片内的，第二个则不包含在分片内。

下面，我们定义变量 numbers，代码如下：

```
numbers=[1.1, 2.2, 3.3, 4.4, 5.5,
     6.6, 7.7, 8.8, 9.9, 10]
```

索引结果如下：

```
# 取第二和第三个元素
numbers[1:3]
## [2.2, 3.3]
# 负数表明是从右开始计数，取得倒数第三和倒数第二的元素
numbers[-3:-1]
## [8.8, 9.9]
```

试使用索引 0 作为最后一个元素的下一个元素，会得到：

```
numbers[-3:0]
## []
```

-3 代表的是倒数第三个元素，0 则代表的是第一个元素，倒数第三个比第一个晚出现，既比第一个排在更后面，所以得到的结果是空序列。

类似的分片访问的例子，代码如下：

```
# 倒数第三个到倒数第一个
numbers[-3:]
## [8.8, 9.9, 10]
# 从第一个元素开始输出，输出全部结果
numbers[0:]
## [1.1, 2.2, 3.3, 4.4, 5.5, 6.6, 7.7, 8.8, 9.9, 10]
# 最后一个元素为第一个，输出为空
numbers[:0]
## []
# 取得前三个元素
numbers[:3]
## [1.1, 2.2, 3.3]
```

若需要输出整个序列，可以将两个索引都设置为空，代码如下：

```
numbers[:]   # 取得整个数组
## [1.1, 2.2, 3.3, 4.4, 5.5, 6.6, 7.7, 8.8, 9.9, 10]
```

分片时，分片的开始点和结束点都需要指定（不管是直接还是间接），用这种方式取连续的元素是没有问题的，但是若要取序列中不连续的元素就会比较麻烦或者不能操作。比如要取序列 numbers 中的所有奇数，以一个序列展示出来，用前面的方法就不能实现了。

对于这种情况，Python 为我们提供了另外一个参数——步长（step length），该参数通常是隐式设置的。在普通的分片中，步长是 1，分片操作就是按照这个步长逐个遍历序列元素的，遍历后返回开始点和结束点之间的所有元素，也可以理解为默认步长是 1，即没有设置步长时，步长隐式设置值为 1。

例如：

```
numbers[0:10:1]
## [1.1, 2.2, 3.3, 4.4, 5.5, 6.6, 7.7, 8.8, 9.9, 10]
```

分片包含了另外一个数字。这种方式就是步长的显式设置。上例看起来和隐式设置步长没有什么区别，得到结果和之前的也是一样的。但是若将步长设置为比 1 大的数，那么结果会怎样呢？

例如：

```
numbers[0:10:2]
## [1.1, 3.3, 5.5, 7.7, 9.9]
```

从上面输出结果我们看到，对于 numbers 序列，设置步长为 2 时，得到的结果就是奇数序列。步长设置为大于 1 的数，就会得到一个跳过某些元素的序列。例如我们上面设置的步长为 2，得到的序列就是从开始到结束间隔一个元素的元素序列。

我们还可以按下面的方式使用：

```
numbers[0:10:3]
## [1.1, 4.4, 7.7, 10]
numbers[2:6:3]
## [3.3, 6.6]
numbers[2:5:3]
## [3.3]
numbers[1:5:3]
## [2.2, 5.5]
numbers[-1:-5:-2]
## [10, 8.8]
```

对于一个正数步长，Python 会从序列的头部开始向右提取元素，直到最后一个元素；对于负数步长，则是从序列的尾部开始向左提取元素，直到第一个元素。对于正数步长，必须让开始点小于结束点；对于负数步长，则必须让开始点大于结束点。

3. 序列加法

通过序列加法进行序列的连接操作，例如：

```
[1, 2 , 3] + [4, 5, 6]
## [1, 2, 3, 4, 5, 6]
a = [1, 2]
b = [5, 6]
a + b
## [1, 2, 5, 6]
s = 'hello,'
w = 'world'
s + w
## 'hello,world'
```

数字序列可以和数字序列通过加号连接，连接后的结果还是数字序列；字符串序列也可以通过加号连接，连接后的结果还是字符串序列。那么数字序列是否可以和字符串序列相加呢？

我们来看一个例子：

```
[1,2]+'hello'
## TypeError: can only concatenate list (not "str") to list
type([1,2])# 取得[1,2]的类型为list
## <class 'list'>
type('hello')# 取得hello的类型为str
## <class 'str'>
```

可见，只有类型相同的序列才能通过加号进行序列连接操作，不同类型的序列不能通过加号进行序列连接操作。

4. 序列乘法

序列中的乘法是指用一个数字 x 乘以一个序列会生成新的序列，在新的序列中，原来的序列将被重复 x 次。例如：

```
'hello ' * 5
[7] * 10
## 'hello hello hello hello hello '
## [7, 7, 7, 7, 7, 7, 7, 7, 7, 7]
```

因此，乘法符号 * 表示序列被重复了对应的次数，而不是数学中乘法的含义。

5. 成员资格

in 运算符用于检查一个值是否在序列中，并返回检验结果，检验结果为真返回 True，结果为假则返回 False。

下面我们尝试 in 的用法，代码如下：

```
greeting = 'hello, world'
# 检测w是否在字符串中
'w' in greeting
## True
# 检测a是否在字符串中
'a' in greeting
## False
```

使用 in 可以很好地检测出其字符或数字是否在对应的列表中。

6. 长度、最小值和最大值

Python 提供了长度、最大值和最小值的内建函数，对应的内建函数分别为 len()、max() 和 min()。

简单举例如下：

```
numbers = [300, 200, 100, 800, 500]
len(numbers)
## 5
max(numbers)
## 800
min(numbers)
## 100
max(5, 3, 10, 7)
## 10
min(7, 0, 3, -1)
## -1
```

len() 函数返回序列中包含的元素的数量,max() 函数和 min() 函数则分别返回序列中最大和最小的元素。

9.3.2 列表

1. 列表概述

在 Python 中,可以通过将所有项目(元素)放在方括号 [] 内并用逗号分隔来创建列表。例如:

```
list1 = ['statistics', 'computer', 1997, 2000]
list2 = [1, 2, 3, 4, 5,6 ]
list3 = ["a1", "b", "c", "d"]
```

我们也可以使用 list 函数,将其他序列类型转换为列表,例如:

```
list("Hello World")
## ['H', 'e', 'l', 'l', 'o', ' ', 'W', 'o', 'r', 'l', 'd']
list(range(8))
## [0, 1, 2, 3, 4, 5, 6, 7]
```

列表可以有任意数量的项目,这些项目可能是不同的类型(整数、浮点数、字符串等)。列表是可变的,即列表的内容是可改变的,这是列表明显不同于元组和字符串的地方。

上面讲述的所有关于序列的操作,如索引、分片、加法、乘法等都适用于列表。

这里介绍一些序列中没有而列表中有的方法。

1)元素赋值: 通过编号来标记某个特定位置的元素,并对该位置元素重新赋值,例如:

```python
a = [1, 2, 3, 2, 1]
a[1] = 10
```

我们可以对一个列表中的元素赋不同类型的值,例如:

```python
a[2] = 'hello'   # 对编号为2的元素赋值为一个字符串
a
## [1, 10, 'hello', 2, 1]
# 别忘了查看类型的函数的使用方法
type(a[1])
## <class 'int'>
type(a[2])
## <class 'str'>
```

和 R 中列表不同,Python 不能为一个不存在的元素位置赋值,例如:

```python
a = [1, 2, 3, 2, 1]
print(a)
## [1, 2, 3, 2, 1]
a[5] = "list"
## IndexError: list assignment index out of range
```

2)删除元素:使用 del() 函数删除列表中的元素,例如:

```python
tring = ['a', 'b', 'c', 'd', 'e']
len(tring)
## 5
del tring[1]
print('删除第二个元素: ', tring)
## 删除第二个元素:  ['a', 'c', 'd', 'e']
len(tring)
## 4
```

3)分片赋值:可以通过分片赋值直接修改列表,例如:

```python
boil = list('女排夺冠了')
boil
## ['女', '排', '夺', '冠', '了']
show = list('hi,boy')
show
## ['h', 'i', ',', 'b', 'o', 'y']
show[3:] = list('man')
show
## ['h', 'i', ',', 'm', 'a', 'n']
```

4）嵌套列表：在列表中可以嵌套列表，在列表中嵌套的列表取出后还是列表，例如：

```
field=['a', 'b', 'c']
field
## ['a', 'b', 'c']
num=[1, 2, 3]
mix=[field, num]
mix
## [['a', 'b', 'c'], [1, 2, 3]]
mix[0]
## ['a', 'b', 'c']
mix[1]
## [1, 2, 3]
```

2. 列表方法

方法是一个与某些对象有紧密联系的函数，对象既可能是列表、数字，也可能是字符串或者其他类型的对象。方法的定义方式是将对象放到方法名之前，两者之间用一个点号隔开，方法后面的括号中可以根据需要带上参数。除语法上的一些不同外，方法调用和函数调用很类似。

下面介绍列表中的常见方法。

1）添加对象：append()方法是一个用于在列表末尾添加新对象的方法，例如：

```
tring = [1, 2, 3]
tring.append(4)
tring
## [1, 2, 3, 4]
```

2）添加列表：extend()方法可以在列表末尾一次性追加另一个序列中的多个值（用新列表扩展原来的列表），例如：

```
# extend
a = ['hello', 'world']
b = ['python', 'is', 'funny']
a.extend(b)
a
## ['hello', 'world', 'python', 'is', 'funny']
```

3）统计次数：count()方法用于统计某个元素在列表中出现的次数，例如：

```python
# count
mfield = 'Hello,world'
mfield
## 'Hello,world'
# 统计列表中字符个数
print('列表mfield中字母o的个数: ', mfield.count('o'))
## 列表mfield中字母o的个数:  2
print('列表mfield中字母l的个数: ', mfield.count('l'))
## 列表mfield中字母l的个数:  3
```

4）返回索引：index() 方法可以从列表中找出某个值第一个匹配项的索引位置，例如：

```python
# index
mfield = ['hello', 'world', 'python', 'is', 'funny']
print('hello的索引位置为: ', mfield.index('hello'))
## hello的索引位置为:  0
print('python的索引位置为: ', mfield.index('python'))
## python的索引位置为:  2
```

5）插入指定对象：insert() 方法用于将指定对象插入列表的指定位置，例如：

```python
# insert
num = [1, 2, 3]
print('插入之前的num: ', num)
## 插入之前的num:  [1, 2, 3]
num.insert(2, '插入位置在2之后，3之前')
print('插入之后的num: ', num)
## 插入之后的num:  [1, 2, '插入位置在2之后，3之前', 3]
```

6）移除对象：pop() 方法移除列表中的一个元素（默认最后一个元素），并且返回该元素的值，例如：

```python
# pop
mfield = ['hello', 'world', 'python', 'is', 'funny']
mfield.pop()   # 不传参数，默认移除最后一个元素
## 'funny'
print('移除元素后的field: ', mfield)
## 移除元素后的field:  ['hello', 'world', 'python', 'is']
mfield.pop(3)   # 移除编号为3的元素
## 'is'
```

7）移除指定对象：remove() 方法用于移除列表中某个值的第一个匹配项，例如：

```
# remove
yfield = ['女排', '精神', '中国',
          '精神', '学习', '精神']
print('移除前列表field: ', yfield)
## 移除前列表field: ['女排', '精神', '中国', '精神', '学习', '精神']
yfield.remove('精神')
print('移除后列表field: ', yfield)
## 移除后列表field: ['女排', '中国', '精神', '学习', '精神']
```

8）反转列表元素：reverse() 方法用于反向列表中元素，该方法不需要传入参数，例如：

```
# reverse
num = [1, 2, 3]
print('列表反转前num: ', num)
## 列表反转前num: [1, 2, 3]
num.reverse()
print('列表反转后：', num)
## 列表反转后： [3, 2, 1]
```

9）清空列表：clear() 方法用于清空列表，类似于 del a[:]，不需要传入参数，例如：

```
yfield = ['study', 'python', 'is', 'happy']
yfield.clear()
print('yfield调用clear方法后的结果:', yfield)
## yfield调用clear方法后的结果: []
```

10）复制列表：copy() 方法用于复制列表，类似于 a[:]，不需要传入参数，例如：

```
yfield = ['study', 'python', 'is', 'happy']
copyfield = yfield.copy()
print('复制操作结果:', copyfield)
## 复制操作结果: ['study', 'python', 'is', 'happy']
```

11）列表排序：sort() 用于对原列表排序。sort() 方法有两个可选参数：key 和 reverse。如果指定参数，则使用参数指定的比较方法排序，例如：

```
# sort
num = [5, 8, 1, 3, 6]
num.sort()
print('num调用sort方法后：', num)
## num调用sort方法后： [1, 3, 5, 6, 8]
```

```python
lfield = ['study', 'python', 'is', 'happy']
lfield.sort(key=len)   # 按字符串由短到长排序
lfield
## ['is', 'study', 'happy', 'python']
# 按字符串由长到短排序，传递两个参数
lfield.sort(key=len, reverse=True)
lfield
## ['python', 'study', 'happy', 'is']
num = [5, 8, 1, 3, 6]
num.sort(reverse=True)   # 排序后逆序
num
## [8, 6, 5, 3, 1]
```

9.3.3 元组

Python 的元组与列表类似，不同之处在于元组的元素不能修改。创建元组的方法很简单，例如使用逗号分隔了一些值，即自动创建了元组，代码如下：

```python
1, 2, 3
## (1, 2, 3)
(1, 2, 3)
## (1, 2, 3)
'hello', 'world'
## ('hello', 'world')
('hello', 'world')
## ('hello', 'world')
```

该操作使用逗号分隔了一些值，结果输出是元组。

`tuple()` 函数的功能和 `list()` 函数的功能基本上是一样的：以一个序列作为参数并把它转换为元组，代码如下：

```python
# 参数是列表
tuple(['hello', 'world'])
## ('hello', 'world')
tuple('hello')
## ('h', 'e', 'l', 'l', 'o')
# 参数是元组
tuple(('hello', 'world'))
## ('hello', 'world')
```

`tuple()` 函数传入元组参数后，得到的返回值就是传入参数。

和列表一样，元组也有一些基本操作，如访问、修改、删除、索引和截取等操作。当然，这里对元组的修改、删除和截取等操作和对列表的操作不太一样。

1）访问元组：使用下标索引来访问元组中的值，例如：

```
mix = ('hello', 'world', 2015, 2016)
print ("mix[1] is: ", mix[1])
## mix[1] is: world
num = (1, 2, 3, 4, 5, 6, 7 )
print ("num[1:5] is: ", num[1:5])
## num[1:5] is: (2, 3, 4, 5)
```

2）修改元组，元组中的元素值是不允许修改的，但我们可以对元组进行连接组合。例如：

```
field = ('hello', 'world')
num = (2015, 2016)
print("合并结果为: ", field + num)
## 合并结果为: ('hello', 'world', 2015, 2016)
```

3）删除元组：元组中的元素值是不允许删除的，但我们可以使用 del 语句来删除整个元组。例如：

```
field = ('hello', 'world')
del field
print('删除后的结果: ',field)
## NameError: name 'field' is not defined
```

4）元组索引、截取。例如：

```
field = ('hello', 'world', 'welcome')
field [2]
## 'welcome'
field [-2]
## 'world'
field [1:]
## ('world', 'welcome')
```

列表与元组的区别是元组的元素不能修改。元组一旦初始化就不能修改，所以代码更安全。因此，对于后续无须修改元素的列表，尽量用元组代替。

9.3.4 字符串

字符串是 Python 中最常用的数据类型之一。字符串是一个字符序列，但计算机并不能够直接处理字符，而只能处理二进制数字。把字符转换到数字称为编码，相反的过程称为解码。在 Python 中，字符串是一个 Unicode 编码的字符序列。

我们可以使用引号 (单引号或双引号) 来创建字符串。创建字符串很简单，只要为变量分配一个值即可，例如：

```
# 在python中定义字符串，下面的操作是等价的
my_string = 'Hello1'
print(my_string)
## Hello1
my_string = "Hello2"
print(my_string)
## Hello2
my_string = '''Hello3'''
print(my_string)
## Hello3
my_string = """Hello, welcome to
          Python's world!''''"""
print(my_string)
## Hello, welcome to
##           Python's world!''''
```

所有标准的序列操作，如索引、分片、成员资格，以及求长度、取最小值和最大值等操作，同样适用于字符串。但是字符串和元组一样，是不可变的。这意味着字符串的元素一旦被赋值就不能改变，例如：

```
field='just do it'
field[-3:]
field[-3:]='now'
field[-3]="n"
## TypeError: 'str' object does not support item assignment
```

我们不能从字符串中删除或移除字符，但是可以使用 del 关键字完全删除字符串，例如：

```
del field[1]
## TypeError: 'str' object doesn't support item deletion
del field
field
## NameError: name 'field' is not defined
```

下面介绍字符串的转义和格式化等方法。

1. 字符串转义

如果我们想打印 He said, "What's she?" 这样的文本，我们既不能使用单引号，也不能使用双引号。因为这将导致 Python 报错：文本本身已包含单引号和双引号。

解决此问题的一种方法是使用三重引号，我们也可以使用转义序列的方法。

转义序列以反斜杠开头，并有不同的解释。如果我们使用单引号来表示字符串，则字符串中的所有单引号都必须转义。双引号的情况类似，例如：

```python
# 三重引号
print('''He said, "What's she?"''')
## He said, "What's she?"
```

```python
# 转义单引号
print('He said, "What\'s she?"')
## He said, "What's she?"
```

```python
# 转义双引号
print("He said, \"What's she?\"")
## He said, "What's she?"
```

Python 中常用转义符见表 9.9。

表 9.9 常用转义符

转义字符	描述	转义字符	描述
\(在行尾时)	续行符	\n	换行
\\	反斜杠符号	\v	纵向制表符
\'	单引号	\t	横向制表符
\"	双引号	\r	回车
\a	响铃 (提示音)	\f	换页
\b	退格 (Backspace)	\oyy	八进制数，yy 代表字符，例如：\o12 代表换行
\e	转义	\xyy	十六进制数，yy 代表字符，例如：\x0a 代表换行
\000	空	\other	其他字符以普通格式输出

例如，在一个字符串中打印出两行，代码如下：

```python
print('精诚所至\n 金石为开')
## 精诚所至
## 金石为开
```

输出结果得到了两行，这里使用了转义字符\n，它表示换行。

2. 字符串格式化

字符串格式化通常可使用操作符百分号 (%) 来实现，例如：

```python
print ('hello, %s' % 'world')
## hello, world
print ('小洪今年%s岁了' % 9)
## 小洪今年9岁了
```

在 % 的左边放置一个待格式化的字符串，右边则放置希望格式化的值。格式化的值可以是一个字符串或者数字。

格式化字符串的 %s 部分称为转换说明符，它标记了需要放置转换值的位置，其更通用的术语为占位符。

上面示例中 s 表示百分号右边的值会被格式化为字符串，s 指的是 str，如果不是字符串，str 会将其转换为字符串。如上面示例中就将 9 转换为字符串了。这种方式对于大多数数值都有效。

Python 为我们提供的格式化符号见表 9.10。

表 9.10 格式化符号

符号	描述	符号	描述
%c	格式化字符及其 ASCII 码	%f	格式化浮点数字,可指定小数点后的精度
%s	格式化字符串	%e	用科学计数法格式化浮点数
%d	格式化整数	%E	作用同%e，用科学计数法格式化浮点数
%u	格式化无符号整数	%g	%f 和%e 的简写
%o	格式化无符号八进制数	%G	%f 和%E 的简写
%x	格式化无符号十六进制数	%p	用十六进制数格式化变量的地址
%X	格式化无符号十六进制数（大写）		

字符串对象也可用 format() 方法格式化。格式化字符串包含花括号 {} 作为占位符或被替换的替换字段。

我们可以使用位置参数或关键字参数来指定顺序，例如：

```python
default_order = \
    "{}, {} and {}".format('John', 'Bill', 'Sean')
# 使用默认顺序
print(default_order)
## John, Bill and Sean
```

```python
positional_order = \
    "{1}, {0} and {2}".format('John', 'Bill', 'Sean')
# 指定位置参数
```

```
print(positional_order)
## Bill, John and Sean
```

```
keyword_order = \
    "{s}, {b} and {j}".format(j='John', b='Bill', s='Sean')
# 指定关键字参数
print(keyword_order)
## Sean, Bill and John
```

3. 字符串的其他常用方法

上面提到的 format() 方法是字符串的常用方法之一,下面再介绍一些其他常用方法。

find() 方法用于检测字符串中是否包含子字符串 str,例如:

```
field = 'do it now'
# 如果包含子字符串则返回其开始处的索引值
field.find('now')
## 6
# 否则返回-1
field.find('python')
## -1
```

join() 方法用于将序列中的元素以指定字符连接生成一个新字符串,例如:

```
dirs = '', 'www', 'data', 'sub'
print('路径: ', '/'.join(dirs))    # 指定'/'连接
## 路径:  /www/data/sub
```

lower()、upper() 方法可以将字符串中所有英文字母转为小写或大写,而 swapcase() 方法则对字符串的大小写字母进行互换,例如:

```
greeting = 'Hello,World'
print('调用lower得到字符串: ', greeting.lower())
## 调用lower得到字符串:  hello,world
print('调用upper得到字符串: ', greeting.upper())
## 调用upper得到字符串:  HELLO,WORLD
field = 'do it NOW'
print('调用swapcase方法后得到字符串: ', field.swapcase())
## 调用swapcase方法后得到字符串:  DO IT now
```

replace() 方法把字符串中的旧字符串替换成新字符串,例如:

```
field = 'do it now, do right now'
print('原字符串: ', field)
## 原字符串:  do it now, do right now
print('新字符串: ', field.replace('do', 'Just do'))
## 新字符串:  Just do it now, Just do right now
```

split() 方法通过指定分隔符将字符串切片,例如:

```
print('不提供任何分隔符分隔后的字符串: ', field.split())
## 不提供任何分隔符分隔后的字符串:  ['do', 'it', 'now,', 'do', 'right', 'now']
print('根据i分隔后的字符串: ', field.split('i'))
## 根据i分隔后的字符串:  ['do ', 't now, do r', 'ght now']
```

9.3.5 字典

字典由多个键(key)及与其对应的值(value)构成的对组成(把键值对称为项)。键可以是数字、字符串甚至是元组。字典是一种可变容器模型,而且可存储任意类型对象。

Python 的字典让我们可以轻松查到某个特定的键(类似拼音或笔画索引),从而通过键找到对应的值(类似具体某个字)。

1. 创建字典

创建字典很简单,将键值对用冒号 (:) 分割,放在用逗号分隔的花括号 { } 即可。空字典(不包括任何项)则由大括号组成,即 {}。简单的字典示例如下:

```
dict1 = {'2021A001':'王天赐', '2021A002':'高琪琪', '2021A003':'朱德宗'}
dict2 = { 'CSU': 123, 985: 17 }
empty_dict = {}
```

我们也可以用 dict() 函数,通过其他映射(比如其他字典)或者(键/值)这样的序列对建立字典,例如:

```
JS=[('name','王天赐'),('id','2021A001')]
detail=dict(JS)
detail
## {'name': '王天赐', 'id': '2021A001'}
```

我们还可以利用 zip() 函数建立字典。zip() 函数用于将可迭代的对象作为参数,将对象中对应的元素打包成一个个元组,然后返回由这些元组组成的对象,这样做的好处是节约了不少内存,例如:

```python
ids = ['2021A001','2021A002', '2021A003']
names = ['王天赐','高琪琪','朱德宗']
JSdict = dict(zip(ids, names))
JSdict
## {'2021A001': '王天赐', '2021A002': '高琪琪', '2021A003': '朱德宗'}
```

在 Python 字典里，键必须是唯一的，不允许同一个键出现两次，但值却不必遵循此原则。值可以取任何数据类型。

此外，键必须是不可变的，如字符串、数字或元组，使用列表就会出现错误，例如：

```python
JSdict1 = {'王天赐': '2021A001', '高琪琪': '2021A002', '王天赐': '2021A004'}
# 创建时如果同一个键被赋值两次，后一个值会被记住
print('教师信息：\n', JSdict)
## field = {['name']:'王天赐', 'id':'2021A001'}
## TypeError: unhashable type: 'list'
## 教师信息：
##  {'2021A001': '王天赐', '2021A002': '高琪琪', '2021A003': '朱德宗'}
```

len()、type() 等函数也可以用于字典，例如：

```python
JSdict = {'2021A001':'王天赐', '2021A002':'高琪琪', '2021A003':'朱德宗'}
# len函数用于计算字典元素个数，即键的总数
print('字典元素个数为：%d个' % len(JSdict))
## 字典元素个数为：3个
# type函数返回输入的变量类型
print('字典的类型为：', type(JSdict))
## 字典的类型为： <class 'dict'>
```

创建字典时如果同一个键被赋值两次，计算长度时则只会计算一个，例如：

```python
JSdict1 = {'王天赐': '2021A001', '高琪琪': '2021A002', '王天赐': '2021A004'}
print(len(JSdict1))   # 2 or 3?
## 2
```

2. 访问字典元素

字典使用键进行访问，键既可以在方括号 [] 内使用，也可以与 get() 方法一起使用，例如：

```python
JSdict['2021A001']
## '王天赐'
JSdict.get('2021A002')
## '高琪琪'
```

如果使用方括号 []，在字典中找不到键时会引发 KeyError。如果使用 get() 方法，未找到键时将返回 None，例如：

```
## JSdict['秦始皇']
## KeyError
print(JSdict.get('2021B001'))
## None
```

3. 字典的格式化输出

字典的格式化方式是在每个转换说明符中的 % 字符后面，加上用圆括号括起来的键，后面再跟上其他说明元素，例如：

```
JSdict = {'2021A001':'王天赐', '2021A002':'高琪琪', '2021A003':'朱德宗'}
print('ID为2021A002对应的教师是：%(2021A002)s' % JSdict)
## ID为2021A002对应的教师是：高琪琪
```

字典的格式化，除了增加的字符串键之外，转换说明符还是像以前一样工作。当以这种方式使用字典的时候，只要所有给出的键都能在字典中找到，就可以获得任意数量的转换说明符。

4. 基本字典操作

字典的基本操作在很多方面与序列（sequence）类似，也支持修改、删除等。

1）修改字典：增加新的键值对，修改或删除已有键值对，例如：

```
JSdict = {'2021A001':'王天赐', '2021A002':'高琪琪', '2021A003':'朱德宗'}
JSdict['2021A001'] = '王小天'    # 更新2021A001的姓名
print('ID为2021A001对应的教师是：%(2021A001)s' % JSdict)
## ID为2021A001对应的教师是：王小天
JSdict['2021A000'] = '田博士'    # 添加一名教师
print('ID为2021A000对应的教师是：%(2021A000)s' % JSdict)
## ID为2021A000对应的教师是：田博士
```

2）删除字典元素。此处的删除指的是显式删除，显式删除一个字典用 del 命令，例如：

```
JSdict = {'2021A001':'王天赐', '2021A002':'高琪琪', '2021A003':'朱德宗'}
print('删除前:', JSdict)
## 删除前: {'2021A001': '王天赐', '2021A002': '高琪琪', '2021A003': '朱德宗'}
del JSdict['2021A001']    # 删除键'2021A001'
print('删除后:', JSdict)
## 删除后: {'2021A002': '高琪琪', '2021A003': '朱德宗'}
# del除了可以删除键外，也可以删除整个字典
del JSdict
```

5. 字典常用的方法

下面列出了可用于字典的方法，如 clear()、copy()、fromkeys()、items()、keys() 等，其中部分方法已经在上面的例子中使用过。

clear() 方法用于删除字典内所有的项，例如：

```
JSdict = {'2021A001':'王天赐', '2021A002':'高琪琪', '2021A003':'朱德宗'}
print('字典元素个数为：%d个' % len(JSdict))
JSdict.clear()
print('字典删除后元素个数为：%d个' % len(JSdict))
## 字典元素个数为：3个
## 字典删除后元素个数为：0个
```

copy() 方法用于复制字典内所有的项，例如：

```
JSdict = {'2021A001':'王天赐', '2021A002':'高琪琪', '2021A003':'朱德宗'}
js = JSdict.copy()
print('复制后得到的js为： ', js)
##复制后得到的js为：{'2021A001':'王天赐','2021A002':'高琪琪','2021A003':'朱德宗'}
```

fromkeys() 创建一个新字典，以序列 seq 中元素作为字典的键,value 为字典所有键对应的初始值。例如：

```
seq = ('name', 'age', 'gender')
info = dict.fromkeys(seq)
print("新的字典为 : %s" % info)
## 新的字典为 : {'name': None, 'age': None, 'gender': None}
info = dict.fromkeys(seq, 10)
print("新的字典为 : %s" % info)
## 新的字典为 : {'name': 10, 'age': 10, 'gender': 10}
```

items() 方法以列表返回可遍历的 (键, 值) 元组数组，例如：

```
JSdict = {'2021A001':'王天赐', '2021A002':'高琪琪'}
print('调用items方法的结果：\n%s' % JSdict.items())
## 调用items方法的结果：
## dict_items([('2021A001', '王天赐'), ('2021A002', '高琪琪')])
```

keys() 方法以列表返回一个字典所有的键，例如：

```
print('JSdict字典所有键为：%s' % JSdict.keys())
## JSdict字典所有键为：dict_keys(['2021A001', '2021A002'])
```

values() 方法以列表形式返回字典中所有值，例如：

```
print('JSdict字典所有值为：%s' % list(JSdict.values()))
## JSdict字典所有值为：['王天赐', '高琪琪']
```

9.4 Python 流程控制

在 Python 中，语句块并非一种语句，语句块是在满足一定条件时执行一次或多次的一组语句。语句块的创建方式为在代码前放置空格缩进。同一段语句块中的每行都要保持同样的缩进；若没有，Python 编译器会认为不属于同一语句块或者认为错误。在 Python 中，用冒号（:）标识语句块的开始，块中的每一个语句都是缩进的（缩进量相同）。当退回到和已经闭合的块一样的缩进量时，当前块就已经结束了。

9.4.1 条件语句

到目前为止，我们编写的程序都是简单地按语句顺序一条一条执行的。这里会介绍让程序选择执行语句的方法。

1. if 语句

在 Python 中，if 语句的主体由缩进表示。正文以缩进开始，第一个未缩进的行标志着结束。Python 将非零值解释为 True，None 和 0 被解释为 False。

例如：

```
# if 基本用法
greeting = 'hello'
if greeting == 'hello':
    print('hello')
print('world')
## hello
## world
greeting = 'hi'
if greeting == 'hello':
    print('hello')
print('world')
## world
```

在上面的例子中，greeting == 'hello'是测试表达式，仅当该测试的计算结果为 True 时才执行 if 的主体。print('world') 语句位于 if 块之外（未缩进），因此它的执行与测试表达式无关。

2. else 子句

在 if 语句的示例中,若 greeting 的值不为 hello,那就进不了语句块,但若想要相关提示,比如提示 greeting 的值不为 hello,那么该如何处理?看如下代码:

```python
greeting = 'hi'
if greeting == 'hello':
    print('hello')
else:
    print('该语句块不在if中,greeting的值不是hello')
## 该语句块不在if中,greeting的值不是hello
```

3. elif 子句

在 else 子句的示例中,假如除 if 条件外,还有多个子条件需要判定,则可采用 elif 语句("else if" 的简写),例如:

```python
num = 10
if num > 10:
    print('num的值大于10')
elif 0 <= num <= 10:
    print('num的值介于0到10')
else:
    print('num的值小于0')
## num的值介于0到10
```

4. 嵌套代码块

我们可以在另一个 if…elif…else 语句中包含一个 if…elif…else 语句,这在编程中称为嵌套。不同缩进是确定嵌套级别的唯一方法,因此,比较容易出错,建议少用。

```python
num = 10
if num % 2 == 0:
    if num % 3 == 0:
        print("你输入的数字可以整除 2 和 3")
    elif num % 4 == 0:
        print("你输入的数字可以整除 2 和 4")
    else:
        print("你输入的数字可以整除 2,但不能整除 3 和 4")
else:
    if num % 3 == 0:
        print("你输入的数字可以整除 3,但不能整除 2")
    else:
```

```
    print('你输入的数字不能整除 2 和 3')

## 你输入的数字可以整除 2，但不能整除 3 和 4
```

9.4.2 循环语句

程序在一般情况下是按顺序执行的。编程语言提供了各种控制结构，允许更复杂的执行路径。循环语句允许多次执行某个语句或语句组。

1. while 循环

首先判定 while 条件，当条件为 True 时，会执行条件语句块，执行完语句块再判定 while 条件，若仍然为 True，继续执行语句块，直到条件为 False 时才结束，例如：

```
n = 1
while n <= 5:
    print('当前数字是： ', n)
    n += 1
## 当前数字是： 1
## 当前数字是： 2
## 当前数字是： 3
## 当前数字是： 4
## 当前数字是： 5
```

2. for 循环

Python 中的 for 循环用于迭代序列（列表、元组、字符串）或其他可迭代对象。循环完一个序列称之为遍历。

for 循环语法如下：

```
for var in sequence:
    循环主体
```

这里，var 是在每次迭代时获取序列内项目值的变量。继续循环，直到我们到达序列的最后一项。for 循环的主体使用缩进与代码的其余部分分开，例如：

```
fields = ['a', 'b', 'c']
for f in fields:
    print('当前字母是： ', f)
## 当前字母是： a
## 当前字母是： b
## 当前字母是： c
```

我们可以在 for 循环中使用 range() 函数来遍历数字序列。它可以与 len() 函数结合，使用索引来遍历序列，例如：

```python
# 使用索引迭代列表
for i in range(len(fields)):
    print("I like", fields[i])
## I like a
## I like b
## I like c
```

range(10) 将生成从 0 到 9（10 个数字）的数字，range 对象在某种意义上是"懒惰的"，因为当我们创建它时，它不会生成它"包含"的每个数字。如果确有需要，强制此函数输出所有项目，可以使用函数 list()，例如：

```python
print(list(range(10)))
## [0, 1, 2, 3, 4, 5, 6, 7, 8, 9]
```

for 也可以循环遍历字典元素，例如：

```python
tups = {'name': '小智', 'number': '1002', 'gender': '男'}
for tup in tups:    # for循环字典
    print('%s:%s' % (tup, tups[tup]))
## name:小智
## number:1002
## gender:男
```

我们也可以用 items() 方法将键值对作为元组返回，例如：

```python
tups = {'name': '小智', 'number': '1002', 'gender': '男'}
for key, value in tups.items():
    print('%s:%s' % (key, value))
## name:小智
## number:1002
## gender:男
```

注意，字典元素的顺序通常没有被定义。换句话说，迭代的时候，字典中的键和值都能保证得到处理，但是处理顺序不确定。

3. 跳出循环

在前面的示例中讲过，循环会一直执行，直到条件为假或序列元素用完，才结束。但若想提前中断循环，可以使用 break、continue 语句改变正常循环的流程。

break 语句终止包含它的循环。如果 break 语句在嵌套循环内（一个循环在另一个循环内），则 break 语句只终止其所在的内层的循环，例如：

```python
# 简单的终止程序
for val in "Python":
    if val == "h":
        break
    print(val)
print("The end")
## P
## y
## t
## The end
```

多重循环时，break 只终止所在的循环，例如：

```python
for val in "Python":
    if val == "h":
        for var in range(5):
            if var == 3:
                print("Ok to break")
                break
    print(val)
print("The end")
## P
## y
## t
## Ok to break
## h
## o
## n
## The end
```

continue 语句用于跳过循环内仅在当前迭代的其余代码。循环不会终止，而是继续进行下一次迭代，例如：

```python
for val in "Python":
    if val == "h":
        continue
    print(val)
print("The end")
## P
## y
## t
## o
```

```
## n
## The end
```

4. 循环中的 else

在一些情况下，我们可能会需要在 while、for 等循环不满足条件时做一些相关工作。

首先，我们讨论在 while 条件语句为 False 时执行 else 的语句块，例如：

```
num = 0
while num < 3:
    print(num, " 小于 3")
    num = num + 1
else:
    print(num, " 大于或等于 3")
print("结束循环!")
## 0  小于 3
## 1  小于 3
## 2  小于 3
## 3  大于或等于 3
## 结束循环!
```

下面介绍 for 循环中使用 else 语句的做法，和上面的 while 循环非常类似，例如：

```
names = ['xiaomeng', 'xiaozhi']
for name in names:
    if name == "xiao":
        print("名称: ", name)
        break
    print("循环名称列表 " + name)
else:
    print("没有找到数据!")
print("结束循环!")
## 循环名称列表 xiaomeng
## 循环名称列表 xiaozhi
## 没有找到数据!
## 结束循环!
```

需要指出的是，如果因为 break 语句导致 for 或 while 循环终止，Python 就会忽略 else 部分的执行，例如：

```python
names = ['xiaomeng', 'xiaozhi']
for name in names:
    if name == "xiaozhi":
        print("名称: ", name)
        break
    print("循环名称列表 " + name)
else:
    print("没有找到数据!")
print("结束循环!")

## 循环名称列表 xiaomeng
## 名称:  xiaozhi
## 结束循环!
```

9.5 函数

在 Python 中,函数是一组执行特定任务的相关语句。函数有助于将程序分解成更小的模块化的块。随着程序变得越来越大,函数使它更有条理和易于管理。此外,函数能提高应用的模块性和代码的重复利用率。Python 提供了许多内建函数,比如 `print()` 和 `int()`。和 R 类似,Python 也可以创建用户自定义函数。

9.5.1 调用函数

定义一个函数时,需要先指定函数的名称,并写下一系列程序语句,之后就可以使用名称来调用这个函数了。函数调用的例子如下:

```python
print('hello world')
type('hello')
int(12.1)
## hello world
## <class 'str'>
## 12
```

Python 3 内置了很多有用的函数,可以在交互式命令行通过 `help` 命令查看有关函数的帮助信息。例如,用于查看绝对值的 `abs()` 函数的帮助信息代码如下:

```python
help(abs)
```

9.5.2 定义函数

Python 也支持自定义函数,函数一般格式如下:

```
def function_name (arg1, arg2,… argN):
    """docstring"""
    <statements>
```

Python 自定义函数中需要注意以下几点：

1）函数代码块以 def 关键词开头，后接函数标识符名称和圆括号（）。

2）任何传入参数和自变量都必须放在圆括号中间。圆括号内是形式参数列表。有多个参数时则使用逗号隔开函数可以没有形式参数，但定义和调用时一对圆括号必须要有。

3）函数的第一行语句可以选择性地使用文档字符串——用于存放函数说明。

4）函数内容以冒号起始，并且缩进。

5）return [表达式] 结束函数,选择性地返回一个值给调用方。不带表达式的 return 相当于返回 None。

▲注意：自定义函数的名称也必须以字母开头，可以包括下划线"_"，同定义变量一样，不能把 Python 的关键字定义成函数的名称。如果没有 return 语句，函数执行完毕后也会返回结果，只是结果为 None。

9.5.3 函数参数

本节将探讨如何定义带参数的函数及其使用。调用函数时可以使用以下参数类型：必需参数、关键字参数、默认参数、可变参数和组合参数。

1. 必需参数

必需参数需以正确的顺序传入函数。调用时的数量必须和声明时的一样，例如：

```
def paramone(str):
    print('the param is:', str)
    print('我是一个传入参数，我的值是：', str)
paramone('hello,world')
## the param is: hello,world
## 我是一个传入参数，我的值是： hello,world
```

我们定义了一个必须传入一个参数的函数 paramone(str)，其传入参数为 str，结果即将 "hello,world" 这个值传给 str。

2. 关键字参数

函数调用，使用关键字参数来确定传入的参数值。使用关键字参数，Python 解释器能够用参数名匹配参数值，例如：

```
def personinfo(age, name):
    print('年龄：', age)
    print('名称：', name)
```

```
    return
print('-------按参数顺序传入参数-------')
personinfo(21, '小萌')
## -------按参数顺序传入参数-------
## 年龄： 21
## 名称： 小萌
print('-------不按参数顺序传入参数，指定参数名--------')
personinfo(name='小萌', age=21)
## -------不按参数顺序传入参数，指定参数名--------
## 年龄： 21
## 名称： 小萌
print('-------按参数顺序传入参数，并指定参数名--------')
personinfo(age=21, name='小萌')
## -------按参数顺序传入参数，并指定参数名-------
## 年龄： 21
## 名称： 小萌
```

3. 默认参数

调用函数时，如果没有传递参数，则会使用默认参数。所谓使用默认参数，就是在定义函数时给参数一个默认值，当调用该函数时没有给该参数赋值，调用的函数就使用这个默认值，例如：

```
def defaultparam(name, gender='男', age=23):
    print('hi, 我叫： ', name)
    print('我今年： ', age, '岁')
    print('我是： ', gender, '生')
    return
```

对于默认参数，需要注意：

1）不管有多少个默认参数，默认参数都不能在必需参数之前。

2）不管有多少个默认参数，若不传入其参数值，都会使用默认值。

3）若要更改某一个默认参数的值，而不想传入其他默认参数，且其位置不是第一个默认参数，可以通过参数名来更改想要更改的默认参数的值。

4）若有一个默认参数是通过传入参数名更改参数值的，则其他任何想要更改的默认参数都需要传入参数名来更改参数值，否则报错。

5）更改默认参数的值时，传入默认参数的顺序不需要根据定义的函数中默认参数的顺序传入，不过最好同时传入参数名，否则容易出现执行结果与预期不一致的情况。

4. 可变参数

如果需要一个函数能处理比当初声明时更多的参数，这些参数叫作可变参数，包含可变参数的函数被称为可变函数。和前面所述两种参数不同，可变参数在函数定义时使用

*(星号)来声明。可变函数的基本语法如下:

```
def functionname([formal_args, ] * var_args_tuple):
    "函数_文档字符串"
    function_suite
    return [expression]
```

加了星号 * 的变量名会存放所有未命名的变量参数。如果变量参数在函数调用时没有指定参数,那么它就是一个空元组。我们也可以不向可变函数传递未命名的变量。下面,通过实例来说明可变函数的使用,定义如下函数并执行:

```
def personinfo(arg, *vartuple):
    print(arg)
    for var in vartuple:
        print('我属于不定长参数部分:', var)
    return

print('-------------不带可变参数--------------------')
personinfo('小萌')
## -------------不带可变参数--------------------
## 小萌
print('-------------带上两个可变参数--------------------')
personinfo('小萌', 21, 'beijing')
## -------------带上两个可变参数--------------------
## 小萌
## 我属于不定长参数部分: 21
## 我属于不定长参数部分: beijing
print('-------------带上五个可变参数--------------------')
personinfo('小萌', 21, 'beijing',
           123, 'shanghai', 'happy')
## -------------带上五个可变参数--------------------
## 小萌
## 我属于不定长参数部分: 21
## 我属于不定长参数部分: beijing
## 我属于不定长参数部分: 123
## 我属于不定长参数部分: shanghai
## 我属于不定长参数部分: happy
```

9.5.4 匿名函数

Python 使用 lambda 来创建匿名函数。lambda 只是一个表达式,函数体比 def 简单很多。它的主体是一个表达式,而不是一个代码块。

lambda 函数只包含一个语句,基本语法如下:

```
lambda [arg1[, arg2, .....argn]]: expression
```

使用 `def` 语句求两个数之和示例如下：

```
def func(x, y):
    return x + y
```

使用 `lambda` 表达式求两个数之和示例如下：

```
func1 = lambda x, y: x + y
func1(1, 2)
## 3
```

Python 提供了很多函数式编程的特性，如 `map`、`reduce`、`filter`、`sorted` 等这些函数都支持函数作为参数，`lambda` 函数就可以应用在函数式编程中。

例如将列表中的元素按照绝对值大小升序排列：

```
list1 = [3, 5, -4, -1, 0, -2, -6]
sorted(list1, key=lambda x: abs(x))
## [0, -1, -2, 3, -4, 5, -6]
```

在程序一次性使用、不需要定义函数名时，可以考虑使用匿名函数使程序更加简洁。

当然，匿名函数有几个规则要记住：

1）一般也就一行表达式，必须有返回值。
2）不能有 return。
3）既可以没有参数，也可以有一个或多个参数。

9.5.5 pass 语句

在 Python 中，有时能遇到一种情况：定义一个 `def` 函数，函数内容部分填写为 `pass`，例如：

```
# 生成高斯分布函数
def sample(n_samples):
    pass
```

这里 `pass` 的主要作用就是占据位置，让代码整体完整。如果定义一个函数里面为空，那么就会报错。如果你还没想清楚函数内部内容，就可以用 `pass` 来填充。

9.5.6 Python 模块

模块是指包含 Python 语句和定义的文件。包含 Python 代码的文件，例如 ex.py，称为模块，其模块名称为 ex。

我们使用模块将大型程序分解为可管理和有组织的小文件。此外，模块保证了代码的可重用性。

键入以下内容并将其另存为 ex.py，可以创建一个模块 ex：

```python
def add(a, b):
    """This program adds two
    numbers and return the result"""

    result = a + b
    return result
```

在这里，我们在名为 ex 的模块中定义了一个函数 add()，该函数接受两个数字并返回它们的和。

我们可以用 import 关键字将模块内的定义导入另一个模块或 Python 中的交互式解释器：

```python
import ex
```

这不会直接在当前符号表中导入 ex 模块所定义的函数名称，而是只导入了模块名称。我们可以使用点号（.）操作符来访问该模块内部的函数，例如：

```python
ex.add(4,5)
# 9
```

Python 有大量的标准模块（https://docs.python.org/3/py-modindex.html）可以下载和安装，安装好的模块文件位于 Python 安装位置内的 Lib 目录中。我们可以像导入用户定义的模块那样导入标准模块。

1. 模块的导入

模块的导入从本质上讲，就是在一个文件中载入另一个文件，并且能够读取那个文件的内容。通过这样的方法一个模块内的对象和属性（object，attribute）能够被外界使用。

我们以 numpy 模块为例，介绍几种常见的导入的方式。例如：

```python
# 导入整个模块
import numpy
numpy.sqrt(2)
```

```python
# 另外一种方式导入整个模块
# 使用星号 (*) 导入所有内容可能导致标识符的重复定义
# 尽量少用此方式
from numpy import *
sqrt(2)

# 别名的方式
# 可以将numpy简记为np，在调用时直接使用np就可以
import numpy as np
np.sqrt(2)

# 只导入某个对象
from numpy import sqrt
sqrt(2)
```

2. 模块搜索路径

在导入模块时，Python 会查看多个位置。Python 解释器首先寻找内置模块，如果未找到内置模块，Python 则会查看 `sys.path` 中定义的目录列表。模块搜索是按当前目录、PYTHONPATH（带有目录列表的环境变量）、安装选定的默认目录的顺序进行的，例如：

```python
import sys
sys.path
```

3. 重新加载模块

如果我们已经导入的 ex 模块在程序运行过程中发生了变化，我们将不得不重新加载它，建议用 Python imp 模块中的 `reload()` 函数来重新加载模块，例如：

```python
import imp
imp.reload(ex)
```

4. dir() 内置函数

我们可以使用 `dir()` 函数来找出模块内定义的名称。例如，我们在开头的 ex 示例中定义了一个函数 add()。我们可以通过以下方式在 ex 模块中使用 dir：

```python
dir(ex)
```

返回结果如下：

```
['__builtins__',
'__cached__',
'__doc__',
'__file__',
'__initializing__',
'__loader__',
'__name__',
'__package__',
'add']
```

在这里，我们可以看到一个排序的名称列表（以及 add），其中以下划线开头的名称都是与模块关联的默认 Python 属性（不是用户定义的）。

用不带任何参数的 dir() 函数可以列出我们当前命名空间中定义的所有名称。

9.6 本章小结

本章介绍了 Python 入门的基础知识，包括 R 中如何使用 Python，Python 常见的数据对象和数据结构等。这些数据对象和数据结构是 Python 编程的基础。另外，在使用中，读者要注意体会 Python 和 R 中对应数据对象和数据结构的异同。

为方便读者，现将本章涉及的主要 Python 函数和语句进行汇总，见表9.11。

表 9.11 本章涉及的主要 Python 函数和语句

函数名	功能
print()	打印输出
help()	帮助函数
int()	将字符串或数字转换为整数
float()	将整数和字符串转换成浮点数
list()	将可迭代序列转换为列表类型
tuple()	将可迭代序列转换为元组
dict()	创建字典
lambda	定义匿名函数
pass	占位语句
import	导入其他模块或库中的函数、类或变量

9.7 练习题

1. 输入 4 个整数 a,b,c,d，利用 Python 计算 a+b-c*d 的结果。
2. 利用 Python 计算一个 12.3m*16.4m 的矩形房间的面积和周长。
3. 利用 Python 计算 555*5，写出尽可能多的方法（不少于 3 种）。
4. 请用索引取出下面列表的 hello 和 Python 元素：

```
field = [['hello', 'world', 'welcome'],
         ['study', 'Python', 'is', 'funny'],
         ['good', 'better', 'best']]
```

9.8 实验题

1. 小智的成绩从去年的 99 分提升到了今年的 137 分，请计算小智成绩提升的百分比，并用字符串格式化显示出 "xx.x%" 的形式，保留 1 位小数。

2. 根据以下列表：

```
list1 = ['life', 'is', 'short'],
list2 = ['you', 'need', 'python']
```

完成以下几个操作：

1）输出 "python" 及其下标。
2）在 list2 后追加 "!"，在 "short" 后添加 ","。
3）将两个字符串合并后，排序并输出其长度。
4）将 "python" 改为 "python3"。
5）移除之前添加的 "!" 和 ","。

3. 有 5 名某领域专家 xiaoyun、xiaohong、xiaoteng、xiaoyi 和 xiaoyang，其 QQ 号分别是 1888、55555、11111、7777 和 666666，用字典将这些数据组织起来，并用自定义函数实现以下功能：用户输入某一名专家的姓名后，程序自动输出其 QQ 号，如果输入的姓名不在字典中则输出字符串 "Not Found"。

第 10 章 Python 数据处理

学习编程能拓展思维，帮助思考，创造一种我认为对所有领域都有帮助的思考方式。

——*Bill Gates*（微软创始人）

Python 数据处理在众多行业中都具有很好的应用。通过数据加工、分析、展示等环节，Python 数据处理可以轻松地为企业或个人决策提供科学依据。Python 的强大之处在于它的模块化结构，这使得它可以轻松地处理大量数据。在 Python 数据处理方面，强大的函数库以及第三方库可谓是数不胜数。

本章首先介绍 Python 中数据文件的输入、输出等操作，之后重点介绍 Python 基础数据处理和数值计算模块 NumPy、数据处理和数据清洗模块 Pandas 和基础可视化模块 Matplotlib。

10.1 数据文件的读写操作

在 Python 中，想要读取或写入文件时，需要先打开它。有关读写操作完成后，需要关闭文件，以释放与文件绑定的资源。

10.1.1 数据的读取

操作文件之前需要用 open() 函数打开文件，代码如下：

```python
f = open('helloworld.txt', mode='r')
```

mode 参数中的 r 代表读出，w 代表写入。打开之后，函数将返回一个文件对象（file object），后续对文件内数据的操作都是基于这个文件对象的方法（method）来实现的。

读取文件数据使用 read() 方法，read() 方法会返回文件中的所有内容，例如：

```python
# 设定当前工作目录
import os
os.chdir("F:/RPStat/codes")
f = open("helloworld.txt", 'r')
mydat = f.read()
print(mydat)
f.close()
```

用 print 打印所有内容会显示 "Hello, world!"。记得每次用完文件后，都要用 f.close() 关闭文件。否则，文件就会一直被 Python 占用，不能被其他进程使用。

也可以使用 with open() as f: 在操作后自动关闭文件，例如：

```python
with open('helloworld.txt') as f:
    content = f.read()
    print(content)
```

在 read() 中加入数字，可指定读取的字符数，例如：

```python
with open('helloworld.txt') as f:
    content = f.read(5)
    print(content)
```

10.1.2 数据的写入

写入的操作和读取是类似的，不过用的是 write() 函数，同时需要将打开文件的 mode 参数设置为 w，例如：

```python
f = open("ssoft.txt", 'w')
f.write("恭喜你，终于坚持到了本书的最后一章！")
f.close()
```

10.1.3 文本文件的操作

常见的数据文件包括 TXT 格式或者 CSV（逗号分隔值文件格式）等格式。

读取文本文件时，可先通过 open() 函数打开文件，并返回文件对象，再用 read() 函数进行读取。类似的读取方法还有：

1）readline()：每次读入一条数据的方法。
2）readlines()：一次性读入文件所有数据的方法。

例如：

```python
f = open("JSdata.csv", 'r')
content=f.readlines()   # 一次性读取完所有数据
f.close()
print(content[0])   # 第一行数据
## id,name,gender,birth,title,height,weight,salary
print(content[1])   # 第二行数据
## 2021A001,王天赐,男,1972/4/8,教授,165,66,30.1
```

readlines() 读取后得到的是每行数据组成的列表，但是一行样本数据全部存储为一个字符串，并且数据读入后并没有将换行符去掉（"\r\n" 或 "\n"）。

在读入数据之后，用 for 循环对每一个元素去除换行符，并将每一个变量值用字符串处理方法 .split() 分隔开来。.strip() 是一个对字符串去除指定字符的方法，但括号里参数为空的时候，默认去除 "\r""\n""\t" 等字符，例如：

```
content_new = []    # 新建一个列表用于保存数据
for con in content:
    temp = con.strip()    # 去除换行符
    temp = temp.split(",")    # 用逗号分隔列表
    content_new.append(temp)    # 加到新列表尾部
print(content_new[0])
## ['id', 'name', 'gender', 'birth', 'title', 'height', 'weight', 'salary']
print(content_new[1])
## ['2021A001', '王天赐', '男', '1972/4/8', '教授', '165', '66', '30.1']
```

文本文件写入时，需设置参数 mode='w'，可使用的方法有 write() 和 writelines()，其中 write() 函数是逐次写入，而 writelines() 可将一个列表里的所有数据一次性写入文件中。在写入文件时，如需换行，则要在每条数据后增加换行符，同时用字符串 .join() 的方法将每个变量数据联合成一个字符串并增加间隔符（间隔符为逗号），例如：

```
f = open("JSnew.txt", 'w')
# 写入的两行新数据
newcon = [['id', 'name', 'gender', 'birth',
           'title', 'height', 'weight',
           'salary'],
          ['2021A040', '赵匡胤', '女', ' 1992/4/8',
           '讲师', '164', '66', '10.1']]
for con in newcon:
    con = ','.join(con)    # 用join将每个列表中元素用逗号连接
    con = con + '\n'    # 加换行符
    f.write(con)
f.close()
```

10.1.4 CSV 文件的操作

CSV 文件的读取与写入还可以直接利用 Python 内置的 csv 模块。

读取时，先引入 csv 模块中的 open() 函数打开文件，再使用 csv.reader() 作为读入器，例如：

```python
import csv
f = open("JSdata.csv", 'r')
reader = csv.reader(f)
content_new = []
for con in reader:
    content_new.append(con)
print(content_new[0])
## ['id', 'name', 'gender', 'birth', 'title', 'height', 'weight', 'salary']
print(content_new[1])
## ['2021A001', '王天赐', '男', '1972/4/8', '教授', '165', '66', '30.1']
f.close()
```

写入时，先引入 csv 模块中的 open() 打开文件，然后使用 csv.writer() 作为写入器，再用 writerow() 方法逐行写入，例如：

```python
f = open("JSnew.txt", 'w')
writer = csv.writer(f)   # 生成writer对象
#写入的两行新数据
newcon = [['id', 'name', 'gender', 'birth',
           'title', 'height', 'weight',
           'salary'],
          ['2021A040', '赵匡胤', '女',' 1992/4/8',
           '讲师', '164', '66', '10.1']]
for con in newcon:
    writer.writerow(con)
f.close()
```

当我们完成对文件的操作后，需要正确关闭文件。关闭文件将释放与文件绑定的资源。上面的示例中，我们使用了 Python 中 close() 方法关闭文件。但是，该方法并不完全安全，如果在对文件执行某些操作时发生异常，那么代码会退出而不关闭文件。

在 Python 中，关闭文件的最佳方法是使用 with 语句，这可确保在退出 with 语句内的块时关闭文件。此时，我们不需要显式调用 close() 方法，例如：

```python
with open("test.txt", encoding='utf-8') as f:
    # 执行文件操作
```

▲ **注意**：不同的操作系统中文本文件的默认编码不同。Windows 中是 cp1252，Linux 中则是 utf-8。因此，在处理文本文件时，强烈建议用参数 encoding 指定编码类型。

例如：

```
f = open("JSnew.txt", mode='r', encoding='utf-8')
```

10.2 NumPy 科学计算库

NumPy 是 Python 科学计算的核心库，它提供了高性能的多维数组对象以及用于处理这些数组对象的工具。Python 中内置了用于数组的列表，但列表处理多维数组速度很慢。

NumPy 旨在提供比传统 Python 列表更快的数组对象。与列表不同，NumPy 数组存储在内存中的一个连续位置上，内存访问和数据操作相对高效。虽然 NumPy 部分是用 Python 编写的，但大多数需要快速计算的部分则是用 C 或 C++ 编写的，并专门针对数组的操作和运算进行了设计，存储效率和输入输出性能有很大改进。

10.2.1 NumPy 的安装

如果系统上已经安装了 Python 和 pip，那么安装 NumPy 非常简单，使用以下命令即可：

```
pip install numpy
```

我们也可以使用已经安装了 NumPy 的 Python 的集成版本，例如 Anaconda、Spyder 等。

安装 NumPy 后，可通过添加 import 关键字将其导入，例如：

```
import numpy as np
arr = np.array([1, 2, 3, 4, 5])
print(arr)
print(np.__version__)
## [1 2 3 4 5]
## 1.21.5
```

NumPy 主要使用数组对象 ndarray 来处理多维数组，NumPy 中的大部分属性和方法都是为 ndarray 服务的。可以说，掌握了 ndarray 的用法，就基本掌握了 NumPy 的用法。

10.2.2 NumPy 中的数组创建

NumPy 中的数组维数是数组的秩，数组的形状（shape）是一个整数元组，形状给出了每个维度的数组大小。

我们可以使用 array() 方法创建一个 ndarray 对象，并使用方括号访问元素，例如：

```
a = np.array([1, 2, 3])   # 创建一个秩为 1 的数组
print(type(a))
## <class 'numpy.ndarray'>
print(a.shape)
## (3,)
print(a[0], a[1], a[2])
## 1 2 3
a[0] = 5
print(a)
## [5 2 3]

b = np.array([[1, 2, 3],
              [4, 5, 6]])   # 创建一个秩为 2 的数组
print(b.shape)
## (2, 3)
print(b[0, 0], b[0, 1], b[1, 0])   # 打印 "1 2 4"
## 1 2 4
```

在 NumPy 数组中，轴是从 0 开始索引的，[ ] 从内到外分别为第 0 轴、第 1 轴、第 2 轴等，例如：

```
c = np.array([[1, 2, 3, 4],
              [5, 6, 7, 8],
              [7, 8, 9, 10]])
print(c)
## [[ 1  2  3  4]
##  [ 5  6  7  8]
##  [ 7  8  9 10]]
```

这里，二维数组 c 具有垂直轴（轴 0）和水平轴（轴 1），其中第 0 轴长度为 3，第 1 轴长度为 4。

NumPy 中的许多函数和命令把轴作为参数。下面以 max() 函数举例说明：

```
tabmat = np.array([[5, 3, 7, 1],
                   [2, 6, 7, 9],
                   [1, 1, 1, 1],
                   [4, 3, 2, 0]])
tabmat.max()
## 9
tabmat.max(axis=0)
## array([5, 6, 7, 9])
```

```
tabmat.max(axis=1)
## array([7, 9, 1, 4])
```

默认情况下，.max() 函数返回整个数组中的最大值。但是，一旦指定了一个轴，它将对该特定轴上的每组值执行计算。例如，参数为 axis=0 时，max() 选择表中四个垂直值集里的每个值的最大值，并返回已展平或聚合为一维数组的数组。

大多数 NumPy 函数如果没有指定轴，会对整个数据集执行操作；如果指定，则将以轴方向执行操作或运算。

NumPy 提供了专门用于生成 ndarray 的函数，以提高创建 ndarray 的速度，例如：

```
a = np.arange(0, 1, 0.1)
# 等差数列
print(a)
## [0.  0.1 0.2 0.3 0.4 0.5 0.6 0.7 0.8 0.9]
b = np.linspace(0, 1, 10)
print(b)
## [0.         0.11111111 0.22222222 0.33333333 0.44444444 0.55555556
##  0.66666667 0.77777778 0.88888889 1.        ]
c = np.linspace(0, 1, 10, endpoint=False)
print(c)
## [0.  0.1 0.2 0.3 0.4 0.5 0.6 0.7 0.8 0.9]


# 等比数列
d = np.logspace(0, 2, 5)
# logspace中，开始点和结束点是10的幂
# 0代表10的0次方，2代表10的2次方，共生成5个数
print(d)
## [  1.           3.16227766  10.          31.6227766  100.        ]
```

ndarray 的元素具有相同的元素类型。常用的有 int（整型）、float（浮点型）和 complex（复数型），例如：

```
a = np.array([1, 2, 3, 4], dtype=float)
print(a.dtype)
## float64
```

所有数组都有一个名为 shape 的属性，该属性返回每个维度中元组的大小，例如：

```
c = np.array([[1, 2, 3, 4],
              [4, 5, 6, 7],
              [7, 8, 9, 10]])
```

```
print(c.shape)
## (3, 4)
```

数组中其他常见属性还有 ndim、size 等，例如：

```
print(c)
## [[ 1  2  3  4]
##  [ 4  5  6  7]
##  [ 7  8  9 10]]
len(c)    # 返回数组长度
## 3
c.ndim    # 返回数组的维度
## 2
c.size    # 返回数组中元素的个数
## 12
```

此外，NumPy 还提供了许多创建特殊数组的函数，例如：

```
a = np.zeros((2, 2))   # 创建一个全为零的数组
print(a)
## [[0. 0.]
##  [0. 0.]]

b = np.ones((1, 2))    # 创建一个包含所有 1 的数组
print(b)
## [[1. 1.]]

c = np.full((2, 2), 7) # 创建一个常量数组
print(c)
## [[7 7]
##  [7 7]]

d = np.eye(2)   # 创建一个 2×2 单位矩阵
print(d)
## [[1. 0.]
##  [0. 1.]]
```

10.2.3 数组操作

1. 改变数组形状

在统计分析中，我们经常需要改变现有数组的形状，NumPy 中可以用 reshape 方法。

假设我们有一个数据长度为 30 的数组如下：

```
x = np.array(range(30))
x
## array([ 0,  1,  2,  3,  4,  5,  6,  7,  8,  9, 10, 11, 12, 13, 14, 15, 16,
##        17, 18, 19, 20, 21, 22, 23, 24, 25, 26, 27, 28, 29])
```

我们可以使用 reshape 方法更改此数组的形状,同时保留其数据。

下面我们将 x 更改为 10 行 3 列的二维数组:

```
x = x.reshape((10, 3))
x
## array([[ 0,  1,  2],
##        [ 3,  4,  5],
##        [ 6,  7,  8],
##        [ 9, 10, 11],
##        [12, 13, 14],
##        [15, 16, 17],
##        [18, 19, 20],
##        [21, 22, 23],
##        [24, 25, 26],
##        [27, 28, 29]])
```

我们还可以将数组更改为 2×3×5 的三维形状,代码如下:

```
x = x.reshape((2, 3, 5))
x
## array([[[ 0,  1,  2,  3,  4],
##         [ 5,  6,  7,  8,  9],
##         [10, 11, 12, 13, 14]],
##
##        [[15, 16, 17, 18, 19],
##         [20, 21, 22, 23, 24],
##         [25, 26, 27, 28, 29]]])
```

除了指定外,其中一个形状尺寸可以是 −1。在本例中,该值是从数组的长度和剩余维度推断出来的。新形状需要与原始形状兼容。例如,由于 x 的长度为 30,等于 2×3×5,因此下面 reshape 的数组只能是 (2,3,5)。

例如:

```
x.reshape((2, -1, 5))
## array([[[ 0,  1,  2,  3,  4],
##         [ 5,  6,  7,  8,  9],
```

```
##         [10, 11, 12, 13, 14]],
##
##        [[15, 16, 17, 18, 19],
##         [20, 21, 22, 23, 24],
##         [25, 26, 27, 28, 29]]])
```

2. 数组展平

我们可以使用 ravel 或 flatten 方法将其展平到一维阵列，例如：

```
x = np.array(range(30)).reshape(2, 3, 5)
x
## array([[[ 0,  1,  2,  3,  4],
##         [ 5,  6,  7,  8,  9],
##         [10, 11, 12, 13, 14]],
##
##        [[15, 16, 17, 18, 19],
##         [20, 21, 22, 23, 24],
##         [25, 26, 27, 28, 29]]])
```

```
x.ravel()   # after ravel
## array([ 0,  1,  2,  3,  4,  5,  6,  7,  8,  9, 10, 11, 12, 13, 14, 15, 16,
##        17, 18, 19, 20, 21, 22, 23, 24, 25, 26, 27, 28, 29])
x.flatten()  # after flatten
## array([ 0,  1,  2,  3,  4,  5,  6,  7,  8,  9, 10, 11, 12, 13, 14, 15, 16,
##        17, 18, 19, 20, 21, 22, 23, 24, 25, 26, 27, 28, 29])
```

3. 数组转置

除了修改数组的形状外，转置数组也是常见的操作。让我们看一个简单的例子：

```
x = np.array(range(30)).reshape(2, 3, 5)
```

为了转换数组，我们可以使用 T 方法。我们可以看到 x 从形状 (2，3，5) 转换为 (5,3,2)。

```
x.T
## array([[[ 0, 15],
##         [ 5, 20],
##         [10, 25]],
##
##        [[ 1, 16],
```

```
##          [ 6, 21],
##          [11, 26]],
##
##         [[ 2, 17],
##          [ 7, 22],
##          [12, 27]],
##
##         [[ 3, 18],
##          [ 8, 23],
##          [13, 28]],
##
##         [[ 4, 19],
##          [ 9, 24],
##          [14, 29]]])
x.T.shape
## (5, 3, 2)
```

4. 迭代数组

迭代意味着逐个遍历元素。在 NumPy 中处理多维数组时，我们可以使用 Python 的 for 循环，例如：

```
arr = np.array([1, 2, 3])
# 一维数组迭代
for x in arr:
    print(x)


## 1
## 2
## 3


# 三维数组迭代
arr = np.array([[[1, 2], [3, 4]], [[5, 6], [7, 8]]])
for x in arr:
    print(x)

## [[1 2]
##  [3 4]]
## [[5 6]
##  [7 8]]

# 迭代三维数组的每个标量元素
```

```
for x in arr:
    for y in x:
        for z in y:
            print(z)
## 1
## 2
## 3
## 4
## 5
## 6
## 7
## 8
```

上述基础的嵌套 for 循环结构在迭代高维数组时，可能很难使用。为此，NumPy 提供了 nditer() 函数，例如：

```
arr = np.array([[[1, 2], [3, 4]], [[5, 6], [7, 8]]])
for x in np.nditer(arr):
    print(x)

## 1
## 2
## 3
## 4
## 5
## 6
## 7
## 8
```

5. 连接数组

连接数组意味着将两个或多个数组的内容放在一个数组中。在 NumPy 中，concatenate() 函数通过轴连接数组，主要参数为数组和指定连接的轴。如果未显式传递轴，则将其视为 0。

例如：

```
arr1 = np.array([[1, 2], [3, 4]])
arr2 = np.array([[5, 6], [7, 8]])
arrnew1 = np.concatenate((arr1, arr2))
print(arrnew1)
## [[1 2]
##  [3 4]
```

```
##  [5 6]
##  [7 8]]

arrnew2 = np.concatenate((arr1, arr2), axis=1)
print(arrnew2)
## [[1 2 5 6]
##  [3 4 7 8]]
```

6. 拆分数组

拆分是连接的反向操作。连接将多个数组合并为一个，拆分将一个数组拆分为多个。我们使用 `array_split()` 来分割数组，参数是待分割的数组和要分割的数目，例如：

```
arr = np.array([[1, 2, 3], [4, 5, 6], [7, 8, 9],
                [10, 11, 12], [13, 14, 15], [16, 17, 18]])

newarr = np.array_split(arr, 3)
## [array([[1, 2, 3],
##        [4, 5, 6]]), array([[ 7,  8,  9],
##        [10, 11, 12]]), array([[13, 14, 15],
##        [16, 17, 18]])]

print(newarr)

#将二维数组沿行拆分为3个二维数组
newarr = np.array_split(arr, 3, axis=1)
print(newarr)
## [array([[ 1],
##        [ 4],
##        [ 7],
##        [10],
##        [13],
##        [16]]), array([[ 2],
##        [ 5],
##        [ 8],
##        [11],
##        [14],
##        [17]]), array([[ 3],
##        [ 6],
##        [ 9],
##        [12],
```

```
##           [15],
##           [18]])]
```

10.2.4 数组索引

数组索引与访问数组元素相同。我们可以通过引用索引号来访问数组元素。NumPy 数组中的索引从 0 开始，这意味着第一个元素的索引为 0，第二个元素的索引为 1，以此类推。

从以下数组中获取第一个元素，代码如下：

```
import numpy as np
arr = np.array([1, 2, 3, 4])
print(arr[0])
## 1
```

要访问二维数组中的元素，我们可以使用逗号分隔的整数表示元素的维度和索引。

下面访问第二维度第三个元素，代码如下：

```
import numpy as np
arr = np.array([[1, 2, 3, 4, 5], [6, 7, 8, 9, 10]])
print('第二维度的第三个元素: ', arr[1, 2])
## 第二维度的第三个元素: 8
```

与 Python 列表类似，我们可以对 NumPy 数组切片。例如：

```
import numpy as np
arr = np.array([1, 2, 3, 4, 5, 6, 7])
# 将元素从索引 1 切片到索引 5
b = arr[1:5]
print(b)
## [2 3 4 5]
```

ndarray 通过切片产生一个新的视图 b，b 和 arr 共享同一块数据存储空间，这时候改变 b 的值，同时也会改变 arr 的值，例如：

```
b[2] = -10
print(b)
## [  2   3 -10   5]
print(arr)
## [  1   2   3 -10   5   6   7]
```

如果想改变这种情况，我们可以用列表对数组元素切片，例如：

```
arr = np.array([1, 2, 3, 4, 5, 6, 7])
b = arr[[2,3,6]]
print(b)
## [3 4 7]

b[2] = -10
print(b)
## [  3   4 -10]

print(arr)
## [1 2 3 4 5 6 7]
```

10.2.5 多维数组

NumPy 的多维数组和一维数组类似。多维数组有多个轴。我们前面已经提到从内到外分别是第 0 轴、第 1 轴……

例如

```
# reshape with (-1, 1)
# 这里只提供了列的值1，行数则从数据中算出
a = np.arange(0, 60, 10).reshape(-1, 1) + np.arange(0, 6)
```

这里数组是多维的，因此需要为数组的每个维度指定一个切片，代码如下：

```
a[0, 3:5]
## array([3, 4])
a[4:, 4:]
## array([[44, 45],
##        [54, 55]])
a[2::2, ::2]
## array([[20, 22, 24],
##        [40, 42, 44]])
```

上面方法对数组的切片都是共享原数组的储存空间的。如果我们想创立原数组的副本，我们可以用整数元组、列表、整数数组和布尔数组切片，例如

```
a[(0, 1, 2, 3, 4), (1, 2, 3, 4, 5)]
## array([ 1, 12, 23, 34, 45])
a[3:, [0, 2, 5]]
## array([[30, 32, 35],
##        [40, 42, 45],
```

```
##        [50, 52, 55]])
mask = np.array([1, 0, 1, 0, 0, 1], dtype=bool)
a[mask, 2]
## array([ 2, 22, 52])
```

10.2.6 ufunc 函数

ufunc 是 universal function 的简写，它是一种能对数组每个元素进行运算的函数。NumPy 的许多 ufunc 函数都是用 C 语言实现的，并且支持向量化运算，因此它们的运算速度非常快，例如：

```
x = np.linspace(0, 2*np.pi, 10)
y = np.sin(x)
y
## array([ 0.00000000e+00,  6.42787610e-01,  9.84807753e-01,  8.66025404e-01,
##         3.42020143e-01, -3.42020143e-01, -8.66025404e-01, -9.84807753e-01,
##        -6.42787610e-01, -2.44929360e-16])
```

值得注意的是，对于同等长度的 ndarray，np.sin() 比 math.sin() 快，但是对于单个数值，math.sin() 的速度更快。

NumPy 提供了许多 ufunc 函数，它们和相应运算符的运算结果相同，例如：

```
a = np.arange(0, 4)
a
## array([0, 1, 2, 3])
b = np.arange(1, 5)
b
## array([1, 2, 3, 4])
np.add(a, b)
## array([1, 3, 5, 7])
a + b
## array([1, 3, 5, 7])
np.subtract(a, b)   # 减法
## array([-1, -1, -1, -1])
np.multiply(a, b)   # 乘法
## array([ 0,  2,  6, 12])
np.divide(a, b)   # 如果两个数字都为整数，则为整数除法
## array([0.        , 0.5       , 0.66666667, 0.75      ])
np.power(a, b)   # 乘方
## array([ 0,  1,  8, 81], dtype=int32)
```

10.2.7 NumPy 随机数

NumPy 提供了处理随机数的随机模块,例如:

```
np.random.seed(123)
x = np.random.randint(100)   # 生成0到100的一个随机数
print(x)
## 66

x = np.random.rand()   # 生成0到1的一个浮点数
print(x)
## 0.2268514535642031
```

上面这些函数也支持生成随机数组,例如:

```
np.random.seed(123)
x = np.random.randint(100, size=(3, 5))
# 生成一个包含3行5列的0~100的随机数
print(x)
## [[66 92 98 17 83]
##  [57 86 97 96 47]
##  [73 32 46 96 25]]

x = np.random.rand(3, 5)
# 生成一个包含3行5列的0~1的随机数
print(x)
## [[0.43857224 0.0596779  0.39804426 0.73799541 0.18249173]
##  [0.17545176 0.53155137 0.53182759 0.63440096 0.84943179]
##  [0.72445532 0.61102351 0.72244338 0.32295891 0.36178866]]
```

我们可以使用随机模块的 choice 方法根据所定义的概率生成随机数。choice 方法允许我们指定每个值的概率,其中 0 表示该值永远不会出现,1 表示该值始终会出现。注意:所有值的概率和应为 1,例如:

```
np.random.seed(123)
x = np.random.choice([3, 5, 7, 9],
                     p=[0.2, 0.3, 0.5, 0.0], size=20)
print(x)
## [7 5 5 7 7 5 7 7 5 5 5 7 5 3 5 7 3 3 7 7]
```

NumPy 提供了一系列生成函数,可以生成服从特定分布的随机数,例如:

```
np.random.seed(123)#定义一个随机数种子
x = np.random.normal(loc=1, scale=2, size=(2, 3))
# 生成N(1, 2)正态分布随机数组
print(x)
## [[-1.17126121  2.99469089  1.565957  ]
##  [-2.01258943 -0.1572005   4.30287307]]

x = np.random.binomial(n=10, p=0.5, size=10)
# 生成B(10, 0.5)二项分布随机数
print(x)
## [8 6 5 5 4 6 5 3 5 6]

x = np.random.poisson(lam=2, size=10)
# 生成P(2)泊松分布随机数
print(x)
## [1 4 3 1 1 2 1 4 0 1]

x = np.random.uniform(1, 2, size=(2, 3))
# 生成U(1, 2)均匀分布随机数组
print(x)
## [[1.86630916 1.25045537 1.48303426]
##  [1.98555979 1.51948512 1.61289453]]
## [[-1.17126121  2.99469089  1.565957  ]
##  [-2.01258943 -0.1572005   4.30287307]]
## [8 6 5 5 4 6 5 3 5 6]
## [1 4 3 1 1 2 1 4 0 1]
## [[1.86630916 1.25045537 1.48303426]
##  [1.98555979 1.51948512 1.61289453]]
```

10.3 Pandas 数据处理库

Pandas 是一个基于 NumPy 的、强大的分析结构化数据的工具集，广泛应用在学术、金融、统计学等各个数据分析领域。Pandas 可以从各种文件格式比如 CSV、JSON、SQL、Microsoft Excel 导入数据，也可以对各种数据进行运算操作，比如归并、选择等，它还具有数据清洗和数据加工特征。Pandas 中纳入了大量库和标准的数据模型，提供了高效操作大型数据集所需要的函数和方法，使用户能快速、便捷地处理数据。

Pandas 属于第三方模块，先安装再使用，安装命令如下：

```
pip install pandas
```

10.3.1 Pandas 数据结构

Pandas 的主要数据结构是 Series（一维数据）与 DataFrame（二维数据）：

1）Series 是一种类似于一维数组的对象，它由一组数据（各种 NumPy 数据类型）以及一组与之相关的数据标签（即索引）组成。

2）DataFrame 是一个表格型的数据结构，它含有一组有序的列，每列可以是不同的值类型（数值、字符串、布尔型值）。DataFrame 既有行索引也有列索引，它可以被看作由 Series 组成的字典（共同用一个索引）。

1. Series 构建

创建 Series 的基本方法如下：

```
pd.Series(data, index=index)
```

在这里，参数 data 既可以是列表、字典，也可以是 NumPy 数组和标量值。例如：

```
import pandas as pd
a = [1, 2, 3]    # 利用列表
ret = pd.Series(a)
print(ret)
## 0    1
## 1    2
## 2    3
## dtype: int64
```

如果 data 是 ndarray，则 index（索引）必须与数据长度相同。如果没有传递 index，则会创建一个值为 [0, ···, len(data) - 1] 的索引，例如：

```
np.random.seed(123)#定义随机数种子
s=pd.Series(np.random.randn(5),
        index=["a", "b", "c", "d", "e"])
s
## a   -1.085631
## b    0.997345
## c    0.282978
## d   -1.506295
## e   -0.578600
## dtype: float64
```

Series 可以用字典实现，例如：

```
sites = {1: "Google", 2: "baidu", 3: "sogou"}
ret = pd.Series(sites)    # 利用字典
print(ret)
## 1       Google
## 2        baidu
## 3        sogou
## dtype: object
```

▲ **注意**：当 data 是字典并且没有传递 index 时，索引将按照字典的插入顺序排序。在低版本中，索引将按照字典的字母顺序排序。

Series 的操作与 ndarray 非常相似，并且是大多数 NumPy 函数的有效参数。也可以对索引切片，例如：

```
s[0]
## -1.0856306033005612
s[:4]
## a    -1.085631
## b     0.997345
## c     0.282978
## d    -1.506295
## dtype: float64
s.mean()
## -0.3780403249103223
np.sin(s)
## a    -0.884598
## b     0.840034
## c     0.279217
## d    -0.997920
## e    -0.546853
## dtype: float64
```

Series 就像一个固定大小的字典，我们可以通过索引标签获取和设置值，例如：

```
s["a"]
## -1.0856306033005612

s["e"] = 12.0
"f" in s
## False

s.get("b")
## 0.9973454465835858
```

Series 也可以有一个 name 属性, 例如:

```python
np.random.seed(123)
s = pd.Series(np.random.randint(5), name="newnumber")
s.name
## 'newnumber'

#重新命名
s2 = s.rename("diffname")
s2.name
## 'diffname'
```

2. DataFrame 构建

DataFrame 是一种二维标记数据结构, 也是 Pandas 中最常用的对象之一。与 Series 一样, DataFrame 接受一维数组、列表、字典 (包括序列的字典)、DataFrame 等多种不同类型的输入。

利用列表构建 DataFrame, 代码如下:

```python
data = [['Google', 10], ['baidu', 12], ['sogou', 13]]
df = pd.DataFrame(data, columns=['Site', 'Age'])
print(df)
##       Site  Age
## 0   Google   10
## 1    baidu   12
## 2    sogou   13
```

我们也可以利用包括 ndarrays 和列表的字典构建 DataFrame, 代码如下:

```python
import pandas as pd
data = {'Site': ['Google', 'baidu', 'sogou'],
        'num': [10, 12, 13]}
df = pd.DataFrame(data, columns=['Site', 'num'])
print(df)
##       Site  num
## 0   Google   10
## 1    baidu   12
## 2    sogou   13
```

我们还可以用 Series 字典构建 DataFrame, 代码如下:

```python
sites = [{'1': "Google", '2': "baidu", '3': "sogou"}]
df = pd.DataFrame(sites)
print(df)
##      1      2      3
## 0  Google  baidu  sogou
```

10.3.2 Pandas 数据索引

Pandas 主要提供了 `iloc`、`loc`、`ix` 等三种属性来选取行/列数据。

1) `iloc`: 根据位置的整数索引选取数据,例如:

```python
import pandas as pd

df = pd.read_csv('UGdata.csv', encoding='gbk')
# 一个位置的索引默认对行进行操作
df.iloc[5]
df.iloc[1:2, 3:4]
df.iloc[1:, :]
df.iloc[:-1, [1, 3, 3]]
```

2) `loc`: 根据行列标签选取数据,例如:

```python
import pandas as pd

df = pd.read_csv('JSdata.csv', encoding='gbk')
# 一个位置的索引默认对行进行操作
df.loc[5]
df.loc[1:2]
df.loc[1:, :]
df.loc[:, 'id']
df.loc[:, 'id':'birth']
df.loc[df['salary'] > 20, 'id':'birth']
```

3) `ix`: 根据整数索引或者行标签选取数据。`ix` 支持基于混合整数和标签的访问,它支持 `loc` 和 `iloc` 的任何输入,还支持浮点标签。但在最新版本的 Pandas 中,已不推荐使用 `ix`,因此本书建议采用 `iloc` 和 `loc` 实现 `ix`。

10.3.3 利用 Pandas 查询数据

1) 查询数据的前 5 行或末尾 5 行,代码如下:

```
import pandas as pd

df = pd.read_csv('JSdata.csv', encoding='gbk')
df.head()
df.tail()
##          id   name  gender     birth    title   height  weight  salary
## 0   2021A001  王天赐    男    1972/4/8    教授      165      66     30.1
## 1   2021A002  高琪琪    女    1973/5/12   副教授    163      65     23.8
## 2   2021A003  朱德宗    男    1995/7/18   讲师      187      87      9.7
## 3   2021A004  杨子琪    女    1985/1/8    讲师      166      67     12.8
## 4   2021A005  陈晓东    男    1982/3/7    副教授    166      69     24.3
##          id   name  gender     birth    title   height  weight  salary
## 34  2021A035  丁欣欣    女    1976/10/25  教授      167      81     28.9
## 35  2021A036  孙明     男    1985/9/21   讲师      176      77      9.6
## 36  2021A037  周甜甜    女    1976/10/24  副教授    169      68     24.9
## 37  2021A038  王晓丽    女    1975/12/4   教授      168      69     37.2
## 38  2021A039  甄欢欢    女    1976/9/22   教授      166      71     32.3
```

2）查询指定的行或列，代码如下：

```
import pandas as pd

df = pd.read_csv('JSdata.csv', encoding='gbk')
df.iloc[[1,2,5],]
df[['id', 'salary']]
##          id   name  gender     birth    title   height  weight  salary
## 1   2021A002  高琪琪    女    1973/5/12   副教授    163      65     23.8
## 2   2021A003  朱德宗    男    1995/7/18   讲师      187      87      9.7
## 5   2021A006  吴天昊    男    1975/11/27  教授      188      89     28.1
##          id      salary
## 0   2021A001    30.1
## 1   2021A002    23.8
## 2   2021A003     9.7
## 3   2021A004    12.8
## 4   2021A005    24.3
## 5   2021A006    28.1
## 6   2021A007    14.3
## 7   2021A008    15.3
## 8   2021A009    16.4
## 9   2021A010    10.3
## 10  2021A011    10.8
## 11  2021A012    10.2
```

```
## 12  2021A013   16.4
## 13  2021A014    8.9
## 14  2021A015   25.2
## 15  2021A016   17.5
## 16  2021A017   27.8
## 17  2021A018   35.1
## 18  2021A019   34.5
## 19  2021A020   14.9
## 20  2021A021   15.1
## 21  2021A022   20.3
## 22  2021A023    7.7
## 23  2021A024  217.0
## 24  2021A025    8.2
## 25  2021A026   16.4
## 26  2021A027    8.3
## 27  2021A028   11.4
## 28  2021A029   36.3
## 29  2021A030   27.4
## 30  2021A031   13.2
## 31  2021A032   14.3
## 32  2021A033   16.4
## 33  2021A034   20.1
## 34  2021A035   28.9
## 35  2021A036    9.6
## 36  2021A037   24.9
## 37  2021A038   37.2
## 38  2021A039   32.3
```

3）按照条件查询，代码如下：

```
import pandas as pd

df = pd.read_csv('JSdata.csv', encoding='gbk')
df[df['salary'] > 20]
df[(df['salary'] > 20) & (df['salary'] < 40)]
##            id name gender      birth  title  height  weight  salary
## 0   2021A001  王天赐    男    1972/4/8    教授     165      66    30.1
## 1   2021A002  高琪琪    女   1973/5/12   副教授     163      65    23.8
## 4   2021A005  陈晓东    男    1982/3/7   副教授     166      69    24.3
## 5   2021A006  吴天昊    男   1975/11/27   教授     188      89    28.1
## 14  2021A015  周欣欣    女   1986/10/24   教授     165      74    25.2
## 16  2021A017  孙火德    男    1976/9/22   教授     176      77    27.8
```

```
## 17    2021A018     杨婷婷    女   1977/12/30   教授     156    55    35.1
## 18    2021A019     高德天    男   1973/5/12    教授     178    77    34.5
## 21    2021A022     王子瑞    男   1982/3/7     副教授   163    62    20.3
## 23    2021A024      王明     男   1981/3/4     副教授   158    59    217.0
## 28    2021A029     吴启德    女   1967/11/27   教授     158    61    36.3
## 29    2021A030     欧阳云    女   1963/5/11    教授     175    85    27.4
## 33    2021A034     张欣欣    女   1982/3/6     副教授   162    71    20.1
## 34    2021A035     丁欣欣    女   1976/10/25   教授     167    81    28.9
## 36    2021A037     周甜甜    女   1976/10/24   副教授   169    68    24.9
## 37    2021A038     王晓丽    女   1975/12/4    教授     168    69    37.2
## 38    2021A039     甄欢欢    女   1976/9/22    教授     166    71    32.3
##            id    name  gender      birth     title   height  weight  salary
## 0     2021A001     王天赐    男   1972/4/8     教授     165    66    30.1
## 1     2021A002     高琪琪    女   1973/5/12    副教授   163    65    23.8
## 4     2021A005     陈晓东    男   1982/3/7     副教授   166    69    24.3
## 5     2021A006     吴天昊    男   1975/11/27   教授     188    89    28.1
## 14    2021A015     周欣欣    女   1986/10/24   教授     165    74    25.2
## 16    2021A017     孙火德    男   1976/9/22    教授     176    77    27.8
## 17    2021A018     杨婷婷    女   1977/12/30   教授     156    55    35.1
## 18    2021A019     高德天    男   1973/5/12    教授     178    77    34.5
## 21    2021A022     王子瑞    男   1982/3/7     副教授   163    62    20.3
## 28    2021A029     吴启德    女   1967/11/27   教授     158    61    36.3
## 29    2021A030     欧阳云    女   1963/5/11    教授     175    85    27.4
## 33    2021A034     张欣欣    女   1982/3/6     副教授   162    71    20.1
## 34    2021A035     丁欣欣    女   1976/10/25   教授     167    81    28.9
## 36    2021A037     周甜甜    女   1976/10/24   副教授   169    68    24.9
## 37    2021A038     王晓丽    女   1975/12/4    教授     168    69    37.2
## 38    2021A039     甄欢欢    女   1976/9/22    教授     166    71    32.3
```

▲ **注意**：多个条件的查询，必须在 &（且）或者 |（或）的两端用括号将条件括起来。

10.4　Matplotlib 绘图库

Matplotlib 是 Python 编程语言及其数值数学扩展 NumPy 的绘图库，它提供了一整套和 Matlab 相似的命令 API，十分适合交互式制图，也可以方便地作为绘图控件，嵌入 GUI 应用程序中。Matplotlib 虽然主要用纯 Python 语言编写，但是它大量使用 NumPy 和其他扩展代码，对大型数组都能提供良好的性能。

10.4.1　安装和导入 Matplotlib

首先，使用 `pip` 安装 Matplotlib：

```
pip install matplotlib
```

安装 Matplotlib 后，通过 `import` 语句将其导入：

```
import matplotlib
print(matplotlib.__version__)
## 3.5.2
```

大多数 Matplotlib 应用程序位于 `pyplot` 子模块下，通常以 `plt` 别名被导入：

```
import matplotlib.pyplot as plt
```

接下来调用 `figure` 创建一个绘图对象，并且使它成为当前的绘图对象：

```
plt.figure(figsize=(8,4),dpi=80)
```

参数 figsize 指定绘图对象的宽度和高度，单位为英寸；dpi 参数指定绘图对象的分辨率，即每英寸多少个像素，缺省值为 80。因此本例中所创建的图表窗口的宽度为 8×80 = 640 像素。

当然，也可以不创建绘图对象直接调用 plot 函数直接绘图，Matplotlib 会自动创建一个绘图对象。

10.4.2 plot 绘图

plot() 函数可用于绘制线条，默认绘制从点 x 到点 y 的一条线，具体步骤和示例代码如下：

```
import numpy as np
#第1步：定义x和y坐标轴上的点
xpoints = np.array([1, 3])
ypoints = np.array([8, 10])
#第2步：使用plot绘制线条
#      第1个参数是x的坐标值，第2个参数是y的坐标值
plt.plot(xpoints, ypoints)
##第3步：显示图形
plt.show()
```

绘制的图形如图10.1所示。

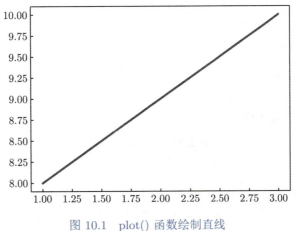

图 10.1 plot() 函数绘制直线

我们可以通过参数定义绘图属性，例如：

```
plt.plot(xpoints, ypoints, color='r', marker='o',linestyle='dashed')
'''
color：线条颜色，值r表示红色（red）
marker：点的形状，值o表示点为圆圈标记（circle marker）
linestyle：线条的形状，值dashed表示用虚线连接各点
'''
plt.show()
```

绘制的图形如图 10.2 所示。

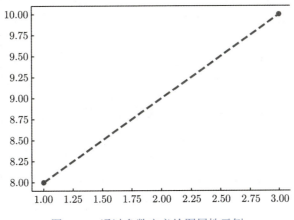

图 10.2 通过参数定义绘图属性示例

如果不指定 x 轴点的值，Python 将使用默认值 0，1，2，3 等绘图，例如：

```
ypoints = np.array([3, 8, 1, 10, 5, 7])
plt.plot(ypoints)
plt.xlabel("pressure")#设置x标签
```

```
plt.ylabel("temp")#设置y标签
plt.title("changes")#设置标题
plt.grid()#设置网格
plt.show()
```

绘制的图形如图 10.3 所示。

下面，我们看一个 pyplot 绘图比较完整的例子：

```
import numpy as np
import matplotlib.pyplot as plt
x = np.linspace(0, 10, 1000)
y = np.sin(x)
z = np.cos(x**2)
plt.plot(x,y,label="$sin(x)$",color="red",linewidth=2)
plt.plot(x,z,"b--",label="$cos(x^2)$")
plt.xlabel("Time(s)")
plt.ylabel("Volt")
plt.title("PyPlot Example")
plt.ylim(-1.2,1.2)
plt.legend()
plt.show()
```

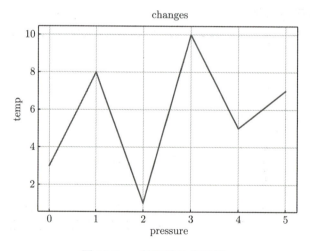

图 10.3　x 轴取默认值示例

绘制的图形如图10.4所示。

我们还可以调用 `plt.savefig()` 将当前的 Figure 对象保存成图像文件，图像格式由图像文件的扩展名决定。

下面的代码将当前的图表保存为 "test.png"，并且通过 dpi 参数指定图像的分辨率为 120，因此输出图像的宽度为 $8 \times 120 = 960$ 个像素。

```
plt.savefig("test.png",dpi=120)
```

一个绘图对象可以包含多个轴，在 Matplotlib 中用轴表示一个绘图区域，可以将其理解为子图。上面的第一个例子中，绘图对象只包括一个轴，因此只显示了一个轴。可以使用 subplot 函数快速绘制有多个轴的图表。

subplot 函数的调用形式如下：

```
subplot(numRows, numCols, plotNum)
```

subplot 将整个绘图区域等分为 numRows 行乘以 numCols 列个子区域，然后按照从左到右，从上到下的顺序对每个子区域编号，左上的子区域的编号为 1。

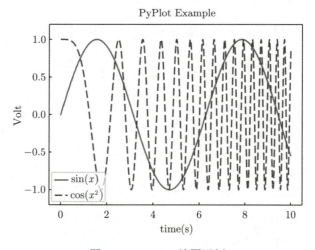

图 10.4　pyplot 绘图示例

如果 numRows、numCols 和 plotNum 这三个数都小于 10，可以把它们缩写为一个整数，例如 subplot(323) 和 subplot(3,2,3) 是相同的。

subplot 在 plotNum 指定的区域中创建一个轴对象。如果新创建的轴和之前创建的轴重叠，之前的轴将被删除。

下面的程序可以创建 3 行 2 列共 6 个轴，通过 axisbg 参数给每个轴设置不同的背景颜色：

```
for idx, color in enumerate("rgbyck"):
    plt.subplot(320+idx+1, facecolor=color)
plt.show()
```

如果希望某个轴占据整行或者某列的话，可以调用 subplot，例如：

```python
plt.subplot(221) # 第一行的左图
plt.subplot(222) # 第一行的右图
plt.subplot(212) # 第二整行
plt.show()
```

subplot() 绘图的主要步骤如下:

1) 使用 figure() 方法创建画板 1。
2) 使用 subplot() 方法创建画纸,选择当前画纸并绘图。
3) 同样用 subplot() 方法选择画纸并绘图。
4) 最后显示图形。

下面我们看一个 subplot() 绘图比较完整的例子,代码如下:

```python
#创建画板1
fig = plt.figure(1) #如果不传入参数默认画板1
x = np.array([0, 1, 2, 3])
y = np.array([3, 8, 1, 10])
#创建画纸,并选择画纸1
#对应参数(nrows, ncols, index),索引从左上角 1 开始
plt.subplot(1, 2, 1)
#在画纸1上绘图
plt.plot(x,y)

#plot 2
x = np.array([0, 1, 2, 3])
y = np.array([10, 20, 30, 40])
#选择画纸2
plt.subplot(1, 2, 2)
#在画纸2上绘图
plt.plot(x,y)
plt.show()
```

绘制的图形如图 10.5 所示。

10.4.3 常见统计图形

借助 pyplot,可使用 scatter() 函数绘制散点图,代码如下:

```python
x = np.array([5,7,8,7,2,17,2,9,4,11,12,9,6])
y = np.array([99,86,87,88,111,86,103,87,94,78,77,85,86])
plt.scatter(x, y)
plt.show()
```

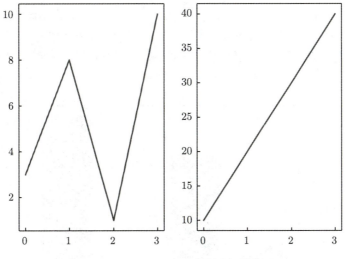

图 10.5 subplot 多图绘制示例

绘制的图形如图 10.6 所示。

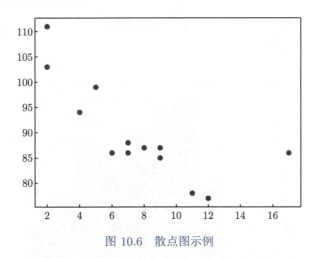

图 10.6 散点图示例

使用 pyplot，可以使用 bar() 函数绘制条形图，代码如下：

```
x = np.array(["A", "B", "C", "D"])
y = np.array([3, 8, 1, 10])
plt.bar(x,y)
plt.show()
```

绘制的图形如图 10.7 所示。

我们也可以使用 hist() 函数来创建直方图，代码如下：

```
np.random.seed(123)
x = np.random.normal(165, 15, 100)
```

```
#数组x作为参数
plt.hist(x)
plt.show()
```

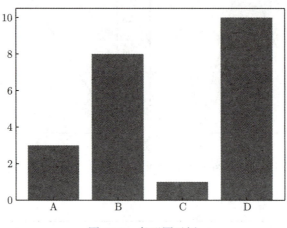

图 10.7　条形图示例

绘制的图形如图 10.8 所示。

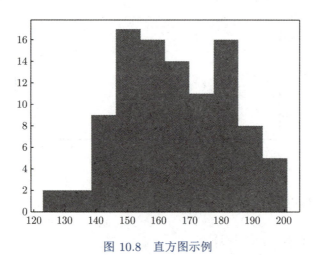

图 10.8　直方图示例

此外，Matplotlib 及有关辅助工具库还能绘制 3D 图形、动画等多种图形，有兴趣的读者可以参阅有关书籍。

10.5　本章小结

本章首先介绍 Python 文件的输入、输出方法，接着简要介绍了 Python 中常用的 NumPy、Pandas、Matplotlib 等数据处理和绘图模块。

为方便读者，现将本章涉及的主要 Python 函数和语句进行汇总，见表10.1。

表 10.1 本章涉及的主要 Python 函数和语句

函数名	功能
open()	打开文件
with()	上下文管理语句
readline()	文件按行读取函数
csv.reader()	读取 CSV 文件
np.array()	NumPy 数组创建
np.random.rand()	NumPy 生成随机数
pd.Series()	创建 Pandas Series
pd.DataFrame()	创建 Pandas DataFrame
pd.read_csv()	Pandas 读取 CSV 文件
plt.plot()	Matplotlib 绘图

10.6 练习题

1. 用 NumPy 完成以下操作：

1) 创建一个长度为 8，第三个值为 1，其他值为 0 的向量。

2) 创建一个值从 8 到 49 的向量。

3) 创建一个 3×3 并且值从 0 到 8 的矩阵。

4) 对一个 6×6 的随机矩阵做归一化处理 (提示: 归一化处理为 (x - min) / (max - min))。

5) 用五种不同的方法提取一个随机数组的整数部分。

2. 用 Pandas 读入 "JSdata.csv" 文件，并完成如下操作：

1) 将 "salary"（工资）列的数值全部加 5，然后存储到 "newdata.csv"。

2) 打印工资最高的姓名和工资金额。

3) 打印所有副教授的详细信息。

4) 找到不同职称的工资最高者并打印其详细信息。

5) 按先身高、后体重的顺序对所有教师排序。

3. 读入 "JSdata.csv" 文件，用 Matplotlib 绘制 "title" 直方图、"salary" 散点图、"height" 和 "weight" 折线图。

10.7 实验题

1. 试从 CRAN 中安装 `titanic` 数据包（也可从https://www.kaggle.com/c/titanic/data下载），并利用 Python 完成如下操作：

1) 查看每个列的数据类型。

2) 将 `PassengerId` 设置为索引。

3) 绘制一个展示男女乘客比例的扇形图。

4) 绘制一个展示船票 `Fare` 与乘客年龄和性别的散点图。

5) 绘制一个展示船票价格的直方图。

2. 下载文件 "netflix_titles.csv"（https://www.kaggle.com/datasets/shivamb/netflix-shows），并利用 Python 完成如下操作：

1) 展示数据的前 5 行、后 5 行内容，展示数据的简要信息（计数及列数据类型等）。

2) 统计每行缺失值的数量。

3) 删除 `director` 和 `cast` 列。

4) 缺失值处理：对 `country` 列缺失值用众数 (mode) 补齐；对 `date_added` 列中缺失值用前一个非缺失值填充。

5) 安装 wordcloud 包，并给出 `title` 列的词方图。

参 考 文 献

[1] BEAZLEY D, JONES B K. Python cookbook: recipes for mastering python 3[M]. Sebastopol: O'Reilly Media, 2013.

[2] WINSTON C. R graphics cookbook: practical recipes for visualizing data[M]. 2nd ed. Sebastopol: O'Reilly Media, 2018.

[3] TORSTEN T, EVERITT B S. A handbook of statistical analyses using R[M]. [S.l.]: Chapman and Hall/CRC, 2009.

[4] KABACOFF R. R in action: data analysis and graphics with R and tidyverse[M]. 3rd ed. Greenwich: Manning Publications, 2022.

[5] LANDER J P. R for everyone: advanced analytics and graphics[M]. [S.l.]: Addison-Wesley Professional Press, 2013.

[6] 布朗利. Python 数据分析基础 [M]. 陈光欣, 译. 北京: 人民邮电出版社, 2017.

[7] WICKHAM H. Advanced R[M]. 2nd ed. [S.l.]: Chapman and Hall/CRC Press, 2019.

[8] WICKHAM H, ÇETINKAYA-RUNDEL M, GROLEMUND G. R for data science: import, tidy, transform, visualize, and model data[M]. 2nd ed. Sebastopol: O'Reilly Media, 2023.

[9] XIE Y. Dynamic documents with R and knitr[M]. 2nd ed. [S.l.]: Chapman and Hall/CRC Press, 2017.

[10] 汪海波, 罗莉, 汪海玲. R 语言统计分析与应用 [M]. 北京：人民邮电出版社, 2018.

[11] 麦考斯，德鲁伊特，利凯. R 软件教程与统计分析: 入门到精通 [M]. 潘东东，李启寨，唐年胜，译. 北京: 高等教育出版社, 2015.

[12] 王斌会. 数据统计分析及 R 语言编程 [M]. 2 版. 北京: 北京大学出版社, 2017.